大是文化

台灣不教的
中國現代史

蔣介石打贏了日本，怎麼一年不到就輸給毛澤東？

重慶新華富鋇股權投資基金投資總監
天津論壇知名樓主
袁浩◎著

CONTENTS

外交篇

CONTENTS

軍事篇

推薦序一

透過歷史之眼，鳥瞰時代巨變

歷史評論家／**公孫策**

一個時代巨變發生，不會是單一因素，也不會是一夕驟變。如果我們能將思考的歷史縱深拉大，就能有鳥瞰時代的高度，有助於爬梳巨變當中的紛紛亂亂。

黃仁宇教授將自秦以後的中國歷史分成三個階段：第一帝國（秦、兩漢）、第二帝國（隋、唐、宋）、第三帝國（明、清）。他的著眼點是「政府管理社會的操作功能」，其內容此處不贅述，但借用這個理論，來看一九九一年以後的中國歷史，也若合符節。

這三個帝國階段，最前面都是一個短命帝國，可以視為一段「新制度試驗期」：

秦始皇建立了第一個統一帝國，廢封建、行郡縣。可是，秦亡的原因被曲解為「楚雖三戶，亡秦必楚」，因此兩漢制度改採折衷的郡國並行制。

隋朝終結大分裂（五胡十六國與南北朝），重中央輕地方，唐朝開始中央政府權力更集中，宋朝大致沿用唐朝制度。

明、清開始有「內閣」的名稱，但真正產生深遠影響的是「行省」，地方政府行「中書省」職權。也就是中央與地方開始劃分權限，而行省是自元朝開始。

中華民國推翻滿清，是共和體制的第一個共和國，可是國民政府只有統治中國大陸三十八年，而且是多災多難的三十八年，算是「短命」。（註：秦十五年、隋三十七年、元九七年，而中國歷代主要朝代都超過兩百五十年。）

有了以上的歷史縱深思考（中華民國在大陸，是中國歷史中，共和體制的試驗期），再來看國民政府「為何在贏得大勝利之後，卻加速崩潰」，乃能擺脫各種單一因素詮釋，如內鬥論、腐敗論、中共坐大論、蘇俄暗助論、美國掣肘論等。

事實上，所有朝代的滅亡，不變的原因只有一個：人心離變。前述三個短命帝國（秦、隋、元）在崩潰之前，其實都仍然強大，可是卻禁不起人民起義的撞擊，最後階段直如摧枯拉朽。而人心為何離變？不變的原因也只有一個：老百姓活不下去，忍耐到了極限。如本書中摘取的蔣經國日記：「……中產階級因為買不到東西而怨恨，工人因小菜漲價表示不滿，現在到了四面楚歌的時候。」

日期是一九四八年十月六日，蔣經國在上海「打老虎」的時候，他「四面楚歌」的心境，正反映了國民政府在全中國的處境。而蔣介石受到關說（孔令侃向宋美齡求救），迫使蔣經國放人並離職，則是國民政府全面失去人心的一個縮影。

簡單說，國民政府其實沒有治理全國的紀錄，打完八年抗日戰爭，以厭戰心情要重新建設國家，事實上力不從心，乃至捉襟見肘，處處紕漏。人民的生活難過超過了臨界點，人心於是離變。

理解當年人心全面離變的狀態以後，再來看本書，所有的浩繁細節，乃能因果清楚、條理分明。

本書的資料蒐集堪稱詳細，然由於看事情的角度，與台灣相異，台灣讀者或許會感覺有些「卡卡的」。只要能拋開本位，用大歷史的高度，「鳥瞰」那個已經過去的時代巨變，對我們察古鑑今其實大有裨益。

本文作者公孫策，專欄作家、歷史評論家，擅長借古諷今文章。著作有：《英雄劫——春秋時代南方三國的恩怨仇》、《大對決——秦末真假英雄的權謀與爭霸》、《黎民恨——王莽篡漢到光武中興的人心離變》、《夕陽紅——百位三國英雄勾勒成敗與衰》、《跟康熙學策略》、《水滸傳教你職場生存術》、《西遊記教你職場不敗術》等十餘本書籍。近年致力於「五度空間」寫作，也就是不單寫歷史，而是人文史地融會，特別注重進入歷史情境，體會人物心境。

推薦序二

被烙印在中華民國心頭的一九四九

輔仁大學歷史系系主任／林桶法

從歷史線性的觀察，一九四九年只是歷史長河中的一年，這一年不論多麼關鍵，可能也是多年發展的結果，不論我們要放大還是漠視，這一年都已經過去。就政權而言，中華民國政府被迫遷至台灣，中華人民共和國建政，一個角落歡欣鼓舞，一個角落正在重拾民心；一個角落在逃難，另一個角落人民一如往常，很難以一個畫面涵蓋所有的事實。二〇〇九年適逢一九四九年一甲子，在一股熱潮下，一九四九年被烙印下來。

然而在經歷六十幾年之後，留下許多疑團，日本投降後，國軍四百五十萬人，共軍一百萬，國軍有精銳的武器，甚至有空軍、海軍，共軍的武器不如國軍精良，也沒有空軍與海軍，我們不禁要問：「蔣介石為什麼失去了大陸？」這問題雖然早在一九五〇年代，美國共和黨和民主黨內的競逐時就曾被討論，陳孝威在一九六〇年代也寫過《為甚麼失去大陸》，但不論是觀點或內容都沒有太大的說服力，很高興拜讀到袁浩先生所撰寫的《台灣不教的中國現代史：蔣介石打贏了日本，怎麼一年不到就輸給毛澤東？》一書，獲益匪淺。

本書作者雖然未受歷史科班的訓練，卻能掌握歷史的脈動，先是提出許多的疑問，最大的問題是國民黨敗得如此之快，甚至超過毛澤東的預計，為什麼？再來針對許多坊間的國民黨失去中國論述，如「腐敗論」、「民心向背論」、「內鬥論」等提出疑問。再由政治、經濟、外交、軍事等四個大面向，進行探討與解析。每一大課題又分別探討幾個主軸，鉅細靡遺的綜述國民黨為什麼會失去大陸？

本書的優點甚多，其一，通俗化，作者研讀許多材料，但又不為資料所控制，擺脫學院派的包袱，不做太多的註腳，但又不致天馬行空，全書文筆流暢、易於閱讀。

其二，善於分析且能掌握當時的脈動，作者拋出許多問題都是許多民眾的疑問，如金圓券為何失敗？為什麼中共的小米加步槍，能打敗國民黨的飛機與大砲？國民黨外交的失策原因何在？作者都一一加以分析，具有一定的說服力。

其三，博通，本書不僅注意到人事的因素，也關注到各層面的問題，其中如軍事問題是國民黨失敗的重要原因，作者先指出國府經濟措施對軍事的影響，再分析國共雙方的戰略；敘述戰役時，不做流水帳敘述每一個戰役的經過，而是挑選幾個戰役，如四平戰役、孟良崮戰役、淮海戰役（徐蚌會戰）等進行分析，並批判國民黨戰術的錯誤等。特別是最後的綜合論述提到：「前文從政治、經濟、外交、軍事等各個層面，分析了國民黨失敗的原因。但是，這些僅僅還是『術』層面的原因。從『道』的層面來看，國民黨的失敗實質上是組織系統的全面潰敗。」都相當有見地。

筆者研究國共內戰多年，閱讀過相當多的論著，但有許多方面仍嫌不足，本書內容豐富，提供許多素材與思維，特予推薦。

林桶法教授，擅長中國近現代史與口述歷史領域，近年對於「蔣中正先生研究」亦投注相當之心力，尤其是蔣中正先生在抗戰時期及戰後的人際網絡與政治佈局。

一九五五年生，台灣屏東人，畢業於天主教輔仁大學歷史學系，其後進入國立政治大學歷史學研究所攻讀。曾任國立政治大學歷史學系、兼任副教授，天主教輔仁大學專任副教授，現任天主教輔仁大學歷史學系專任教授，並於二〇一一年接任系主任一職。著有《一九四九大撤退》、《戰後中國的變局——以國民黨為中心的探討》等專書，並發表〈戰後蔣介石、白崇禧關係的探討（一九四五～一九五〇）〉等三十餘篇論文。

前言
「余養育之黨國，余之手毀滅之！」

一九四五年九月三日，蔣介石為慶祝抗戰勝利而巡視重慶市街，在當日的日記中，他寫道：「沿途民眾其發乎內心之一種情緒，對余所表示敬慕愛戴之精神，狂歡熱烈，實非筆墨所能形容。」得意之情躍然紙上。

然而，不過短短四年後，曾經躊躇滿志的蔣介石，在一九四九年十一月二十八日即將撤離重慶前夕，卻在日記中寫道：「時至今日，由余養育完成之黨國，而由余之手毀滅之，此情此景將何以堪？」

這兩段同樣出自蔣介石自己的記敘文字，猶如電影鏡頭的快速切換，將曾經志得意滿的國民政府領袖，變成落寞悲涼的老人。對比之強烈頗具戲劇效果。

那麼，在這兩個鏡頭切換的中間，到底發生了什麼？這個問題雖歷經數十年，卻一直被後人反覆追問：國民黨為什麼在短短四年內就失去了中國？

研究內戰的書籍可謂汗牛充棟，但絕大多數觀點都很難令人信服，因為其所列舉的各種導致國民黨敗退的原因，幾乎都可以在歷史上找到反例。

比如常被提及的「腐敗論」與「內鬥論」。實際上，**歷史上有比國民黨政權更腐敗的政權，卻並沒有因此垮臺。各個封建王朝，哪個腐敗不甚於當時的國民政府，卻能堅持很長的時間**。最典型的是南明政權，腐敗與內鬥程度遠遠超過國民黨政府，但是在滿清的軍事壓力下，還是持續了幾十年。

也有人提出，國民黨腐敗，再加上有中共這樣強大的異己來挑戰，垮臺是必然。但歷史不是這麼簡單。**晚清同樣腐敗，也面臨著與當時的中共武裝力量不相上下的太平天國，為什麼沒有倒掉？**國民黨僅僅三年多，就敗得如此迅速，如此徹底，實在是一個歷史之謎。

又如「民心向背論」。誠然，解放軍在戰爭中得到廣大人民的擁護，這讓解放軍作戰時，可以獲得更好的後勤支持、更多的戰場情報。這是戰爭勝利的有利因素，但絕對不是決定因素。因為，若民心向背可以決定戰爭勝負，那麼，世界史上就不會有侵略戰爭。

再談「經濟崩潰論」，當中有個觀點：國民黨政府為了彌補內戰產生的巨額軍費，大肆印鈔，結果惡性通貨膨脹不可抑制，導致經濟崩潰。這個觀點有一定道理，但同樣讓人困惑。戰爭對雙方都是同等的，如果對國民黨政府產生巨額軍費，那麼對中共也同樣是吞金獸。抗戰勝利時，國民黨政府經濟實力與潛力都遠超過中共，加上戰爭還是在解放區展開的，對解放區經濟的破壞，遠超過相對穩定的國統區。在這麼有利的條件下，**為什麼拼消耗的結果，反而是國民黨政府先崩潰？**

國民黨敗得如此之快，甚至超過毛澤東的預計。在國軍全面進攻階段，看到華東蘇北戰場上，中共粟裕❶的部隊對國軍連戰皆捷，尤其是蘇中七戰七捷❷，讓毛澤東樂觀估計，如果每月消滅國軍五、六個旅，那麼大概五年，就可以贏得全國勝利。

在重點進攻階段，國民黨制定三大戰略目標，包括共產黨的政治中心延安、軍事根據地沂蒙山、關內後方的交通補給根據地膠東解放區，都被國軍攻占，可以說國民黨達到其內戰軍事勝利的頂點。那個時候毛澤東等中共高層，在胡宗南❸壓力下，在陝北的山溝裡，連一處安全的宿營地都找不到，中共中央的劉伯承、鄧小平為了讓在陝北的中共高層，擺脫胡宗南的軍事壓力，千里躍進大別山，與華中白崇禧軍事集團在外線作戰，但卻非常不順利。中野十二萬人挺進中原，到**一九四八年三月出大別山時**，只剩不到七萬人，幾乎損失過半。國民黨占領膠東解放區的時候，**毛澤東**估計取得勝利可能需要十多年的時間，**甚至有了再不濟就上山打游擊的念頭**。

而僅僅一年後，經過三大戰役一系列勝利，毛澤東就估計推翻國民黨政權，大概只需要一年的時間了。

從這個過程可以看出，即使是在一線拚命廝殺的中共高層，在大部分時間裡，也沒預計到國民黨政權會如此迅速崩潰。

---

❶ 粟裕：中華人民共和國和中國人民解放軍的主要領導人之一。

❷ 蘇中七戰七捷：一九四六年七月十三日，華中野戰軍發起蘇中戰役。又稱七戰七捷，是解放戰爭時期，中國人民解放軍在江蘇中部地區粉碎國民黨進攻的著名戰役。

❸ 蔣介石最寵愛的名將，十三太保之首，曾任浙江省政府主席及總統府戰略顧問等職位。

那麼，究竟是什麼原因讓國民黨迅速失掉了大陸？
讓我們逐一撥開歷史的迷霧，看看那四年時間裡到底發生了什麼。

政治篇

國民黨空有中央大義名分、佔據資源優渥地區，然而其組織渙散腐敗，動員能力極差。連馬歇爾都不看好國民黨可以完成統一大業。戰爭到後期祭出的動員戡亂令，高壓統治更是讓人心離散。

第一章

蔣介石一直沒搞懂，問題不在馬歇爾

對於為什麼失掉了大陸，蔣介石在退守台灣後曾有過反思。他在日記中寫道「美必後悔莫及而馬歇爾須負全責」，認為若不是馬歇爾在東北力主調停、偏袒中共，致使國軍貽誤戰機，就不會有大陸慘敗。

國民政府其他一些高官，也持有類似看法，如陳立夫❹說馬歇爾讓「共黨藉談判以爭取時間」，得不償失。著名作家白先勇，也就是國民黨高級將領白崇禧的兒子，在文章《溫故十一戰後國共東北之爭》中，也持相同的觀點：「從此（四平戰役之後），國軍一舉獲勝的良機和優勢一去不返。中共林彪正是利用哈爾濱、齊齊哈爾、佳木斯等城市得到喘息，迅速重整軍隊，至一九四六年底，增至三十六萬，一九四七年夏季反攻之際，增至五十萬，一九四八年冬季，遼西會戰之際，已成一百萬大軍。遼西會戰，林彪的百萬大軍，把國民政府駐在東北的四十七萬精銳軍隊全部消滅。於是，兩千輛汽車、七十六輛坦克、一百五十多輛裝甲車，以及大量重炮武器這些美式裝備，全部武裝起林彪軍隊。林彪四野入關南下，平津不戰而降。淮海戰役（編按：台灣稱徐蚌會戰）中，國軍又被消滅六十萬。林彪大軍節節挺進，直抵海南島。蔣介石只有逃往台灣一途。歷史從此成了另一種樣子。」

▲馬歇爾

總而言之，在蔣介石等國民黨高層看來，一九四五到四六年，若無美國對其和、戰政策的干擾，國民黨軍隊是能夠戰勝中共軍隊的。

然而，曾為蔣介石侍從官、後任台灣行政院院長的郝柏村，在解讀《蔣介石日記》時，卻持相反的觀點。他相當贊同馬歇爾的判斷，認為**國軍自內戰開始，就已無力消滅中共**：「馬歇爾以其軍事專業，判斷不可能以速戰速決，消滅中共武力，而戰爭持續，政府必敗，故力勸蔣介石與中共和平共存之道。」「歷史證明是正確的。」❺

在馬歇爾看來，當初蔣介石及其手下的國軍將領，明顯高估了自身的軍事實力，誤以為能在東北憑武力戰勝中共，故而「謀求東北國共爭端的政治解決，對國民黨是利多弊少的事情」。另一位美軍將領魏德邁，曾於一九四四年任中國戰區參謀長，與蔣介石關係極好，但在一九四五年十一月左右時，亦不看好國軍的戰鬥能力，認為「國民黨軍隊靠目前的力量，包括美國已經提供的援助在內，根本不可能穩定控制華北，更不要說東北了」。

對馬歇爾、魏德邁的看法，蔣介石顯然未予重視。一九四六年九月，他還自信的表示，要在六個月內徹底消滅共產黨。同年十二月，**馬歇爾回國前，最後一次警告蔣介石**：「這樣大的共產

❹二叔是陳其美，陳其美引薦蔣介石給孫中山，而後蔣介石又拉拔陳立夫、陳果夫兩兄弟。

❺郝柏村：《郝柏村解讀蔣公日記一九四五～一九四九》，天下文化二〇一一年版。

黨集團是不容忽視的，我認為在這個國家面臨一場徹底的經濟崩潰之前，國民政府已經沒有能力把它摧毀。」

為什麼馬歇爾、魏德邁都不看好國民黨政府？事實上，在一九四五年，國民黨政府與中共相比，在政治、經濟、軍事等各個方面，至少表面上都具有相當大的優勢。

如果看統計數據決勝負，那還幹嘛打仗？

在政治方面，國民黨政府是中央政府，有大義名分，抗戰勝利後國際地位大幅度上升，有望獲得國際上的支持。而中共只是當時國內一個政黨，國際上除了蘇俄的有限認可，不可能得到任何援助。

經濟方面，中共占據地盤大致相當於全國的四分之一，人口九千多萬，也是四分之一；而國民黨政府不僅地盤與人口是中共的三倍，而且中國最富裕的地方都是國統區。抗戰勝利時，國民黨政府約有價值九億美元的黃金與外匯儲備，還接收了價值四到八億美元的日偽資產。而中共與此相比就更是可憐，把所有解放區財政刮乾淨，也湊不出價值五千萬美元的黃金或外滙。

軍事方面，國軍四百三十萬人，陸、海、空軍齊全。中共軍隊一百二十七萬人，沒有空軍與海軍，在重武器裝備方面也處於劣勢。

問題來了，國民黨政府擁有如此巨大的優勢，為什麼馬歇爾、魏德邁都不看好國民黨政府？他們不認為國軍可以「速戰速決，消滅中共武力」，反而認為「戰爭持續，政府必敗」。所以，在東北國軍軍事上取得巨大勝利時（四平戰役），美方反倒壓迫國民黨政府停戰，希望國民黨政府在占優勢時，取得一個更好的和平條件。

戰爭是政治的延續。大炮一響，黃金萬兩。打仗就是燒錢，戰爭的勝負很大程度上是比拚雙方的經濟實力。國民黨政府固然家底厚，經濟潛力也遠大於中共。但是請注意，經濟潛力要變成經濟實力以及軍事實力，需要很強的組織動員能力。

想當年，清朝GDP也號稱占據世界三分之一，結果還不是被英國一支小小的遠征軍打得滿地找牙。如果鴉片戰爭時技術不如人，可以作為失敗的理由，那麼甲午戰爭時，大清人口、國土均是日本的十倍，財政收入是日本四倍，武器也並不落後，北洋水師號稱亞洲第一，結果如何？

在國共內戰時代，國民黨政府動員組織能力非常糟糕，而中共，別說在國內，就是放到世界範圍，如果中共自居組織動員能力第二，沒有誰敢說自己第一。為什麼？

中共的組織與動員能力冠絕天下

中共是由馬克思主義理論武裝的政黨。馬克思主義實際上就是革命的理論。什麼是革命？就是被剝削的階級，推翻剝削階級的暴力過程。古今中外，農民反抗剝削階級壓迫的事例，可謂不絕於書。但為什麼絕大多數農民造反最終都失敗？根本原因就是起義軍沒有建立自己的根基。

農民要反抗剝削階級的壓迫，自然要面臨統治者軍隊的鎮壓。對抗統治者的鎮壓的方式，馬克思主義給的答案是：消滅了剝削階級，就可以建立一個有效對抗統治者的經濟結構。

假設農民耕種一塊土地的收益是十，過去的分配方式是地主拿四到五，政府拿二，官吏盤剝二到三，農民只拿到一；現在地主被打倒了，官吏也沒有了，農民收益即使達到二，而反抗者建立的政權收益也可達到八，是傳統政府收益的四倍！**消滅中間環節盤剝後（地主、官僚），共黨政府與農民都成為受益者**（歷史上的農民起義與馬克思主義最大的區別就是，過去農民起義，消滅地主是為了自己做地主，社會結構沒發生變化，難以對抗統治者的鎮壓）。

中共政權收益是國民黨政權收益的四倍，這還是理論數字。實際上，由於國民黨政府組織系統效率低下，而導致的瞞報、偷稅，以及國民黨政權各級官吏貪汙、腐敗等因素，使中共和國民黨政府實際收益比，遠大於四：一。

以糧食為例，抗戰勝利後，為了保證軍糧和主要城市糧食供應，國民黨政權在國統區，仍然實行抗戰時採用的徵收糧食政策❻，一九四六至四七年，實際徵收糧食七千兩百一十萬石，平均一年不過三千六百萬石。一九四八年因形勢惡化，統治區縮小，則劇降到兩千萬石。❼

中共以山東解放區為例，雖然屢遭戰爭破壞，特別是一九四七年三月，國民黨軍隊對山東實行重點進攻，山東除渤海地區外，都遭受了國民黨軍隊毀滅性的破壞，損失極為慘重。據魯中區十四個縣的統計，被搶劫耕畜達八萬三千九百餘頭，使一百二十萬畝以上土地，因無力耕種而荒蕪，百萬農民淪為災民。在這樣的情況下，山東解放區在解放戰爭時期，光是運送到前線的軍糧就達到十一億多斤，近一千萬石，後來解放區渡江南下，山東地區卻能運送軍糧到一線部隊一億多斤，約一百萬石。❽

而在東北地區，僅一九四九年，中共中央東北局財政收入就折合一千萬噸糧食，約一・八億石。由於當時中共在解放區採用糧本位經濟制度，這一・八億石折合成糧食收入，如果有一半是實收糧食，也有九千萬石，與國民黨三年實收糧食總和相等。

另外，中共的社會基層管理，也超越所有的政權組織。封建政府包括國民黨政權，頂多能到縣一級，對農村基層，主要還是靠宗族與鄉紳管理。**對地方鄉紳以及基層官吏的依賴性，使國民黨政權不得不忍受這些中間環節，分享本該是政府的收益**（國民黨到了台灣，還是這樣）——政府要從農民收益中透過稅收拿一元，就不得不讓基層鄉紳與官吏先拿二元甚至三元，幾千年歷史概莫能外。

中共政權之所以可以在消滅剝削階級等中間環節後，不影響政府組織的運行，是因為中共組織系統可以建立到最底層：軍隊連有黨支部，班有黨小組；工廠有黨支部，班組有黨小組；農村黨支部都直接建立到村一級。這樣嚴密的組織體系，是中共超強組織動員能力的基礎。在這種組織基礎上加上「供給制」的分配制度，讓中共能夠集中力量辦大事。

一九四七年，山東解放區財政負責人黎玉，在《動員起來，經濟上再打一個勝仗，保證戰時供應的報告》中指出，過去軍費占支出七〇%，現在軍費增加，占九〇%。一九四九年四月，山

---

❻ 徵實、徵借、徵購三種方式。徵實即強制徵收，徵借及徵購則是國家向農民購買或借糧，但價格都遠低於市價或根本無法換得現金，使得農民大受其害。

❼ 楊蔭薄：《民國財政史》，中國財政經濟出版社，一九八五年版。

❽ 王東溟：《山東人民支援解放戰爭史》，山東人民出版社一九九一年版。

東人民政府財政廳，在當年收支概算的統計表中顯示，軍事費三六三・九五億元，占預算財政支出的六八％；戰備費（全年兵工材料費）一〇三・三六億元，占預算財政支出的一九％，兩項合計占總支出的八七％。軍費支出可以占到財政總支出的九〇％，這種資源集中的優勢，不要說效率低下的國民黨政府，就是英、美、德等列強，在二戰最慘烈的時期也做不到。

這種經濟結構由於只有政府、農民兩個階層，結構簡單，容易保持穩定。

國軍五十五萬人對共軍六百五十三萬人！

與中共嚴密的組織、超強的動員能力相比，國民黨政府派系林立、渙散拖沓的組織，就是一個渣。

一九二七年，國民黨政府北伐時已經統一了兩廣。廣西姑且不論，廣東可是清季以降中國最富庶的省份。以兩廣的經濟實力，加上當時蘇俄的經濟與軍援支持，國民黨政府北伐時卻僅能組織十萬人的軍隊；反觀中共在一九三〇年創建的中央蘇區，也不過是擁有貧窮的江西、福建的二十幾個縣，人口四百萬到五百萬人，其經濟實力比兩廣不知道要差幾條街，卻同樣能組建十萬人的軍隊。中共這樣的實力，國民黨政府當時還要傾舉國之力，經過五次圍剿，最後還是中共內部出了問題，才勉強把中共驅逐出中央蘇區。

一九四五年時，中共實力已經遠超三〇年代，雖然相比之下國民黨政府還是占優勢，但是已經不是三〇年代那種壓倒性優勢。以雙方組織動員能力比較，實在難以讓人相信，國民黨政府能成為最後的贏家。這就是馬歇爾、魏德邁都不看好國民黨政府的最大原因。一九四六年內戰爆發，結果一如馬歇爾、魏德邁預測，國民黨政府貌似強大的力量，根本發揮不出來。

以軍事為例。一九四六年六月，國軍有正規軍八十六個師，兩百四十八個旅，約兩百萬人，再加上後勤、交警、機關、學校、海空軍等還有一百五十六萬人。另外，非正規部隊七十四萬人，一共是四百三十萬人。內戰爆發後，號稱全面進攻，要三個月消滅中共，但國民黨政府一線進攻部隊不過二十六個師、七十二個旅，約占總兵力的三〇%，到了十月最高峰時期，投入進攻的部隊也不過四十三個師、一百一十七個旅，約占總兵力的五〇%。

也就是說，當時國民黨政府在一九四六年十月最高峰時期，投入的力量大致是正規部隊一百萬人，加上空軍、後勤，也不過一百五十萬人。而中共當時，光正規部隊就有一百二十七萬人，加上兩百多萬民兵（還不算後勤的民夫），**國軍在戰場上的兵力，實際是處於劣勢**。

事實也是如此，當時除了蘇北、中原戰場，其他戰區的國軍連正規部隊都是劣勢：東北杜聿明部是七個軍，約二十萬人，對林彪三十萬人；華北傅作義七到八萬人，對聶榮臻二十萬人；在山東與魯南，共軍陳毅與劉伯承兩部近七十萬人，對國軍五十萬人；只有蘇北是國軍十二萬人，對粟裕三萬人；中原則是國軍二十二萬人，將李先念六萬人團團圍住。結果呢？極具戲劇性，凡是國軍兵力劣勢的戰區都取得勝利，反倒是國軍絕對優勢的兩個戰區，出現迥然不同的結果——蘇北戰場，粟裕七戰七捷，吃掉國軍五．六萬人；而中原戰場，中共雖然成功突圍，但是代價很大，大部分部隊被取消番號。

再看後勤組織動員方面。傳統史料宣傳解放軍消滅了八百萬國軍，事實遠非如此。一九四六年，國軍四百三十萬人，當年國民黨因為裁軍（一九四五年抗戰勝利時，國軍總數大致有六百多萬人）停止徵兵一年，一九四七年一到八月徵兵六十八萬人，同年還計畫徵兵一百萬人。目前沒有確切資料說明該徵兵情況，因為那時局勢已經惡化了，國統區在縮小，而且有些與中共交戰的地區，民政已經被打亂。就算徵兵達到五十萬人，然後是一九四九年再徵兵二十萬人，加起來總共就是五百七十萬人，另外再減去撤守台灣的五十八萬人，**實際上被解放軍消滅的數量是五百一十萬人左右，這就是三年內戰被解放軍消滅的國軍總和**。

也就是說，三年內戰，國民黨政府以國統區三億人口規模不過徵兵一百三十八萬。就這麼一點可憐的徵兵數量，還引得後方批評不斷，背負「抓壯丁」的惡名。

反觀中共，在東北三省，據《東北三年解放戰爭軍事資料》記載：三年來東北人民一百四十四萬五千九百零九人的子弟，參加了人民解放軍。在山東，據《山東人民支援解放戰爭史》記載，解放戰爭期間，山東人民參軍人數接近一百萬。當時東北人口不過三千萬，中共以二〇：一的比例徵兵近一百五十萬而波瀾不驚。而山東人口，才兩千多萬，中共同樣可以徵兵一百萬。兩個解放區徵兵人數，已經是國統區徵兵總數的近兩倍。這還不包括民兵等準軍事組織的數量，以及規模更龐大的支前民工數量（支援前方）。在國共內戰時期，這兩個地區支前民工總數都是以千萬計。在這壓倒性力量對比面前，什麼謀略都是渣啊！

後世把三大戰役拍成電影，其中《淮海戰役》電影中有個片段：毛澤東在戰役前，一副心事重重的樣子。「六十萬對八十萬，這是一鍋夾生飯。」吸一口菸，毛澤東毅然一揮手：「夾生就夾生！我們也要把它吃下去！❾」

然而撇開當時的經濟財政因素不論，只說人力對比，國軍八十萬人，是在徐蚌會戰（即共軍稱的淮海戰役）投入八十六個師、滿編狀況下的兵力，但是因為頻繁的戰爭消耗，以及後方財政惡化，沒有一支國軍部隊編制完整，實際上當時國軍投入總兵力不超過五十五萬人。而解放軍六十萬人只算了正規野戰部隊，還有大量的軍區部隊、民兵、後勤民工沒有計算在內，即使只計算解放軍野戰部隊與軍區地方部隊，其投入徐蚌戰場總兵力已經超過一百一十萬人，是國軍的兩倍。如果再計算民兵與後勤保障的民工，數字絕對是壓倒性的。陳毅在戰後曾發過這樣的感慨：

「淮海戰役的勝利，是五百五十萬農民用小推車推出來的。❿」

五百四十三萬農民為華野提供後勤。如此驚人的數字，就算民兵等準軍事人員，包含在這五百四十三萬人以內，**徐蚌會戰時，雙方也不是什麼六十萬對八十萬，而是六百五十三萬人對五十五萬人**。這樣壓倒性的人力對比面前，哪裡是什麼「夾生飯」，明明是一鍋香噴噴的八寶飯。

---

❾ 夾生飯，外熟內生的飯，再加熱也難以熟透，喻開頭沒做好就難以再做好的事。

❿ 據《淮海戰役支前記》記載，淮海戰役期間支前民工共五百四十三萬人，擔架二十・六萬副，大小車輛八十八・一萬輛，挑子三十・五萬副，牲畜七十六・七萬頭，船八千五百十九艘，汽車兩百五十七輛，向前線運送彈藥一千四百六十萬斤，籌運糧食九・六億斤，向後方轉運傷患十一萬餘名。

丟了東北就丟了天下，該怪誰？

一九四六年，國軍在四平擊潰林彪主力，一路高歌猛進，東北除了哈爾濱，精華地區全為國軍所占據。而東北的工業體系冠絕全國，在世界上排名第六。當年張作霖憑此可以爭天下，日本人更是以東北為基地，不僅可以北拒蘇俄，還可以南略中國。太平洋戰爭以美國的國力還打得如此艱苦、死傷慘重，就是因為日本在東北的軍力與物力。

當時東北的工業設備，固然被蘇俄拆走大部分，但是熟練的產業工人還在，剩餘設備整頓後，依然可以恢復相當的生產力。

舉一個簡單的例子，當時中共中央東北局，依靠收集關東軍遺留的設備、配件（蘇俄也支援一部分），就組建了七個兵工生產基地。這些基地不僅能支撐東北林彪部百萬大軍作戰，還能支持關內解放軍。當時中共東北最大的兵工基地——大連建新公司（包含鋼鐵廠、化工廠、機械廠、鑄造廠、鍋爐廠、金屬廠的一個完整體系），主要供應華東戰場，內戰期間為華東供應炮彈五十萬發、引信八十萬枚、炸藥四百五十噸、迫擊炮一千兩百門，以及其他大量武器。沒有建新公司以及蘇俄的軍火支援，粟裕根本無法組織徐蚌會戰這樣規模的戰役！

▲熊式輝

反觀國軍占據地區，可謂東北的精華——撫順有煤，鞍山有鋼，遼中平原是東北傳統糧倉，瀋陽有亞洲最大的兵工廠，小豐滿電站可以供應全東北用電。這樣的基礎怎麼也比中共強上無數倍，結果這些資源不僅支撐不了東北國軍作戰，反倒要中央財政每年補貼一億美元軍費，國民黨政府東北主政首腦可謂無能到極點！所以，國民黨丟掉東北，不怪馬歇爾，也不怪杜聿明，第一該殺的就是當時東北主政的熊式輝。

第二章 活躍的紅色特工與無能的國民黨情治系統

情治系統的效率，其實也是組織層面上的問題，國民黨情治系統全面潰敗，反映出其組織系統的混亂。**國民黨的組織系統**可說是人脈式的管理，多是同鄉、師生、親緣關係，不是現代的考察選拔，而是私相授受，**嚴謹性甚至連封建王朝的官僚選拔制度都不如**，中共的間諜組織，很多就是通過這種人脈式管理的漏洞，深入到國民黨核心部門。

例如中共早期的龍潭三傑之一錢壯飛，就是當時國民黨政府中統頭子徐恩曾的同鄉，而被信任，卻為國民黨釀下了巨大的苦果，致使國民黨情治系統從全勝之局（在武漢抓獲了中共領導密情工作的首腦顧順章，從而破獲中共幾乎全部的高層組織成員的名單和住址），變成了完敗之局。本來可以一網打盡的上海中共中央，包括周恩來、博古（化名）、聶榮臻等高級領導人，得以從容潛逃。

國共內戰中，對於國民黨的完敗，紅色特工到底有多大的決定性作用，現在還沒有定論，因為相關的檔案並沒完全公開，但其對中共贏得勝利的影響，則是不容置疑的。

看看紅色特工在國民黨政府中身居的職位，任何人都能想像他們在戰爭中發揮的作用。劉斐，國防部次長；郭汝瑰，國防部第三廳主管作戰的廳長；吳石，參謀本部處長、國防部史政局局長；熊向暉，西北軍政領導人胡宗南的機要祕書，是他向中共通報了胡部將要進攻延安的計畫；還有東北剿總司令官衛立煌，在《南方週末》文章《遼瀋戰役中的衛立煌》中，準確無誤的表明了衛立煌在遼瀋戰役（即遼西會戰）中的「特殊作用」。

除了國民黨高層，在一線作戰部隊中，也處處可見紅色特工的身影。據《剿匪重要戰役之追述與檢討》記載，國民黨將領鄧文儀回憶：「從總司令的辦公室到各級指揮部，都被共產黨特務滲透，他們獵取情報並製造假情報，因此敵人對我們的情況瞭若指掌，而國民黨軍隊則既不知己，也不知彼。自然，我們的軍隊難以避免被共產黨所包圍和俘獲。」

何基澧，中共黨員，先後擔任國民黨軍七十七軍軍長、三十三集團軍副司令、徐州第三綏靖區副司令，一九四八年在徐蚌會戰中。因為第三綏靖區開了這個口子，讓華野（華東野戰軍）長驅直入，將正在撤退的黃百韜⓫兵團團圍住，奠定了徐蚌會戰的勝利基礎。

韓連城，四十六軍軍長，一九四三年密見周恩來，參加中共。在萊蕪戰役關鍵時刻突然消失，遲滯了國民黨軍突圍兩個多小時，讓李仙洲兵團上下失控，亂成一團，幫助粟裕以幾千人的輕微代價，全殲李仙洲兵團五．六萬人。

廖運周，八十五軍一一〇師師長，中共黨員，在徐蚌會戰關鍵時刻，率部陣前起義，導致黃維兵團軍心大亂，徹底陷入中野合圍。

一九四八年四月的山東濰縣戰役中，國民黨第九十六軍的參謀長，就是中共黨員。在

⓫ 一九〇〇～一九四八，國民黨軍隊高級將領，後期戰役頗有表現，後於徐蚌會戰中自殺，詳見本書軍事篇。

一九四八年九月的濟南戰役中，第二綏靖區的作戰處，向解放軍洩露了國民黨的整個作戰計畫（再加上第八十四師在關鍵時刻倒戈，由此成為國民黨在中國關內第一個陷落的省會）。

國民黨情治系統無能到令人費解

與紅色特工相比，國民黨情治系統不僅毫無作為，而且在戰爭關鍵時刻，經常被錯誤資訊誤導，導致軍事作戰失利。

一九四六年八月，國民黨鄭州綏署獲得解放軍散布之假情報：「菏澤附近共軍，正棄城向北潰退」，該綏署認為機不可失，立即下令整編第三師率整編二十旅，於三日晨輕裝向菏澤挺進，乘虛占領該城。結果在定陶西南大黃集附近，被中野四個縱隊伏擊，整三師被全殲。

一九四六年十月，鄭州綏署依據軍事調處三人小組下黃河，小組情報人員密報：「鄄城以北沒有民主聯軍一兵一卒」，該綏署居然沒記取於定陶附近被殲之教訓，令菏澤整六十八師乘虛占領鄄城，整六十八師整一一九旅進抵鄄城南約五公里，就遭遇中野主力第二、三、六縱隊攻擊，三日後，整個一一九旅被全殲。

最奇葩的莫過於國民黨整二十六師與快速縱隊被殲滅的戰例。

一九四六年十二月，山野（山東野戰軍）在宿遷、仁和圩附近殲滅國民黨整六十九師後，依預定計畫，準備圍殲向城附近國民黨整二十六師及快速第一縱隊，戰前山野司令員陳毅所下達的作戰命令，恰被國民黨整二十六師截獲，整二十六師獲得此命令後，立刻又被二十六師內的中共情報人員偵知，並及時傳遞給山野，陳毅立刻命令向作戰目標區集中的山野主力，在嚴密情報封鎖下晝伏夜行，到達目標區附近，仍在嚴密情報封鎖下隱匿埋伏、待命行動。

整二十六師截獲該情報時，雖然向徐州綏署報告，並建議調整戰線後退至博山口，與整五十一師、整七十七師取得聯繫。但徐州綏署據報令空軍反覆偵察，未發現敵情，便判斷為共軍散布的偽情報，未批准整二十六師之建議。結果山野部署完畢後，又安排嶧縣城內的中共情報人員，偽裝城內民眾領袖，以感謝整二十六師師長馬勵武德政，並表彰其戰功的名義，與該師留守處接洽，於新年元旦向馬勵武獻旗。馬勵武果然中計，在未向徐州綏署請假的情況下，即擅離防地，趨車至後方嶧縣過年（此公自己截獲華野情報，居然輕率相信國防部的判斷，已經認識到部隊態勢過於突出，卻不作任何防禦準備就離開部隊，實在讓人費解）。

一九四七年元月二日，山野主力發動突然襲擊，因馬勵武擅離防地，群龍無首，國民黨整二十六師一片混亂，二日後整二十六師被全殲，還搭上一個快速縱隊。這場戰役，整二十六師本來繳獲山野作戰計畫，在情報上獲得優勢，結果由於組織系統的混亂，反倒被中共情報人員利用，為中共創造出全殲國民黨整二十六師的良機。國民黨情治系統的無能可見一斑。

徐蚌會戰，中共特工玩死國民黨高層

中共紅色特工最出色的表現是在徐蚌會戰。在這種決定國運的決定性戰役中，中共紅色特工下了一盤很大很大的棋。

一九四八年十一月初，濟南戰役後，國民黨偵聽機構發現解放軍有幾十部電臺，由濟南向臨沂方向移動，判斷其有進攻徐州的意圖。當時國民黨國防部擬定的對策是「以主要城市（徐州）為戰略要點，同時以精銳主力組成機動應援兵團。」按照這個方針，邱清泉兵團、黃百韜兵團、李彌兵團、孫元良[12]兵團等主力，都要收縮到徐州附近。這四個兵團一後撤，東側第九綏靖區就孤懸在外了，而原本駐守在連雲港的第四十四軍就必須撤退。

四十四軍撤退路線有兩個方案，一是走水路，安全但耗時長；二是沿陸路向西直接向徐州靠攏，但是這條路並不安全。當時徐州剿總司令劉峙是裝門面的，根本不做決策；副總杜聿明又在葫蘆島指揮撤軍。於是，參謀總長顧祝同和國防部作戰廳長郭汝瑰，趕到徐州客串指揮。顧祝同平庸無能，決策倚重國防部有「才子」之稱的郭汝瑰，而郭汝瑰卻偏偏是中共地下黨員。

郭汝瑰說服顧祝同選擇陸路方案，為了取得一線兵團司令官的支持，還提出將原屬李延年兵團的四十四軍劃歸黃百韜兵團建制。黃百韜能拒絕增加一個軍編制的誘惑嗎？當然不能，於是他不但支持陸路方案，還同意讓自己的第七兵團暫時停止後撤，等待四十四軍歸建。黃百韜的算盤是，暫緩後撤雖然有風險，但是北面還有第三綏靖區兩個軍頂著，華野主力如果南下，第三綏靖區部隊將給自己足夠的預警時間。

誰知道第三綏靖區兩個副司令都是中共地下黨員，而司令馮治安又被軟禁在徐州。在黃百韜兵團等待四十四軍的關鍵時刻，第三綏靖區突然起義，華野主力長驅直入，將猝不及防的黃百韜兵團圍在碾莊。

這是中共特工在解放戰爭期間最精彩的布局。以四十四軍為餌，在第三綏靖區部下伏兵，一舉將國民黨一個主力兵團圍住，在徐蚌會戰開始階段即贏得主動權。

與中共特工精彩的表現相比，國民黨情治系統在戰役中的表現實在無能。黃百韜兵團被困碾莊之後，杜聿明回到徐州，便迅速拿出兩個解救第七兵團方案。第一個方案：以黃百韜兵團堅守碾莊圩七到十天，以第十三兵團守備徐州，以第七十二軍為總預備隊，以第二兵團、第十六兵團會合第十二兵團，先擊破中原野戰軍六個縱隊，然後回師東向，擊破華東野戰軍，以解黃百韜之圍。第二個方案：以第十六兵團守徐州，以第二兵團、第十三兵團之全力解黃百韜兵團之圍，同時令第十二兵團向徐州急進，以第七十二軍為總預備隊。

杜聿明自己內心認為第一方案是爭奪戰役主動權的上策，第二方案不過是被解放軍牽著鼻子走的下策。但是在總部提出商討時，總司令劉峙、參謀長李樹正卻都反對第一方案。劉峙說：「黃百韜決不能久守。坐視黃百韜被吃，太冒險。何況中原解放軍的情況尚未完全明白，萬一西路撲空，東路黃兵團又被吃，責任重大，誰來負呢？」

第一方案被否定了，第二方案獲得通過。實際上黃百韜是當時國軍最善戰的將領，豫東戰役中，黃百韜以不到三萬之眾，面對華野五個主力縱隊、十多萬人的絕對優勢兵力圍攻，不僅堅守到最後援軍趕到，還創造了以兵團司令親自帶隊衝鋒的先例。真正沒把握的還是中原解放軍是否

⑫孫元良，一九〇四～二〇〇七，中華民國陸軍中將。黃埔軍校第一期，其子秦漢。

在渦、蒙一帶的情報，這個情報不落實，誰也不敢拍板決定幾十萬軍隊的作戰方向。

在徐蚌會戰中，解放軍在徐州附近人民的支持下，對於國軍成功實行了嚴密的情報封鎖，徐州四周密布的情報機關電臺，完全失去了作用，甚至有許多地區人民以虛報實，或以實報虛，迷惑國軍。如豐縣、黃口間僅有解放軍二、三野之一部，而國軍得到的情報是二野主力；又如二野主力已先到渦、蒙地區阻擊黃維兵團，而國軍得來的情報則是這裡沒有解放軍。如此混亂、錯誤的情報，讓徐州剿總完全不清楚解放軍的真實動向。

結果，國民黨軍第二兵團、第十三兵團十六萬人去進攻華野三十萬人阻援部隊，第十二兵團向徐州急進，又紮進中野在渦、蒙一帶布下的口袋。戰局便急轉而下。

國共內戰，雖然大部分戰役都在解放區展開，解放軍有民眾支持，有內線作戰的優勢。但是，大軍作戰，特別是幾萬、十幾萬部隊的調動，實在有太多線索可以偵知軌跡：如宿營地的痕跡、物資的採購、民工的動員、掉隊的士兵，這些基礎情報都不難採集，如果有一個可靠的情報分析部門，將這些情報匯總分析，不難發現解放軍主力動向。尤其解放軍雖然是內線作戰，但是其後勤主要靠大量的支前民工隨軍運動，所以，即使解放軍能夠晝伏夜行快速運動，但是支前幾萬民工，很難有軍隊那麼嚴密的組織。

國民黨還有空軍協助偵察，難道找不到幾十萬解放軍、幾十萬民工的蹤跡嗎？只要找到民工運動的軌跡，就等於找到解放軍的動向，那麼很多戰役也許就是另一個樣子了。

據《山東人民支援解放戰爭史》描述的萊蕪戰役地方支前解放軍情況，華東野戰軍原來準備集中主力，殲滅自隴海鐵路新安鎮兩側北進之國軍，於是地方政府動員各路支前大軍，隨同部隊紛紛向魯南開進。後來情況突然變化，華野決心以主力星夜轉頭北上，經三百里由膠濟路深入萊蕪的敵軍，五十萬各路支前大軍便也肩挑馬馱，匆忙向北轉進。如此大規模的移動，國民黨從空軍偵察到情報機關，居然一無所知，實在讓人百思不得其解。

過去看一些解放戰爭的老電影，在戰爭失敗後，國民黨高官總會說：「美國顧問團又要罵我們無能了。」此語可作為國民黨情治系統最好的注腳。

第三章 戡亂動員令，盟友卻變仇敵

頒佈戡亂動員令的背景⑬

國共內戰爆發之初，國民黨高層錯估形勢，以為能迅速取得勝利。然而僅僅幾個月後，就因為前線損兵折將，以及後方經濟危機，**不得不將全面進攻調整為重點進攻**。

對山東的進攻，很快就遭遇萊蕪戰役、孟良崮戰役等重大失利，在東北戰場，中共也挫敗了國軍的攻勢並發動反攻。軍事形勢的惡化徹底震撼了國民黨高層。到全面內戰爆發一年之際，國軍內部也不得不承認：國軍「以優勢之裝備及兵力，未能一舉擊破匪軍主力，且於各戰場屢遭局部重大之失敗」；「始而失之驕，繼而失之懼，遂致因懼而處處被動，由指揮過失所招致之失敗，益影響戰鬥精神及士氣之低落」。

軍事失利還只是國民黨統治危機的其中一方面，在政治方面，**國民黨同樣未能獲得社會各階層的支持，反而將中間力量越推越遠**；在經濟方面，通貨膨脹如脫韁野馬，經濟秩序一片混亂；在外交方面，對美、對蘇外交均頻頻失利，國際援助遠低於預期；甚至在黨內，**執政的危機讓派系矛盾日益尖銳而難以調和**。政治、經濟、外交、軍事等各個方面形勢惡化之快，大大出乎國民

▲司徒雷登

黨高層原先預料，導致國民黨內部產生深重的危機感。

一九四七年中，中共轉守為攻，戰場形勢已不容樂觀，現在國民黨內部不僅沒有人再提三到五個月消滅中共的誇張之詞，而且彌漫著對其自身命運茫然的濃重悲觀氣氛。一年前強硬主戰的國民黨大佬，此時亦意態消沉，對前途悲觀絕望。

閻錫山放言「依現在情況，三個月後局面恐有大變化」；傅作義憂心「謂以如此政治如此軍隊剿共，直不知何年才能告一段落」；白崇禧講到剿共軍事屢搖頭，表示無把握；胡宗南直言「當前戰場我軍幾均處於劣勢，危機之深，甚於抗戰」；開戰之初自信滿滿的參謀總長陳誠，由於屢屢失利而頗露消極之意。

軍隊將領的態度既如此消極，黨政官員對戰爭前途更無信心。陳立夫感嘆「不想軍事已到如此地步」；孫科直稱如此「剿共決無把握」；張繼認為形勢發展「江河日下」；王世杰感覺「大多數人均有重大恐懼心」。但對如何挽救危局，國民黨高層沒有人能拿出有效的辦法，其中一些人如孫科等主張退出東北，力保關內不失；一些人如梁寒操等建議在東北實行和蘇政策，以支撐東北局勢；還有更多的人將希望寄託於美國援助。

⓭本部分內容摘自汪朝光《一九四五～一九四九：國共政爭與中國命運》，社會科學文獻出版社二〇一〇年版。

由於國民黨戰後執政的表現不佳，美國對國民黨政權的態度也日益冷淡。美國駐華大使司徒雷登在發給國務院的報告中，認為國民黨由於經濟和軍事狀況加速惡化，政治地位也更為虛弱，社會不安與失望日漸增長，共產黨的威望因為華北和滿洲的軍事勝利而大大加強。他甚至已經預見國民黨內其他派系上臺，或中央政府瓦解的可能性。

作為國民黨領袖，蔣介石深知局勢之不利與嚴重性。他以「危急存亡之秋」、「瀕危階段」、「非生即死」等用語，形容一九四七年中之局勢，蔣介石在日記中寫道：時局逆轉，人心動盪，軍、政、經、社均瀕危殆，本黨同志大都苟且自全，多失信心，頓呈憂惶之象。[14]

他在對國民黨高級將領訓話時頗為不甘的質問：「剿匪軍事到現在已經荏苒一年了，我們不但尚未把匪軍消滅，而且不能使剿匪軍事告一段落，這究竟是什麼緣故呢？」中共「何以能用劣勢裝備而且毫無現代訓練的部隊，擊敗我們整師、整旅的兵力？此其原因何在？癥結何在？」蔣介石認為「主要的必然不在物質方面，而是在士氣精神上面」。實行戡亂動員，以強力手段處置危局，就是他心目中提高士氣精神的重要舉措。

戰爭不僅僅是單一的軍事行動，還牽涉政治、經濟、社會等各個方面，但全面內戰開始後，因為種種原因，國民黨遲遲未能進行公開的戰爭總動員。戰爭之初，為了對外維持和諧和平的國家形象，國民黨動武的名義是「恢復交通」、「難民還鄉」等。一九四七年三月以後，國民黨雖然斷絕了國共關係，但**用兵名義仍為「綏靖」**，**即清除地方之動亂**，以緩和輿論要求和平之壓力。

當國民黨軍事不斷失利並面臨統治危機時，國民黨已經意識到，僅靠軍事力量無法打敗中共。蔣介石在《剿匪戰事之檢討》中明確提出：「剿匪軍事，不僅為一單純的軍事問題，且有其政治性與經濟性⋯⋯如僅以軍事力量作戰，而其他力量不發生作用，就戰爭之立場言，則為戰力分散，乃軍事上之孤軍深入，即為被匪各個擊破之態勢。」

一九四七年三月，國民黨舉行六屆三中全會，會議主題之一就是如何整合力量討伐中共。張繼要求對中共採取強硬態度。蕭錚、任卓宣等提出：共產黨問題是今天最重大的問題，我們的軍事行動感受威脅，在輿論上受到壓迫，應該轉變空氣。大連市黨部、重慶市黨部等向全會提出議案，要求下令否認中共為合法政黨，並予明令討伐。在一片反共聲浪中，全會公開宣示，對中共「軍事叛亂自不能不採取堅決迅速之措置，而予以遏止」。⓯

其後，國民黨在山東和東北戰場接連失利，各大城市發生大規模學潮，對國民黨統治造成強烈的危機，實行總動員、以全國之力與中共作殊死之搏的呼聲，在國民黨內日漸強烈。白崇禧上書蔣介石，建議政府應變成戰時體制，使能擔任全國總動員之任務，以全面力量攻擊叛亂之敵人。徐永昌和賈景德也向蔣介石提出：「現在我方是以經常應付非常，應以非常應付非常，一切以滅共為目標。吾人應承認，今日之中國，可能成為共黨之中國，吾人應利用一切人力物力以滅共。」蔣介石於此認為若不早下決心，用斬釘截鐵手段，撥亂反正，則因循延誤，更難挽救，故決定先肅清後方，安定社會。「戡亂動員」因此而呼之欲出。

⓮ 出自《總統蔣公大事長編初稿》，秦孝儀主編。

⓯ 節選自《國民黨六屆三中全會速記錄》。

戡亂與動員，成了鎮壓和強徵

一九四七年七月四日，國民政府決定實行全國總動員，號召全民，一致奮起，淬厲進行。⓰戡亂動員由此成為國策。強調「使用一切力量，支援前線，爭取勝利，在此過程中，絕不容有任何和平之幻想」；要求加強國民黨各級組織，大力組訓民眾，協助徵兵徵糧，確立國民黨對各級政府和民意機關的領導地位，發起戡亂建國總動員運動。

戡亂動員案通過之後，對於如何實行，內部有不同的意見。有人認為，可繼續實行一九四二年公布的《國家總動員法》，集中全國人力物力，達成軍事第一勝利第一之目標；也有人認為，《國家總動員法》為因應對日抗戰而制定，繼續沿用於戡亂，有使中共成為交戰團體之顧慮，不如另訂「實施綱要」較為方便與靈活；結果後者意見得到多數人支援。

七月十八日，國民政府公布《動員戡亂完成憲政實施綱要》（此案與七月四日國民政府通過的《全國總動員案》並稱為「戡亂動員令」），規定在戡亂動員時期，應積極動員兵役、工役及各項資財，凡怠工、罷工、停業、關廠，及其他妨礙生產及社會秩序之行為，均應依法懲處；對於日用品價格、工薪及物資、資金、金融業務，得加以限制或管理；對於煽動叛亂之集合及其言論行動，應依法懲處。根據這個綱要，隨後推出一系列具體政策措施。

七月二十七日，國防部命令各地警備司令部：對遊行、請願、罷工、罷課之處理，除出動員警外，必要時可出動憲兵、警備部隊協助；如發生暴動抗亂，警備部隊可在請示當地最高軍事長官後出動鎮壓。十一月一日，行政院公布《動員戡亂期間勞資糾紛處理辦法》，禁止罷工、怠工，遇有勞資糾紛，由縣市政府設立勞資糾紛委員會裁決，並得強制執行。十二月六日，教育部公布《學生自治會規則》，規定學生自治會不得參加校外團體活動，若有校際間聯繫組織，校方可審核、撤換負責人，並可在其違反規定時解散之。十二月九日，行政院公布《動員戡亂完成憲政國防軍事實施辦法》，規定實行徵兵、徵糧；徵調、徵用或租用企事業單位員工和民間運輸工具器材，必要時得停止或酌減客貨運輸；國營工廠生產應優先供應軍用；民營工廠生產應以軍需為要求，可以徵用改造等。[17]

國民黨的**戡亂動員，實際上期望將國家轉成戰時體制。通過嚴峻法令，穩定後方統治**，最大限度調動國統區資源，來支撐與中共的戰爭。

任何政策都要靠組織系統來執行。中共就曾多次強調：政策確定之後，幹部就是決定性的因素。國民黨由於組織系統渙散而低效，黨內幹部貪汙腐敗盛行，所以，國民黨雖然在法律上明確指示國統區進入戰時體制。但是其在動員資源層面收效甚微。

以糧食為例，一九四七年全國稻、麥類六種主要糧食，產量為二二一．五億石，約為一九三六年產量的九七％。也就是說，糧食生產與戰前並無顯著變化。而一九三六年的中國人口為五．

---

⑯ 節選自《國民政府公報》。

⑰ 出自中國第二歷史檔案館《中華民國史檔案資料彙編》，鳳凰出版社一九九四年版。

七億[18]，由於多年戰亂的影響，一九四七年中國人口減至四・〇六億。人口減少，糧食生產卻沒有下滑，供應應該很充裕。

但是，實際情況恰恰相反。由於國民黨組織效率的低下，以及錯誤的經濟政策，民生最基本的糧食問題一直是國民黨最頭痛的難題。城市糧食消費有增無減，各地糧價不斷上漲。據《中國國民黨第六屆二中全會輯要》記載：「各地糧情之紊亂，糧價之暴漲，無憑遏止。」

一九四六年，全國糧食消費虧空竟高達四百四十六萬噸，而糧食進口因國際配額管制，只能彌補供應缺口的十分之一。為了保證軍糧和主要城市糧食的供應，國民黨仍然實行戰時採用的徵實、徵借、徵購政策，但實際徵得數量竟節節下降。戰後初期的兩個年度內，實徵七千兩百一十萬石，而戡亂動員案實施第一年，一九四八年反而劇降為兩千萬石。供應無法滿足需求，城市裡經常發生搶購糧食風潮，加劇社會動盪。

反觀中共，其接管國統區後，通過嚴密高效的組織系統，幾個區域糧食統籌調配，很快就讓糧食供應穩定充足，糧價趨於平穩。所以，**糧食問題不在於生產不足，而是組織系統的問題**，即使有戡亂動員案法律層面的支持，沒有完善有效的組織系統，動員資源也不過是一句空話。

雖然戡亂動員案在動員資源方面收效甚微，但是在鉗制輿論、打擊中間以及進步勢力方面，倒是效果顯著，但一味高壓，讓社會各階層對國民黨執政當局更加離心離德。

特種刑事法庭，光聽就害怕

戡亂動員令發布後，除了動員各種社會資源支持戰爭之外，其最大影響在於對人民各項自由權利之限制。抗戰勝利後，國民黨在輿論壓力下，曾廢除若干限制人民自由權利的法令。一九四六年十二月制憲國民大會通過的《中華民國憲法》，對於人民自由權利也有較為寬鬆之規定。但沒等這些規定落實，便**隨著民間反戰運動的高漲，尤其是中共對反戰運動的支持，以及一九四七年五月的反戰學潮，使國民黨後方城市局勢動盪**，迫使國民黨不得不加強統治，更加限制人民的自由權利，戡亂動員則為這樣的限制提供了「合法」的依據。

一九四七年十二月二十五日，在《中華民國憲法》施行的當天，國民政府公布《戡亂時期危害國家緊急治罪條例》，規定如有將軍隊、軍事要塞、軍械及一切軍需品交付匪徒者，投降匪徒者，煽惑軍人叛逃者，洩露軍事祕密者，為匪徒間諜及招募兵工、募集錢財、供給軍用品及其他物資者，意圖妨害戡亂、擾亂治安及金融者，可處死刑或十年以上有期徒刑；以文字、圖畫、演說為匪徒宣傳者，處三年以上七年以下有期徒刑。施行區域起初只限於所謂「匪區」或「綏靖區」，至一九四八年十一月四日，國民黨統治全面動搖之際，由蔣介石下令施行於全國。

一九四八年四月，國民政府公布了《特種刑事法庭組織條例》和《特種刑事法庭審判條例》，規定在首都設立中央特種刑事法庭，在若干地點設立高等特種刑事法庭，專門審理與戡亂有關的案件；**判決後不得上訴或抗告**，但處五年以上徒刑者，可向中央特種刑事法庭申請複判。

---

⑱ 葛劍雄《中國人口史》，復旦大學出版社二〇〇二年版。

國民黨設立特刑庭的目的，是「與戡亂建國相輔而行，審判案件應與國策配合」，避免一般司法審判須經多級審理、需時較長的情況，以迅捷強力的手段，鎮壓中共及國統區民主運動，安定後方形勢。為了保證特刑庭的審理能夠配合戡亂建國之國策，蔣介石指示應盡量由軍法機關人員兼辦特刑庭的業務，各地軍政機關和軍警部隊則需切實協助特刑庭的工作。軍事當局甚至提出，不僅在每一綏靖區，甚至每一兵團司令部所在地都設立特刑庭，並隨軍隊進止而隨時判案，只是格於司法當局之不同意見而未實行。

根據一九四八年六月五日國民黨中央黨、政、軍幹部聯席會議的決定，各地國民黨幹部聯席會議，必要時得邀請當地特刑庭負責人參加，並隨時提供情報供其參考；特刑庭在承辦案件時若產生困難，亦得商請各單位予以協助。特種刑事法庭因此成為國民黨鎮壓反抗、維持穩定的重要工具。

但是，政治高壓並沒換來統治的穩定。

中央特刑庭成立的第一個月，光南京、上海二地的複判案件，就有兩三百件，可見特刑庭的判案數量不在少數。即便如此，國統區各城市的危害治安案件仍層出不窮，社會動盪有增無減。一九四八年上半年比較有影響的學潮和工潮，就包括一月上海同濟大學學潮、二月上海申新工潮、四月北平學潮、六月反對美國扶植日本的全國性學潮。

為了遏制形勢的惡化，八月十七日行政院又發布命令，規定：

一、司法員警機關於情形緊迫時，可無搜索票而經行搜索住宅或其他處所。

二、對於罷工及其他妨害生產之行為嚴予禁止，違者移送特刑庭。

三、對於學生罷課遊行、聚眾請願、擾亂治安或文字鼓動、口頭煽惑、破壞秩序者，切實禁止或解散，重要者送特刑庭。

四、各機關團體學校負責人應切實負責維持秩序，發現違法者應向治安機關陳報，並盡可能協助偵取證據，違者應予懲處。

在國民黨的殘酷鎮壓之下，也由於中共根據形勢變化，適度改變了城市鬥爭策略，一九四八年下半年以後，國統區學潮和工潮的發生頻率下降，但是形勢並未因此而平靜，更大的風暴正在醞釀。

打壓中間勢力，國民黨加速製造敵人

國共內戰爆發後，在國共兩黨之外的其他主要黨派中，中國青年黨和民主社會黨先後靠向國民黨，參加國民黨主導的制憲國大和政府改組，並因此以政府成員的身分支持戡亂動員，成為國民黨的友黨。中國民主同盟則反對國民黨的內戰政策和一黨專制，拒絕參加制憲國大和政府改組，要求實行政協決議，成為中共的盟友。但出於現實的考慮，民盟及其領導人也還與國民黨維繫著一定關係，仍然參加一些由國民黨主導的機構，如國民參政會的活動，並且主張實行西式民主，在政治理念上與中共還有一定的距離。

因此在內戰初期，當國民黨自信可在短時期內解決中共問題時，雖對民盟親中共的立場頗為不滿，但為對外顯示其民主形象，仍對民盟保持容忍。然而隨著國民黨在內戰中接連失利，民盟又不斷批評國民黨的戰爭政策，尤其是在戡亂動員令發布後，民盟公開表示痛心和異議，使國民黨再也無法容忍。

戡亂動員令發布後，七月七日，有記者問國民政府副主席孫科：「政府對於反對內戰派如民盟，今後態度如何？」孫科當即表示：「動員令頒布後，反對內戰等於反對國策，亦即反對政府，當然要取締，不容其存在。」孫科是國民黨內著名的鴿派人物，連他對民盟都有如此嚴厲的態度，預示著國民黨對民盟態度的重大變化。

十月七日，民盟中央常委兼西北總支部主任委員杜斌丞，以「勾結共軍，密謀暴動，販賣煙毒」之罪名，被陝西省戒嚴總司令部處以死刑。民盟南京辦事處也受到監控，民盟成員的人身安全已不能得到保障，種種強烈的信號，顯示其處境岌岌可危。

面對國民黨的打擊迫害，民盟領導人在上海連日討論對策。鑑於國民黨對民盟的鎮壓已不可避免，而民盟一向為公開活動之政黨，為了保護其成員的安全，暫避鎮壓之鋒芒，在二十七日決定，派黃炎培赴南京交涉，要求國民黨不下令解散民盟，民盟則通告盟員停止政治活動。

但國民黨為殺雞儆猴，已經等不及民盟的表態，而於二十七日由內政部發布公告：以民盟「勾結共匪，參加叛亂」為由，聲明「政府對此不承認國家憲法、企圖顛覆政府之非法團體，不能坐視不理」；「已將該民主同盟宣布為非法團體，今後各地治安機關對於該盟及其分子一切活動，自應依據《妨害國家總動員懲罰暫行條例》及《後方共產黨處置辦法》嚴加取締」。

國民黨命令既下，黃炎培亦到南京，與已在南京的羅隆基等，連日與張群、吳鐵城、邵力子等國民黨高級官員交涉，提出解決問題的善後辦法。黃炎培提出，由民盟自行宣告停止活動，解散總部，領導人辭職，但政府應不再追究民盟成員的責任，並保證他們的自由權利。

雖然民盟因其追求民主的言論、行動為國民黨所強烈不滿，但民盟在社會上，尤其是知識界有廣泛的影響，其領導人多為有地位、聲望之人士，其中一些人還與國民黨領導人和美國方面有個人關係。國民黨出於各種考慮，不便斷然予以鎮壓。加上已經退出民盟、並且與民盟有不同政治主張的民社黨和青年黨領導人張君勱與李璜，亦專函致行政院長張群，希望「政府適可而止，不必株連，以安人心」。在民盟願意自行停止活動、國民黨借此警告所有反對派的目的已達的情況下，國民黨亦考慮留有餘地，對民盟成員故示寬大。

十月三十一日至十一月一日，行政院長張群和黃炎培談話，表示經過其疏通，政府同意民盟自行結束，不再下解散令；黃炎培則要求，民盟成員一律免除登記，被捕者不援用「後方共產黨處理辦法」，得到張群首肯。十一月五日，民盟領導人在上海開會，討論與國民黨商談結果及民盟停止活動等事宜。沈鈞儒、史良等對公告有所異議，但「終以大局被迫至此，已無否認之餘地，乃決照原稿付公表」。其後，民盟發布公告，聲明「最近政府宣布民盟為非法團體，禁止活動」，決定民盟盟員自即日起一律停止政治活動，總部同仁即日起辭職，總部亦於即日解散。

至此，曾在戰後民主運動中發揮重要作用的中國民主同盟，在國民黨的政治高壓下停止公開活動。在此前後，農工民主黨、民主建國會、民主促進會、九三學社等民主黨派，**為了避免國民黨的鎮壓，也陸續停止公開活動**。

國民黨對民盟的鎮壓，固然使其統治少了公開的批評者，耳根清淨了不少，但卻在政治上大大丟分，**嚴重影響其對外展示的民主形象**，並未獲得多少實際的利益，反而促使民盟此後更義無反顧的支持中共，增加了反對國民黨統治的力量。國民黨宣布民盟非法，可謂戰後中間道路走向的轉捩點。此後，民盟等中間黨派轉而逐漸接受中共的領導，擁護中共的政治主張，成為中共反對國民黨統治的同盟軍。對中間勢力的鎮壓，不僅沒有加強國民黨的統治，反而增加了更多的對立，進一步削弱了國民黨的統治基礎。

一九四八年末，因幣值改革失敗以及軍事上的失利，國統區學潮、工潮、搶糧風潮如風暴一般席捲江南，戡亂動員令形同虛設，國民黨的統治基本瓦解。政府、軍隊或公開起義，或等待中共接收。國民黨政令不出總統府。解放軍百萬雄師下江南，所到之處幾乎傳檄而定。

戡亂動員是國民黨在統治危機時的應變之舉。但是，國民黨的潰敗是其組織系統的全面潰敗，僅靠戡亂動員顯然無法挽救失敗的命運。戡亂動員實行一年之後，國防部長何應欽不得不承認：「過去剿匪失敗，由於沒有實行總動員，僅係純軍事的剿匪，雖有完備之總動員法令，但無執行機關，以至政治、經濟各方面均未動員。」戡亂動員不但沒能動員資源支持反共戰爭，反倒因為鉗制輿論、限制民眾自由權力、打擊中間勢力，讓社會各階層更加離心離德，從而加速了國民黨統治的崩潰。

經濟篇

內戰之中，由於國內惡性通貨膨脹，拖累了前線的作戰策略。國舅宋子文甚至在一年內，將國民黨大半家底敗個精光。金圓券改制也未能拯救經濟敗壞的命運。反觀中共的小米加步槍卻展現出經濟奇蹟，打贏了國民黨政府的黃金外匯。

第四章

匪夷所思的經濟法令

談國民黨政府內戰經濟，宋子文先生（宋美齡的哥哥）就是個舉足輕重的人物，於一九四四年擔任行政院長，一九四七年因為嚴重的經濟危機以及黃金風潮而下臺。此間風風雨雨，不僅是宋氏政治生涯由盛而衰的歷史，更勾畫出國民黨政府經濟由高峰急速向下墜落的軌跡。經濟的快速崩潰是國民黨政府失掉大陸的決定性因素，**宋氏也堪稱國民黨政府失敗的第一罪人。**

宋子文擔任行政院長職務後，雖然交卸了外交部的職務，但由於他多年主管國民黨政府外交，號稱在英美友邦中人脈深厚，所以在抗戰勝利後，對國民黨政府外交政策影響依然舉足輕重。國民黨政府經濟與外交兩大領域，應是內戰中為國民黨政府加分的籌碼，結果在宋氏主導下，經濟是快速崩潰，外交則是忍辱未能負重，委屈沒有求全，以最大的代價換來最差的結果。讀民國史，常使人感慨萬千，國舅誤國，宋氏堪稱空前絕後。

▲宋子文

國民黨政府內戰經濟軌跡

一九四五年六月二十五日，宋子文在重慶宣誓就任國民黨政府行政院長。此公上臺就「出手不凡」，直接向民間掠奪黃金。

抗戰時國民黨政府向民間推行「法幣[19]折合黃金存款」業務，方式是用法幣按照中央銀行黃金牌價折合存入，到期可取得黃金。當時推行這項存款對收縮流動性、控制通貨膨脹發揮了重要作用，因為黃金在亂世的保值功能強，老百姓紛紛將閒錢存入銀行，指望到期能獲得黃金。據統計，該項存款達到六百二十四億法幣。到了一九四五年六月，存款即將到期，國民黨政府該給老百姓兌現黃金了。

此時宋子文卻搬出「黃金購戶四成捐獻辦法」的法令，以抗戰為名勒令購買黃金，先前存款者必須將應兌現的黃金扣減四成作為捐獻。此法令截至一九四六年，共從民間掠奪黃金達到八二·〇四六八萬兩[20]。

這是什麼政府法令？捐獻應該是民眾自願，怎麼會直接從民眾存款中扣除？還是扣除四成！

---

[19] 法幣是一九三五年起，由國民政府發行的法定貨幣。法幣因後來國共內戰，中華民國政府就軍費上升而大量發行以支付軍費，引發惡性通貨膨脹。在一九四八年由金圓券取代。

[20] 戴立庵：《抗戰後期的重慶黃金風潮》。

這與赤裸裸的搶劫有什麼區別？**宋子文先生幹的荒唐事還遠不止這項，後面做的一件比一件匪夷所思**。

話說抗戰勝利時，國民黨政府頗有些家底。一九四五年底，國民黨政府中央銀行的外匯黃金儲備達到歷史最高峰，折合美元達到八．五八〇五萬美元。[21]

另外，接收日偽資產也讓國民黨政府發了大財，這個數字後世估計大致在四到八億美元。**如此雄厚的家底，是國民黨政府下決心軍事剿共最大的倚仗**。蔣介石在紀念國父演說中就公然宣稱：「本黨的力量比起二十幾年前，已經大過好幾十倍。」後又在六屆二中全會[22]上表示：「目前財政足以支撐軍事作戰兩年有餘。」

一九四六年六月，內戰爆發，國民黨政府發動全面進攻。僅僅打了半年，雖然軍事上節節勝利，但是後方經濟危機爆發，國軍被迫由全面進攻轉為重點進攻。必須強調的是，過去歷史中往往一邊倒的認為，國民黨軍事戰略的調整是因為全面進攻中部隊損失過大。誠然，全面進攻中國民黨損失了一百多萬軍隊，但是只要軍費有保障，人員的損失很容易補充。一九四六年六月，國軍有正規軍八十六個師，兩百四十八個旅，總兵力約兩百萬人。到一九四七年十二月，國民黨軍依然保持著一百零四個整編師，兩百七十九個旅的編制，總兵力還是一百九十八萬人，軍力並沒有下降（被殲滅的大都是地方雜牌部隊，核心五大主力以及次五大主力仍保持完整）。但是財政危機讓軍費不得不大幅度削減，於是前線軍事策略只得隨著經濟墜落的軌跡節節調整——由重點進攻到全面防禦，再到重點防禦。

一九四八年七月，金圓券幣制改革失敗，國民黨政府財政崩潰，解放軍立刻在軍事上總攤

牌，三大戰役㉓後，國民黨政權已經無力回天。

把十幾億美元兩年內敗個精光的經濟專家

抗戰勝利後，經濟上的主要任務除了接收日偽資產，就是恢復全國的經濟秩序。此時就有個統一貨幣的問題。國統區使用法幣，而淪陷區使用中儲券。中儲券是偽幣當然要廢除，那麼怎樣確定法幣與中儲券的兌換比率呢？實際上市場已經有了結論——按照國統區與淪陷區物價比例計算，兩者的比率大致是一：三〇～一：五〇。若參照這比率，再由官方確認一個合理的數值，淪陷區的經濟秩序很快就可以恢復。當時的淪陷區囊括了中國經濟最精華的部分，如果這個部分被國民黨政府接收後，能迅速恢復經濟秩序，國民黨政府的實力將大為提升。

但是，一九四五年九月二十七日，**財政部公布的法幣與偽幣兌換比率，居然是一：二〇〇！**

國統區民眾，特別是官員自然是欣喜若狂，而淪陷區民眾則是欲哭無淚，因為一夜之間，大多數民眾已經傾家破產！試想，假設一九九七年香港回歸，中央政府突然出臺法令，廢除港幣，人民幣兌港幣為一：四。估計不出三個月，香港就成臭港，因為大陸人民沒有誰會放過這個發財

㉑ 秦孝儀：《中華民國重要史料初編》，台灣中央文物出版社一九八一年版。
㉒ 第六屆第二次中央委員全體會議
㉓ 指遼西會戰（瀋遼戰役）、徐蚌會戰（淮海戰役）與平津會戰（平津會戰），內容詳見本書軍事篇內容。

機會，在很短的時間內，香港就會除了垃圾什麼都沒有。

於是國統區官員、民眾鋪天蓋地的擁進淪陷區搶購物資，結果淪陷區經濟一片混亂，物價一日三遷，絕大多數淪陷區民眾，由對國民黨政府的擁護，變成極度憎恨！

以黃金為例，抗戰勝利時昆明（國統區）的金價折合法幣，一兩黃金是六萬五千元，而到了南京（淪陷區），因為國民黨財政部奇特的匯率政策，導致黃金一兩才一萬元！其他的物資，包括棉紗、絲綢、煤炭、糧食……淪陷區的價格都只有雲南、四川的四到五分之一。這麼嚴重不對稱的物價，讓所有人都預測物價會強烈上漲。於是有錢、有關係的人，大肆收購淪陷區物資炒作，沒錢、沒關係的民眾也拚命買物資囤積。結果，抗戰剛剛勝利，淪陷區就先陷入混亂。

這個政策帶來三個後果。其一，淪陷區經濟混亂，各種生產遲遲無法組織，更加劇了物資短缺，**大型城市不僅沒有增加國民黨政府的實力，反倒因為要給各種人員發放巨額補貼，成為財政的負擔；其二，人心喪盡！**抗戰勝利後，淪陷區人民是「想中央，盼中央」，結果呢？「中央來了更遭殃」。國民黨行政院財政部用一個幣值匯率政策，就將所有淪陷區人民變成和政府對立！其三，因為幣值差異，導致後方到淪陷區大肆搶購物資，加上淪陷區生產無法復原，物資短缺，使物價開始難以控制。

國民黨政府就這樣弄出了惡性通貨膨脹！

抗戰勝利本來是為國民黨政府創造了良好的經濟局面。以物價為例，因為淪陷區的接收，法幣使用範圍擴大，加上抗戰勝利，民眾可不再擔心未來物資短缺，一度使全國，特別是淪陷區的物價急劇下降。當時重慶物價指數十月比八月低了三分之一，黃金價格為高峰時的五分之一，美元兌換價格也下降四〇％。而在淪陷區，以上海為例，九月物價指數比八月低三六％，黃金與中儲券的比價只達到高峰時的六分之一。

結果財政部法幣與偽幣一：二〇〇兌換比率政策一出，形勢頓時逆轉。十一月起，全國的物價重新上漲，十二月物價已經恢復到八月水準，而在淪陷區情況更為嚴重，以上海為例，十一月物價比九月高達一．八七倍，漲幅甚至超過抗戰最嚴峻的時期！

哈佛大學經濟系高材生、財經專家宋子文先生，為自己造了一個遠比中共更可怕的對手——惡性通貨膨脹。從此，惡性通膨就一直是懸在國民黨政府頭上的達摩克利斯之劍。[24]

---

[24] 達摩克利斯之劍（The Sword of Damocles），表示雖擁有強大的權力，但危險時刻存在：迪奧尼修斯國王讓大臣達摩克利斯體會當國王的感覺，宴會中達摩克利斯發現王位頭頂上有一把利刃，僅用一根馬鬃懸著，意指隨時存在的危機狀態。

第五章

國舅宋子文如何敗光大陸？

為了對付自己製造出的通貨膨脹，宋子文主政的第二招，就是實行金融開放的經濟自由化政策。**而這個惡政，徹底斷送了國民黨政府的命運**。

金融開放的經濟自由化政策，簡單說就是開放金融市場，釘住法幣與美元的比價，以穩定幣值。同時開放上海黃金市場，以出售黃金來回籠貨幣。另外就是刺激進口貿易，以進口物資及出售接收日偽的物資供應市場。三管齊下，目標都是控制物價。

國民黨以中央大義名分和權力，在經濟領域也有無數貨幣工具、政策工具可以使用，宋子文偏偏用了最笨、最愚蠢的辦法！

首先，金融開放以及經濟自由化政策，最起碼需要一個穩定的政治環境。以宋子文的地位，不可能沒有預見到國共必有一戰（金融開放以及經濟自由化政策大致是從一九四六年三月開始實施，標誌性事件就是一九四六年二月二十五日，國防最高委員會通過《開放外匯市場案》，這時國共內戰已經一觸即發）。既然戰爭遲早要爆發，那麼實行金融開放以及經濟自由化政策，不是在鼓勵民間踴躍投機嗎？

戰爭必然帶來物價波動，為投機創造了豐富的機會，而政府最該做的就是嚴厲打擊投機。如果投機可以獲取暴利，誰還願意老老實實的工作？

宋子文三大穩定物價的舉措

開放金融市場，**釘住法幣與美元的比價。一旦法幣貶值**，不管是因為金融投機還是物資短缺，**都只能由政府買單**，也就是國民黨政府家底——外匯與黃金儲備買單。

刺激進口貿易，以進口物資以及出售接收日偽的物資供應市場。**進口物資需要外匯，還是用國民黨政府家底買單**。

開放上海黃金市場，**以出售黃金來回籠貨幣。同樣還是用國民黨政府家底買單！**

這個政策僅僅實行一年就帶來嚴重的後果。

首先是金融投機盛行。在一個物價飛漲的時代，任何人都希望找到可靠的管道保護自己的財富。現在國民黨政府提供了一個最好的機會——買黃金，於是大量資金狂潮般湧進上海。有權勢的軍政長官，動用關係大量搶購黃金，各地銀行也紛紛搶做上海匯款，甚至包機運送現款到上海搶購黃金。比如當時徐州並非工商碼頭，而是軍事重鎮，但銀行錢莊卻紛紛到徐州開設分行，將軍餉套出來做黃金投機生意。當時甚至有這樣的奇觀，中央銀行由南京向北運輸鈔票（主要是軍餉）的運鈔專車，竟行至半途即掉轉車頭，原車直接開往上海。

黃金投機如此劇烈，宋子文當局竟無任何應對措施，反倒以支持生產的名義，下令中央銀行發放生產貸款。而這些生產貸款絕大多數都落到權貴們開設的空頭公司名下。這些公司拿到貸款立刻就去搶購黃金。有工廠早晨從中央銀行領取生產貸款的巨額支票，還來不及去交換所兌換，就直接在市場上搶購中央銀行拋出的黃金，因而中央銀行拋售黃金的收款中，竟然有自己當天上午發出的支票。如此危險的信號，宋子文當局依然視若無睹，繼續大量發放生產貸款。據統計，在一九四七年，僅春節前幾天，中央銀行就發放六百五十億的生產貸款！

各地流向上海的六千億元資金，以及上海兩千億元游資㉕，不算生產貸款，光是湧到上海投機黃金的資金就有八千億元，而國民黨中央銀行黃金與法幣的掛牌價大致是四千元／條。那麼用簡單的算術就可以計算出，要全部吃下這些游資，要兩億條黃金，就算是一半，也要一億條，一條黃金按十克計算，就是四千萬兩，而國民黨中央銀行黃金儲備最高時，也沒有超過一千萬兩。

算術糟糕，還妄自尊大、目空一切

宋子文在擔任行政院長之初就狂言：「我們的政策，不一定將所有的黃金都脫售，但是無論如何，政府有力量在手，就是黃金一項，也就可以控制金融。」誰知道其金融開放與經濟自由化政策執行還不到一年，一九四七年元月，黃金價格已經控制不住了。

中央銀行雖然每日拋售金條，但是黃金漲風不但不能平息，漲幅反而越來越大，漲風越來越凶。最後上海庫存黃金用完，還租用中航運輸飛機，將重慶的庫存金條也運來救急，但是在龐大的搶購黃金資金面前，運來的黃金如同杯水車薪，無濟於事。最後央行拋出的黃金越來越少，在一月三十日這一天拋售的黃金還有一萬九千條，而整個二月的上半月，一共只拋售一萬零九百條。央行捉襟見肘的情況已經很明顯了。而嗅覺靈敏的黃金投機商們，也覺察到央行庫存黃金快要見底的資訊，特別是在搶購的黃金中發現了重慶印鈔廠的印記。於是市面恐慌，掀起搶購黃金的高潮。

二月十五日，不見棺材不落淚的宋子文終於認輸，宣布央行停止拋售黃金。頓時，上海黃金市場變成只有黑市，沒有牌價。於是民眾集中搶購黃金與物資。沒有黃金支撐的法幣變成廢紙，黃金一停售，物價立刻狂漲。

到一九四七年三月，國民黨政府五百六十八萬盎司的黃金儲備，減少了三百三十一萬盎司，大半家底沒有了，物價也沒控制住，成了雙輸的局面。

現在再來看看宋子文先生第二個舉措：釘住法幣與美元的比價，刺激進口貿易，以進口物資以及出售

㉕游資，又稱熱錢，以最低風險追求最高報酬，而在金融市場上迅速流動的短期投機性資金。

表1　一九四七年初黃金價格變動情況

單位：（法幣）元／條

時間	黃金最高價格	黃金最低價格
1月4日	4580	3954
1月31日	4630	4190
2月4日	4700	4400
2月7日	5330	4840
2月10日	7200	5430
2月11日	7340	5810
2月13日	7800	6700

資料來源：文史資料研究委員會：《法幣、金圓券與黃金風潮》，文史資料出版社年版。

接收日偽的物資供應市場。

這個舉措**簡單說就是高估法幣幣值來刺激進口**。一九四六年三月四日，南京正式開放外匯市場，把法幣的對外匯率定為一美元兌換二〇二〇元法幣，中央銀行奉命無限制買賣外匯。以當時國內的物價上漲程度來說，法幣的對外價值被嚴重高估。

宋子文先生又創造了一個前無古人，後無來者的空前壯舉，全世界沒有一個國家這麼做過。因為高估本國貨幣幣值來刺激進口，**對本國生產企業將是致命的打擊**。

這個政策一出臺，大量外國貨（主要是美國貨）潮水般湧進中國：從汽油到汽車，從電燈到電影，從麵粉、布匹到棉紗、白糖，從口紅、絲襪到領帶、皮鞋，甚至鐵釘和香菸都是美國製！國內民營企業幾乎無法生存，紛紛倒閉。

當全民都開始使用美國貨時，代表什麼意思呢？美國貨要用國家外匯來換，美國貨盛行相當於老百姓吃穿用度都在用政府外匯儲備！這種做法別說是民國，就是美國也扛不了幾天。

這樣瘋狂支出外匯，而外匯收入卻是停滯的。原因很簡單，刺激進口貿易的政策一實行，出口因匯率高估，不敷成本，而處於完全停滯狀態。外匯有出無進，國際收支急劇惡化，外匯儲備逐漸枯竭，一九四六年外貿入超猛增為四．七四三億美元！[26]

看到這樣的局面，宋子文先生慌了手腳，終於在一九四七年二月五日，頒布了「出口津貼，進口徵費」的辦法。即自二月十六日起，對出口貨物結匯時，對其出口價格給予一〇〇%的補助；對於進口貨物，則依海關徵稅價格再徵收五%的附加稅。但是對於機器、棉花、米麥、煤油等美國對華大宗出口商品，為了討好美國，則免徵附加稅。

鼓勵出口法令一出臺，美國駐滬領事館當即以書面通知國民黨政府各輪船公司，明確指出國民黨政府的出口津貼辦法，與美國一九三〇年頒布的關稅法令及美國海關稅則有衝突，所以，領取國民黨政府津貼的貨物到達美國後將特別課稅。也就是說，你國民政府對出口商品補貼多少，美國政府將加徵多少。當時中國進出口貿易完全被美國壟斷，美國強硬反對，這個鼓勵出口的法令也就無疾而終。

出口打不開局面，進口卻依然無法控制，雖然國民黨政府大量出售日偽資產來平衡收支，但是到一九四七年三月，政府外匯儲備仍然減少了四．五三七二億美元！換句話說，**國民黨政府在抗戰勝利時八．五億美元的家底，被宋子文一年就虧空五億多美元**，剩餘家底不到兩億美元。如果加上出售日偽資產、物資的收益，宋氏花掉了七至八億美元，**而一九四六年一年的軍費也不過一億多美元**。

說好的巨額現款，只拿到破銅爛鐵

一九四二年，為了支持國民黨政府抗戰，中美簽訂《中美互助協定》。該協議規定，美軍駐華費用由國民黨政府墊支，最後由美國買單。截至一九四四年，墊支費用按照國民黨政府官方匯率

㉖ 許滌新、吳新明：《中國資本主義發展史》，社會科學文獻出版社二〇〇七年版。

牌價，折合二十五億美元，而美國只支付了二．五億美元。一九四六年八月，美國派人與宋子文協商墊支費用問題，**宋子文竟然私自答應將美國在太平洋各島上的剩餘物資作價抵償這筆巨額費用**。因此，國民黨政府不僅沒有得到應得的巨額美元外匯現款，反倒承受了巨大的損失。

宋氏在抗戰勝利後主導的幾大政策，用通俗的話講，法幣對偽幣匯率政策就是「去搶淪陷區吧！」金融自由化政策更神奇，根本是「來搶國庫吧！」出口補貼政策美國大爺不答應，宋子文忍氣吞聲也就罷了，美軍墊款案明明白紙黑字可以獲得美元外匯，偏偏宋子文要倒貼運費，收回來一堆破銅爛鐵。

最令人訝異的是，宋子文花掉七至八億美元，居然還沒能平衡國民黨政府開支，穩定住物價，軍費與政府開支得靠印鈔票來維持。一九四五年八月，法幣發行量不過五千五百六十九億元，到了一九四七年二月，已經達到四萬八千三百七十八億元，**貨幣超發已經突破八倍**。**貨幣超發自然引發物價飛漲**。八年抗戰那麼艱苦的時期，國統區物價指數上漲率也不過是法幣發行量增長率的二二．五%，而戰後一年物價指數上漲率，卻已是貨幣發行量增長率的一一一．五%。並且差距還在不斷擴大，惡性通貨膨脹已經無法抑制。

一九四五年九月，一百法幣可以買兩隻雞，一九四六年一月，只能買兩個雞蛋，到了三月份就只能買兩粒煤球了。內戰還沒爆發，法幣已經開始以驚人的速度貶值。內戰一爆發，軍費開支巨大，再加上錯誤的經濟政策，法幣貶值狀況完全失控。

據《淒風苦雨中的民國經濟》記載，一百元法幣在不同年代的購買力如下：

一九三七年，可買牛兩頭；

一九四一年，可買豬一頭；
一九四五年，可買魚一條；
一九四六年，可買雞蛋一個；
一九四七年，可買油條五分之一根；
一九四八年，可買大米兩粒；
一九四九年，可買四分之一粒米。

家底被虧掉大半，還帶來經濟危機。正是**這樣的經濟形勢，蔣介石不得不在前線軍事節節勝利的有利形勢下，被迫將全面進攻調整為重點進攻**。

為什麼宋子文是國民黨政府失掉大陸的第一罪人？他不只在一年內虧空國民黨大半家底，更讓人無語的是花了七至八億美元，居然還沒能平衡政府開支、穩定物價，軍費與政府開支是靠印鈔票來維持。也就是說，這七至八億美元政府沒用上，老百姓沒用上，軍隊也沒用上，都被金融投機者與洋商拿走了。

假如換成孔祥熙擔任行政院長（一九四四年以前就是孔祥熙主政，其妻是宋靄齡，與宋子文、蔣介石為姻親），歷史會出現怎樣的變化？

孔祥熙雖然平庸，但是老成持重，即使不指望他振興經濟，但守住家底是沒有問題的。八年抗戰，國民黨政府偏安西南，大半個國家淪陷，收入銳減，還要養軍數百萬，那麼艱苦的情況下，還是撐過來了，政府財政不僅沒有崩潰，勝利時還攢下了殷實的家底，孔氏居功至偉。

如果一九四五年後繼續是孔祥熙主政，他不太可能推行激進冒險的經濟政策。所以，第一，不會有法幣與偽幣一：二〇〇的昏招；第二，以孔祥熙持重的性格，不可能在明知道內戰不可避免的情況下，搞什麼金融開放與經濟自由化。以國民黨政府近九億美元，加上出售日偽資產可望達到十三到十五億美元的家底，就算當時政府收入僅能支撐日常開支，軍費全靠家底，那麼，首先印鈔可以避免，通脹就可以控制，國統區人心得以穩定。**最關鍵的是軍費一年不到兩億美元，十幾億美元家底足以支撐國民黨政府五至六年，歷史可能就改寫了**。

戰爭主要在解放區展開，真要是戰爭能夠拉鋸五、六年，勝負先不論，解放區經濟必然遭受毀滅性打擊。舉一個例子，三〇年代中共紅四方面軍張國燾、徐向前在川北建立根據地後，面臨四川軍閥多次圍攻，雖然每次戰爭紅軍都取得勝利，但是戰爭在川北蘇區反覆拉鋸，把根據地打成廢墟，最後紅四方面軍（中國工農紅軍第四方面軍）不得不放棄根據地，跟隨紅一方面軍長征。所以國民黨政府如果能堅持五至六年，戰爭結果很可能是另一種局面。

據《中華民國史史料長編》記載，蔣介石在一九四九年退守台灣後，在國民黨七大（第七次全國代表大會，一九五二年）報告中，公開批評宋子文：「民國三十六年間，行政院**宋院長擅自動用中央銀行改革幣制的基金**，打破了政府改革幣制的基本政策，於是經濟就在通貨惡性膨脹的情勢下，遊資走向投機壟斷，**正當的企業不能生存，中產階級流於沒落**。社會心理日傾浮動之中，經濟崩潰的狂瀾，就無法挽救。這是大陸經濟總崩潰最重要的環節。」

蔣介石總算是明白過來（只明白了一部分），可惜悔之晚矣。

第六章
宋子文這樣搞垮國民黨軍隊

經濟重建首先就是恢復工業生產。由於多年戰爭，中國原有經濟體系被割裂，生產力受到影響，抗戰勝利後亟待恢復與重建。優勢是接收了大量日資產業，既增加了國家經濟實力，又減少了外資對華資的擠壓，市場需求旺盛，對經濟是重要的刺激因素。然而劣勢亦非常明顯，政局不穩，社會不安，交通受阻，內戰重起，統一市場無法形成；東北、華北工礦業集中地區受到戰爭影響，損失嚴重；幣值不穩定，通貨膨脹壓力巨大，各方投資意願低落；總體而言，可謂困難與機遇並存。

一九四五年十一月二十六日，國民政府設立最高經濟委員會，作為負責全國經濟工作的樞紐性機構。兼任該會委員長的行政院院長宋子文，提出戰後經濟政策綱領為：一、扶助民間事業，協調國營民營關係，使它們的配置輕重合理；二、平衡政府收支，協調各部門利益；三、與友邦進行經濟合作，坦白互惠[27]。

[27]《大公報》，一九四五年十一月二十七日。

從宋子文公布的經濟政策綱領來看，**根本沒有關注生產的組織與恢復**。而所謂「與友邦進行經濟合作，坦白互惠」，說白了就是高估法幣幣值來鼓勵美國商品進口，這哪裡是「互惠」，這對民國經濟重建分明是一場災難！

讓我們設想一下當時民營企業面臨的困境，首先物價飛漲，原物料成本大增，接著是人力成本大增。物價飛漲，為了平息民怨，宋子文當局在一九四六年四月宣布「全民漲工資」，不僅是公務員與軍人漲工資，還**規定了企業職員與工人最低工資標準。這個政策對日益艱難的企業是雪上加霜**。好不容易把產品生產出來了，又遇到廉價美國貨的競爭，因為法幣幣值被人為高估，所以原本賣兩元的美國貨現在只賣一元，這讓國內企業怎麼存活？所以，當時民營企業紛紛把工廠關掉，放棄實業，投資商業。大家都去炒黃金、炒美元，囤積物資。

這不僅加劇了經濟的混亂，更重要的是企業都放棄實業去做投機生意，經濟學上把這種狀況稱為「產業空心化」，在任何經濟體系中都是非常嚴重的危機。

一九四七年全國各行業產量與一九三六年比較，火柴為七〇％，棉紗為六七％，煤為五二％，麵粉為三七％，鋼為一七％，鐵為五％，只有電為一二一％，棉布為一二八％。由此可見，即使戰後國民政府接收了大量日偽資產，但是由於錯誤的經濟政策，全國輕工業產量大減，遠未恢復到戰前水準，而重工業與戰前相比差距更大。

社會物資短缺，軍工生產也產生不利的影響

根據國民黨方面的檔案，在抗戰時期，國民黨方面的主要彈藥裝備的最高年產量為：步槍十三．九二萬支，機槍二．〇四萬把，八二迫擊炮兩千五百二十門，七九步槍子彈二．五二億發，山野炮彈七十八萬發，八二迫擊炮彈兩百一十四萬發，手榴彈五百一十萬枚，六〇炮月產三百五十門，六〇炮彈月產十萬發。

而到了內戰時期的一九四八年上半年，月產中正式步槍一萬三千支，輕機槍一千至一千兩百把，重機槍五百把，八二迫擊炮兩百五到三百門，六〇炮七百門左右，步機槍子彈兩千五百萬發，八二迫擊炮彈十萬發左右，六〇迫擊炮彈十二萬發左右。抗戰勝利後，國民黨政府接受大量日偽軍工企業，產量比較大的包括武漢兵工廠、瀋陽兵工廠。但是即使包括這些接受工廠產量在內，除了六〇炮等少數裝備彈藥外，其軍工生產能力並未有發展，甚至有所退步，如果扣除這些接受工廠的產量，原有兵工企業產量都是大幅度減產。

戰爭期間，為什麼兵工生產會減產？不是國民黨政府不重視，而是**兵工生產需要一個完整的工業系統來支撐**，包括化工、機械、重工業等，**當全社會工業生產都因為國民黨政府錯誤的經濟政策而倒退，兵工生產很難不受影響**。

而宋子文主導的經濟委員會，提出的另一個綱領「扶助民間事業，協調國營民營關係，使它們的配置輕重合理」，又是什麼結果呢？官僚資本突飛猛進，讓民營企業不僅面臨著廉價美國貨的衝擊，另一方面還面臨著官僚資本的壓力。

第七章 中華民國其實是社會主義國家！

戰後接收了大量日偽產業，除部分出售外，其他都成為國家資本。而由於錯誤的經濟政策及戰亂的影響，民間投資與外資在中國投資都在逐年萎縮，而國家資本反而急速膨脹[28]，不僅在中國產業資本中占據了相當優勢，更在金融資本中占據壓倒優勢。

一九三六到一九四八年，在產業資本中，外資年均下降一六・三五％，民營資本年均下降二・〇五％，只有國家資本年均增長六・七二％。按一九三六年幣值計算，一九四五年國家資本占中國資本總值（一百四十二億元）的五四％（戰前為三二％），其中產業資本占六四％（戰前為二二％），金融資本占八九％（戰前為五九％）[29]，如果抗戰勝利後執政黨不是國民黨，**這樣的數據看起來，真會讓人誤以為這是個公有制為基礎的社會主義國家。**

戰後國家資本膨脹的原因，一方面是原有單位規模的擴大，如四行二局[30]、資源委員會等，另一方面是新建了若干壟斷性公司，如中國紡織建設公司、中國蠶絲公司、中國鹽業公司等，其中尤其以中國紡織建設公司引起社會非議最大。

戰後接收的日偽產業以棉紡織業最成規模（僅上海一地就接收了紗錠九十六萬錠，織機一・七萬台），雖然民營呼聲很高，但宋子文當局以「一時難以確定價格標準，無法標售，益以鑑於當時商人方面，對於原有之商營紗廠，尚難繼續經營，自無餘力再行承購」為理由，於一九四五年十二月成立國家控股的中紡公司，該公司總部設於上海，另在天津、青島和東北設有分公司。

據一九四七年統計，中紡公司下屬八十五家企業，囊括了紡織業的幾乎所有部門，擁有員工七·五萬人，紗錠一百七十六萬錠，線錠三十五萬錠，布機三·六萬台，紗線錠占全國總數的四四%，布機占五五%，棉紗產量占全國總產量的四〇%，棉布占七〇%，**居於壟斷地位。中紡公司還享有種種特權**，如低息貸款、官價外匯、低價美棉等，還可免於政府限額收購，壟斷棉紡業進出口貿易，以低吸高拋方式謀利等，對於民營紡織業來說，中紡公司簡直就是個高不可攀的龐然大物。

國進民退的另一個方向在資源性領域。戰後發展最快的原有國家資本單位，首推資源委員會。一九四六年五月，資源委員會由原隸屬於經濟部改為直屬行政院，其主管部門相當於從「部長」級一躍而成「總理」級。抱上更粗的大腿，自然狂飆猛進。一九四七年，資源委員會已擁有九十六個下屬單位，兩百九十一個廠礦，員工二十二·三萬人，生產量占全國產量的百分比為：電力五〇%以上，煤炭三三%，石油一〇〇%，鋼鐵八〇%，以及絕大部分金屬，可以說基本上控制了全國的重工業生產。資源委員會一九四六年盈餘三百六十五億元，一九四七年盈餘

㉘本章內容摘自汪朝光《一九四五～一九四九：國共政爭與中國命運》，社會科學文獻出版社二〇一〇年版。
㉙上海師範大學歷史系中國現代史教研室《中國現代史資料選輯》，一九七八年。
㉚四行是中國銀行、交通銀行、中國農民銀行、中央銀行，兩局是郵政儲金彙業局和中央信託局。

一千三百一十七億元，盈利總額雖然在上升，但盈利率卻節節下降，一九四六年盈利率為一三・四%，到一九四七年急劇下降為二・五六%，這固然有戰亂影響，但更重要的是國企規模一大，效率下降是經濟規律的必然。

國進民退對經濟是巨大的傷害。國家資本依靠壟斷權力以及國家各種優惠政策扶持，與民企完全是不平等的競爭。國家資本越是擴張，民企的生存空間越小，社會經濟活力越低。但是，**國家資本擴張對國民黨政府卻有巨大的誘惑力。因為不僅增加了大量油水豐厚的職位，可以安插權貴，而且方便政府掌控經濟**，最重要的是，國家資本讓政府多了一個「錢袋子」。以中紡公司為例，一九四七年帳面純利潤五千九百三十二億元，其中上繳國庫四千零八十七億元，每年無償供應軍用布匹三百餘萬匹，價值超過一千億元，以及配售公教人員實物棉布等[31]。

因此，**國家資本**對於國民黨的意義不僅是個人或團體的利益（如宋子文、孔祥熙或CC系[32]），**對於維繫整個國民黨統治的作用不可低估**，這也是國民黨在各界反對的情況下堅持國營的重要原因。

由於國家資本企業機構龐大、人浮於事、管理混亂，其生產效率遠不如民營企業。一九四七年國家資本占全部產業資本的六四%，但其產值只占全國的四二%，其中經營情況最好的電力工業，設備容量占全國的七四%，但發電量只占六一%。國營企業占據很多資源，產出效益卻很少，按照《中國資本主義發展史》的評述：「抗戰勝利後，國家壟斷資本雖然因接收了巨額的敵偽產業和美國的援助而高度膨脹，但並沒有發揮生產力的作用，而是處於癱瘓狀態。它像一個充氣的巨人，貌似強大，內部卻是孱弱的。」

對於官僚資本問題，即使在國民黨內部亦有不少反對聲音，各個不同派系間更因利益不同而互相衝突、借機發難。**一九四六年三月五日，在國民黨六屆二中全會上，對國家資本擴張的批評達到頂峰**。

蕭錚（中執委）首先發言，表示對經濟報告「根本不滿」，認為經濟主要問題在於忽視民生主義，沒有實行平均地權、節制資本，反而培養了官僚資本，統制經濟（計畫經濟）亦全失敗，派遣接收人員不廉，社會指摘甚多。他直率的指出，這些失策之處，應由經濟部負責，經濟部長如承認錯誤，應即辭職，否則應予罷免。

賴璉（中執委、海外部副部長）認為：凡是**利用政治地位，運用公家資金及其他力量，操縱物價，把持國營事業**，破壞國家信用，就是官僚資本；而官僚資本猖獗使工商凋敝，建設無從著手，富者越富，貧者越貧，全國財富集中到少數人手中，可謂是危機四伏，大難臨頭。他要求必須實行官商分開，實行官吏財產登記，絕對不許官吏經商，以消滅官僚資本。

吳鑄人（中執委）認為：當前最嚴重的問題就是經濟，如果經濟問題沒有適當解決辦法，前途將不堪設想；而經濟問題之不易解決，是官僚資本在作祟。他疾呼，這些人就是革命的對象，

---

❸❶ 陸仰淵：《中紡公司的建立及其性質》，《近代史研究》一九九三年第二期。

❸❷ 中央俱樂部組織（Central Club），由陳立夫、陳果夫兄弟帶領，亦有一說CC是兩兄弟姓氏Chen縮寫。

我們千萬不可做失去人心的事。

吳紹澍（中執委、上海市副市長）在發言中指責中國紡織建設公司帶頭漲價，應對上海的物價上漲負責。他質問宋子文是否知道人民和公務員活不下去的情況，提出行政院長應為此負責，如果說沒有辦法，可以向二中全會辭職。

鄭亦同（候補中執委）說，國民黨本來不准官吏經商，但**現在官吏經商遍地都是**，此問題不解決，任何經濟部長也無辦法。希望中央或監察院加以調查，政府官吏借其地位掩護以經商的有多少？他們做的金融、商業和工業究竟有多少財產？調查清楚以後，拿公允的辦法去處理。

在當天的討論中，以劉健群（中執委、三青團副書記長）的發言最為慷慨激昂，他強烈批評財政和經濟部的報告既沒有看到問題的嚴重性，也沒有提出解決的辦法；認為現在的問題十分嚴重，時機非常迫切，因此向主管當局疾呼：有辦法的趕快拿出來，沒辦法的說出來；有辦法的擔起來，沒辦法的放下來。他的發言得到全場的鼓掌歡呼，於此亦可見當時的場內氣氛。

▲ 金圓券

這些言論固然不乏國民黨黨內鬥爭因素，但這一問題能夠公開見之於傳媒，並引起社會各界廣泛共鳴，顯然又不僅僅是國民黨黨內矛盾問題，官僚資本及其引發之社會矛盾已成為官方也無法諱言的事實。可是官僚資本又與國民黨各個派系利益盤根錯節，因此國民黨高層很難痛下決心，解決官僚資本問題，只能放任因官僚資本膨脹對國統區經濟造成越來越大的危害，成為導致其經濟總崩潰的重要原因。

一九四八年，國民黨在軍事危機與經濟危機的雙重壓迫下，進行最後一搏——強行推動金圓券改制。為此蔣經國親赴上海坐鎮「打虎」。耐人尋味的是，在這個國民黨政權最危急的關頭，國民黨政府控制的龐大的國有企業，不僅沒有全力支援金圓券改制，反倒為小團體利益百般抵制中央政府經濟政策，最後竟然是因為官僚資本的阻礙，讓金圓券改制功虧一簣！

第八章 王雲五書生誤國，蔣經國無力回天

一九四八年及一九五〇年，經濟中心上海發生了兩件大事，其一為國民黨政府以上海為主戰場的金圓券改制；其二則是中共入主上海後主導的經濟戰爭（銀元、大米、棉紗、煤炭戰爭）。這兩件大事中雙方對抗之激烈，動用資源的規模之巨大，不亞於規模宏大的戰爭。這兩場經濟領域的結局也迥然不同。國民黨政府金圓券改制慘敗，而中共經濟戰爭大獲全勝。**兩場戰爭的結局也決定了國共雙方在大陸的命運**。

金圓券改革是國民黨政府在經濟即將崩潰前的最後一搏。為了保證金圓券改制的成功，國民黨政府傾盡全力。但是，由於其財經指導思想上的根本錯誤，加上前線軍事上的失利，以及日益惡化的經濟形勢，導致其金圓券改革以慘敗收場。

一九四八年五月，行憲國民大會結束後，蔣介石就任總統，改任翁文灝為行政院長。翁文灝任命王雲五為財政部長，俞鴻鈞為中央銀行總裁。蔣介石決定進行幣制改革，並將此賭注壓到內閣翁文灝頭上。自此，金圓券進入緊鑼密鼓的籌畫之中。

為什麼用王雲五？「跟他私交不錯」

王雲五曾是商務印書館的編譯所長及總經理，對中國文教事業多有貢獻，被譽為「學問界恩人」。一九四六年一月，以無黨派人士身分參加政協會議，被蔣介石任命為經濟部長。

翁文灝上臺後，蔣介石原擬仍由俞鴻鈞任財政部長，但俞鴻鈞剛就任中央銀行總裁，與原總裁張嘉璈正辦理交接手續，蔣介石遂囑翁文灝自己物色財長。**翁文灝與王雲五平素私交不錯，又鑑於王雲五在行政院副院長任內研究過財政，於是選其執掌財政**。王雲五自稱起始無意此職：「在固辭不獲之後，唯一的誘惑使我勉允擔任此席，就是對於改革幣制之憧憬。」

各界人士對此任命頗感驚奇，認為王雲五與財政金融素少淵源，僅憑其商務的管理經驗，堪當財政重責？「學問界恩人」與「學問界達人」有本質上的區別吧！所以，不但媒體對王雲五大加嘲諷，立法院也持不信任態度。

▲王雲五

翁文灝內閣組成後，蔣介石對王雲五和俞鴻鈞都作了幣制改革的指示，要他們分別組織專家研究，拿出具體方案。

當時俞鴻鈞在上海成立了四人研究小組，成員有中央銀行稽核處長兼上海金融管理局長李立俠、南開大學經濟系教授兼中央銀行顧問吳大業、中央銀行經濟研究處副處長方善佳、漢口金融管理局長林崇鏞。四人小組一致認為：在內戰繼續進行的情況下，幣制不宜做根本性改革，如果驟然一改，就會垮得更快。鑑於財政收支差額太大，可在不改變法幣本位的基礎上，另由中央銀行一種稱為「金圓」的貨幣，作為買賣外匯及繳納稅收之用，不在市面上流通。用此辦法，大致可使收入提高到支出的四〇至五〇%。俞鴻鈞予以首肯，並令四人小組擬定了具體方案。爾後，俞鴻鈞攜此方案赴南京請示蔣介石，滿以為會得到大加讚賞，卻不料立即遭到否決。

客觀評價，俞鴻鈞四人小組的金圓方案，是對日益惡化經濟形勢的「徐徐調理」之方案。而蔣介石不懂經濟，覺得調理太慢，偏要用立竿見影的虎狼之藥，這對沉痾已深的經濟體，是個非常危險的選擇。

王雲五就職財長，躊躇滿志，迅即祕密投入幣改計畫的研究，自稱「無日不是念茲在茲」。他首先分別問議財政部的主管人員，令其檢呈有關幣改的舊案和意見。為了保守祕密，不使財部人員知曉這些做法與幣改有關係，王雲五故意作出只聽取意見的樣子，不表示個人看法。他還一一閱讀和歸納祕書處資料室所剪貼保存的歷年國內關於幣改的七、八十種資料。費盡一番心思後，王雲五認為：「改革幣制，一方面固然必須盡力搜求獲得可能控制的發行準備金，他方面還須配合其他種種措施。所謂配合的措施，便是關於平衡國內收支，平衡國際收支以及管制經濟金融等事項。」為此，他親自草擬了《改革幣制平抑物價平衡國內及國際收支的聯合方案》。

一九四八年七月七日，王雲五將此案送交翁文灝，二人沒有分歧，隨即於次日謁見蔣介石。蔣原則上表示同意，但為慎重起見，又指定俞鴻鈞及專家嚴家淦、劉攻芸、徐柏園[33]，一起再加研究，草擬具體辦法。至此，作為財政部次長的徐柏園才知道，頂頭上司王雲五竟有這樣一個親自操刀的方案。二十四日，翁文灝在廣播電臺發表談話，稱當局正在籌畫削減通貨膨脹的辦法，但未公開具體內容。

七月九日至二十八日，翁文灝、王雲五、俞鴻鈞及三位專家，對王雲五的方案進行了數次討論，僅作了少許修改。二十九日，一同前往浙江旅避暑地莫干山，晉見在此療養的蔣介石。蔣說：「王雲五所擬金圓券方案，設法挽救財政，收集金銀、外幣，管制物價，都是必要的措施。」他問俞鴻鈞印刷新鈔票能否趕得上，俞鴻鈞說：「新印金圓券已來不及，但中央銀行尚存有新印的鈔票，數量足夠應用。可以先用飛機密運各中心市場，以便總統命令發表後，就作為金圓券發行。」蔣囑各位先行準備，等候決定。

八月十九日下午三時，蔣介石主持召開國民黨中央政治會議，討論幣改方案。王雲五不是國民黨黨員，按例不能與會，但會議需要他對改革幣制作一說明，故破例出席。會上，幣改方案略加修正通過。下午六時，行政院會議繼續討論已在國民黨中政會上通過的幣改方案，經過四個小時的討論予以通過。當晚，蔣介石以總統名義發布《財政經濟緊急處分令》，行政院以全文交廣播放。二十日，國民黨中央機關報《中央日報》及其他有影響的大報，都刊發了這一命令。同時，又公布了《金圓券發行辦法》等四項辦法。將「緊急處分令」和各種辦法綜合起來，其主要內容有四項。

㉝嚴家淦時任台灣財政廳長，劉攻芸為中央銀行副總裁，徐柏圓為財政部次長。

第一，金圓券每元法定合純金〇．二二二一七公分，由中央銀行發行，面額分為一元、五元、十元、五十元、一百元五種。發行總額以二十億元為限。

第二，金圓券一元折合法幣三百萬元，折合東北流通券[34]三十萬元。

第三，**私人不得持有黃金、白銀和外匯**，限期於九月三十日以前收兌黃金、白銀、銀幣和外國幣券，違反規定不於限期內兌換者，一律沒收。

第四，全國各地各種物品及勞務價格，應照一九四八年八月十九日以前的水準凍結。

以上四點不難看出國民黨政府的基本思路。首先強制凍結物價，再以行政命令強行收取民間黃金與外匯。按照王雲五的設想，貨幣發行要以貴重金屬與外匯作為基礎，如果在民間能收取足夠的黃金與外匯，那麼，金圓券就有了堅實的基礎，幣值一穩定，物價自然就能穩定。

八月二十日當天，金圓券發行準備監理會成立，負責監督檢查金圓券的發行及準備情形。蔣介石與王雲五召見上海工商界、金融界巨頭二十餘人，希望他們支持財經命令。翁文灝在行政院也邀請京滬工商界、金融界人士座談，希望協力執行各項辦法。二十一日，蔣介石命令各大都市派遣經濟督導員，監督各地執行政策，派俞鴻鈞為上海區經濟管制督導員，蔣經國協助督導[35]；張厲生為天津區經濟管制督導員，王撫洲協助督導；宋子文（當時任廣東省政府主席）為廣州區經濟管制督導員，霍寶樹協助督導。

蔣經國上海打虎記

為了保證金圓券改制成功，行政院經濟管制委員會下設三大機構，分別是物資調節委員會、檢查委員會、物價審議委員會。其中檢查委員會是重中之重，由蔣經國親自負責。

金圓券能否改制成功，上海這個金融中心是關鍵。為此，蔣經國親赴上海坐鎮，並且費了好一番力氣。

組織層面。調動戡亂建國總隊第二、四、五大隊到上海，以此為基礎，在上海招收一．五萬人（大部分為青年學生），成立「大上海青年服務總隊」。在上海成立「大上海青年服務總隊幹部培訓班」，培訓經管幹部。調「中正學社」五人領導小組前往上海，協助統籌指揮。

動員與宣傳層面。一九四八年九月十二日，上海街頭出現一場詭異的出殯——一個頭戴瓜皮小帽，穿著長衫的老頭，從棺材裡爬出來，站在棺蓋上向圍觀市民發表演說，老頭滔滔不絕的大聲痛斥囤積倒賣的邪惡行徑，每痛斥一聲，他臉上誇張的圓片眼鏡和鬍子都會滑稽的抖動一下。他的手裡緊緊抓著一條香菸、兩塊肥皂、幾盒手錶、一捆布，那是他的陪葬品，也是象徵囤積倒賣的罪證。靈車前面是一塊巨大的牌子，寫著：「誰危害金圓信用，咱們就砍他的頭。」

這場精心策劃的出殯遊行，就是出自蔣經國本人的創意，透過戲劇化表演來強化遊行宣傳的效果。

㉞ 此為抗戰勝利後，國民政府中央銀行在東北發行的紙幣。金圓券發行後，限期收回。

㉟ 蔣經國名副實正。上海是中國財經中樞。財經命令能否得以實施，與上海關係甚大。蔣介石派兒子親赴上海督導，足見其用心良苦。

十月，蔣經國組織規模更宏大的十萬人大檢閱。參加者包括軍人、員警、大上海青年服務總隊、上海各行業公會以及各界人士。檢閱後舉行全市示威遊行。沿途高呼口號「打倒奸商」、「不准囤積居奇㊱」、「不准抗拒不賣」，口號聲震天地，為金圓券改制大肆造勢。

除了遊行宣傳，蔣經國還在上海街頭設立建議箱。**鼓勵民眾檢舉不法商家。告發屬實者將獲得沒收的金銀、外匯以及囤積物資價值的三成作為獎勵**。加上街頭四處傳唱「兩隻老虎，兩隻老虎」的《打虎歌》，蔣經國在上海的造勢宣傳可謂鋪天蓋地，十分成功。

管制層面。在上海各行業都派遣督導員坐鎮監督。大上海青年服務總隊在上海各個交通路口設置多個檢查站，檢查過往車輛、行人是否攜帶違禁物資與金銀。另由經檢大隊搜集情報、檢查倉庫、登記物資，防止商人囤積居奇。蔣氏父子甚至親自出馬，威逼金融單位與工商界交出金銀與外匯。

九月六日，蔣介石在南京國民黨中央黨部擴大會議上，發表殺氣騰騰的談話：「目前尚有一個問題，即商業銀行對於政府法令尚存觀望態度，其所保留之黃金、白銀及外匯，仍未遵照政府的規定移交於中央銀行……屆時如再虛與委蛇，觀望延宕，那政

▲上海打虎

府只有依法處理，不得不採取進一步的措置予以嚴厲的制裁。」

蔣經國在上海直接約談金融界、工商界人士，脅迫其申報登記資產，交出金銀、外匯。煤炭大王、火柴大王劉鴻生對所屬企業負責人說：「『蔣太子』滿臉殺氣，向工商界人物大發雷霆。他是什麼都幹得出來的，不敷衍不行啊，要防他下毒手！」劉氏企業被迫忍痛交出黃金八百條（每條合十兩），美元兩百三十萬元、銀元數千枚。上海商業儲蓄銀行總經理陳光甫，曾為國民政府赴美奔波借款，頗受蔣介石賞識，此時也不得不向中央銀行移存現金外匯一百一十四萬美元。金城銀行總經理周作民不敢住在家裡，幾乎每晚換個地方，後裝病住在虹橋療養院，警察局曾派人來要周具結，非經批准，不准擅離上海，當將具結書送到醫院，由周簽字。

嚴刑峻法

約談之後就是殺雞儆猴：財政部祕書因洩露機密罪被判刑；與孫科有關係的林王公司經理王春哲，以私逃外匯罪被處以死刑；淞滬警備司令部科長張尼亞、大隊長戚再玉以貪汙舞弊罪被槍決；申新紡織總經理榮鴻元、美豐證券公司總經理韋伯祥、中國水泥公司常務董事胡國梁等一大批工商界人士，以私逃外匯、窩藏黃金罪，被逮捕入獄。

㊱ 指把奇貨儲存起來，待機高價出售。

在多重手段下，金圓券改制一開始頗有奇效。老百姓害怕「違者沒收」或被投入監牢，只好將金銀、外幣向銀行兌換金圓券。

八月二十三日，金圓券發行的第一天，上海、南京、杭州等地銀行，民眾前往兌換者頗多。為此，俞鴻鈞特地打電話向王雲五表示祝賀。二十五日，據上海《大公報》報導，各行收兌工作更為緊張，在外灘中央銀行門前，「有許多人早晨六、七時排隊，到下午一、二時還沒有兌到。交通和中國農民銀行擠兌的人也不少，交通銀行只兌一百號就截止，中國銀行則因二十四日所發號碼未及全部兌清，今日起暫不再發新號碼。央行今日起雖委託大陸、鹽業等行代兌黃金，但因準備手續關係，大陸等銀行並未開始收兌。因此中央銀行兌金者更為擁擠，門警用盡力氣還不容易維持秩序。」

到二十八日金圓券發行一周時，已有金銀、外幣折合兩千七百二十餘萬美元被兌換成金圓券。在此過程中，也發生了一些麻煩，如常因黃金成色發生糾紛，收兌工作受到影響；又因最初發行的金圓券鈔票上未注明「金圓」字樣，有些市民認為這可能是以前沒有發行的法幣，於是對金圓券將來的發行數額表示懷疑；原來作為法幣輔幣的舊鎳幣，現改作金圓券輔幣行使，百姓真偽難辨，爭端迭起。

普通百姓多迫於壓力，能按規定辦事，輪到工商、金融資本家，他們雖然比普通百姓更了解國民黨政府經濟危機的內幕，對金圓券的前途憂心忡忡，但是在蔣經國殺氣騰騰的威逼下，不得不表面表示妥協。

國民政府在強制收兌金銀外匯的同時，又強迫凍結物價，禁止囤積居奇。九月九日，行政院特別公布了《實施取締日用重要物品囤積居奇辦法補充要點》，規定「各地工廠商號所存儲之成品及貨品，如不盡量供應市銷或超過八・一九限價㊲，以居奇論。蔣經國在上海也發布命令：商店即使無貨，也不准關門，如若暗中抬價，則將沒收封存。對違令大商人蔣經國毫不手軟，米商萬墨林、杜月笙之子杜維屏、紙商詹沛霖等大批違反禁令的商人，被蔣經國以囤積居奇或投機倒把罪，逮捕入獄。大多數上海市民對於蔣的鐵腕政策大為稱快。蔣經國博得「打虎英雄」稱號。

由於國民黨政府的政治高壓，普通百姓和工商金融資本家的被迫就範，資金市場與商品市場在幣制改革後的四十天裡，竟出現了奇蹟，如收兌金銀、外匯取得了一定進展，利率有所下降，商品價格也多控制在金圓券發行前的水準。

但這是政治鐵拳與病體經濟較量所產生的成效，其隱伏的巨大危機顯而易見。

首先因為前方軍費開支巨大，導致**金圓券發行額超出預期計畫**，在前半個月內

▲ 惡性通貨膨脹時期，人民帶著大捆鈔票搶購商品

㊲ 即八月十九日凍結物價時的物價。

就多發行了八千多萬元，以致立法委員皮德中在立法會議上感嘆：「這不是通貨膨脹是什麼？」

其次是商品市場上，物價雖穩，卻是有市無貨，**商人們尋找一切機會躲藏商品**，減少虧損。一些商人為逃避貨物登記，甚至寧肯多付數倍的運費，讓貨物留在車廂內，讓火車像一個活動倉庫似的在上海附近的無錫、鎮江等處漫遊。同時，商人們還收買流氓和無業遊民，在市面上搶購日用必需品，以期造成心理的恐慌，**逼迫國民黨政府放棄限價政策**。更嚴重的是，由於商品限價，生產企業無利可圖，雖然在國民黨政府政治高壓下不敢停工（蔣經國聲稱，停工企業一律沒收，逼迫生產企業不得不將產品虧本出售）當生產企業只能虧本出售產品時，金圓券改制已經面臨重大危機。

▲蔣介石、蔣經國父子

縱觀國民黨政府金圓券改制政策，有一個致命的缺陷——**過於關注搜刮黃金白銀與外匯，卻不重視物資生產、物資調集**。實際上，任何一個經濟社會，不管是穩定物價還是穩定經濟，物資供應才是根本。貨幣不管是紙質貨幣，還是貴重金屬甚至外匯，若沒有物資做保障，一切都是浮雲。國民黨高層至死都不明白這個道理，所以金圓券改制縱有鐵腕高壓，也註定失敗。

政治高壓下，商戶雖不敢漲價，但是卻可以不進貨來對抗。於是，商品市場越見枯竭，北平所有糧食店、油鹽店均空空如洗，按照官價購不到一切，即使按黑市價亦無覓處。

上海商店紛紛托詞歇業，**民眾賴以生活之食糧肉類均無法購買，造成人心空前恐慌**。

這時民眾還把希望寄託在蔣經國身上。北京《新生報》發表社論：「我們希望當局再創打虎紀錄，借人頭，平物價。」但蔣經國也乏術可用了。他在十月六日的日記中寫道：「一切都在做黑市買賣……一般中產階級，因為買不到東西而怨恨，工人因小菜漲價而表示不滿，現在到了四面楚歌的時候。」

至此，金圓券改制已經失敗，國民黨當局只是差個承認失敗的臺階了。這個臺階就是著名的揚子案。

以孔祥熙之子孔令侃為董事長的揚子建業公司，囤積物資舉上海皆知。蔣經國迫於壓力，下令查封該公司所有倉庫。打開揚子公司倉庫發現，其中土特產、棉紗、日用品、鋼管、大米等應有盡有，堆得滿坑滿谷。眾目睽睽之下，**大家都在看蔣經國怎麼辦這個案子。孔令侃向姨媽宋美齡求援，宋又請蔣介石為孔放綠燈**。蔣介石匆忙從東北前線趕到上海，立刻召蔣經國覲見，父子一番密談，最後由蔣介石承擔一切責任，下令蔣經國放人。時人都評價蔣介石「不愛江山愛美人」，蔣經國反倒成為悲劇英雄，被迫辭職離滬。

揚子案後國民黨行政院終於認輸，於十月二十六日調整八·一九限價，規定：「如係國產貨品，按產地收購價格或原料價格予以調整。進口貨按進口成本調整。」二十八日，又決定糧食可自由買賣，貨物可計本定價，這兩項規定等於承認幣改失敗。十一月一日，頒布了《改善經濟管制補充辦法》，正式宣告放棄限價政策。三日，翁文灝辭職，行政院長由孫科繼任，財政部長由徐堪接任。但王雲五並未過度沮喪，他引以為豪的是：**為蔣介石政權搜刮了兩億美元的金銀、外**

匯，否則，台灣恐怕要吃香蕉皮了！

截至十一月九日，金圓券已發行十九億餘元，與法定二十億元限額非常接近。俞鴻鈞密電蔣介石：軍政費增加極鉅，請盡快放寬發行限額。十一日，行政院公布《修正金圓券發行辦法》《修正人民所存金銀外幣處理辦法》，決定取消金圓券發行最高限額；准許人民持有外幣，銀行開始可以流通；金圓券存入中央銀行一年後，可折提黃金或銀幣；對外匯率由原來一美元折合四金圓券增至二十金圓券。

十一月二十日，中央銀行開始辦理存款兌換金銀業務，並委託中、交、農三行同時辦理。自此，各存兌處人潮如湧，萬頭攢動，爭相擠兌。在上海，許多人前一天晚上露宿在黃浦江邊划船上，以待次日破曉到銀行優先搶兌。十二月二十三日，約十萬人擠兌黃金，因擁擠混亂，導致七人死亡，一百零五人受傷。俞鴻鈞因此被免去中央銀行總裁職務，由劉芸接替。

金圓券發行限額放開後，頓成一瀉千里之勢。到十一月底，發行三十二億元，十二月底達到八十一億元。許多地方發生嚴重鈔荒，向中央銀行告急，中央銀行又向財政部訴苦：「近來國庫支出激增，券源短絀，供應時虞不及。各地方需要券料，雖經竭力設法運濟，仍患綆短汲深，無以解決困難。」

到一九四九年四月，金圓券發行總額為五萬億元，五月更增至六十七萬億元，六月竟達到一百三十萬億元，為一九四八年八月底的二十四萬多倍。票額也越來越大，從一百、五百、一千、五千元到一萬、五萬、十萬元，乃至五十萬元、一百萬元的大鈔，相繼印行，因此有人說當時國統區百業凋零，唯印鈔業欣欣向榮，一枝獨秀。

金圓券貶值之迅速，已經不是早晚市價不同，而是按鐘點計算了。機關職員**領工資拿到金圓券後，馬上就換成銀元、美元或黃金**，如果稍有延遲，即要蒙受貶值損失。有時一個辦公室十來個人，管生活的人領取工資後，先不發給本人，而是先跑到市場換成銀元、港幣或美元，再來按人分發。普通百姓也是如此，拿到金圓券馬上就兌換金銀或搶購東西。搶購風潮一浪高過一浪，據統計，全國有四十多個城市出現搶米風潮，參加群眾十七萬人。許多商店的店主、店員還得說自己的商品品質不好，勸阻顧客別買，顧客哪管那麼多，見什麼買什麼，上海小花園一帶的女鞋，連清朝以來幾十年最老式的，不論大腳、小腳穿的各種鞋，都被搶購一空。

到一九四九年五月，金圓券已買不到什麼東西了，五百萬元只能和一九四八年九月的一元買等量的商品。上海大米每石需金圓券四．四億元，若以每石米三百二十萬粒計，買一粒就要一百三十多元。金圓券發行十個月的貶值速度，比法幣發行十四年的貶值速度都快得多。

許多地區乾脆拒用金圓券了。中央銀行桂林、柳州、梧州、南寧、康定、寶雞、吉安、南昌、哈密、蘭州等地分行，先後電陳總部：「各該地市面及機關行使銀元，拒用金圓券。」連部隊也不要金圓券，西北軍政長官張治中電陳：「五月份發出薪餉金券，各部隊以市場拒收，均原封退還。」他請求財政部改發銀元，以免運送金圓券徒增機費負擔。

中國人民解放軍一九四九年四月二十三日占領南京，五月二十七日攻取上海，六月五日下令禁止金圓券流通。國民政府逃往廣州後，仍繼續發行金圓券，但多數地方已不通用，即在少數尚能通用之城市，其價值亦逐日慘跌，幾同廢紙。甚至廣州所有交易非港幣莫屬，金圓券則完全拒用。鑑於恢復金圓券之信用殆不可能，改革幣制似已無可避免，廣州國民政府故技重演，於七月三日停發金圓券，改行銀元券[38]，發行僅十個月的金圓券就此收場。

蔣介石在一九四八年十月曾聲稱：「共產黨最怕兩件事，一個是世界大戰，而明年大戰就可爆發；再一個是改革幣制，穩定經濟。」事實證明，世界大戰爆發只是蔣介石的一廂情願，而金圓券改制不過是國民黨經濟奄奄一息時的一劑虎狼藥。此藥不僅沒能挽救經濟，反而加速政權的毀滅。此藥一下，國民黨政權已經生機斷絕。

金圓券唯一的作用，只是為國民黨政權敗退台灣搜刮了大量金銀。據中央銀行統計，全國在金圓券改制期間共收黃金一百六十七．七萬兩，美元四千九百八十五．一萬元，港幣八千六百零九．七萬元，銀元兩千三百五十六．四萬元，白銀八百八十八．一萬兩[39]，這些金銀與外匯後來絕大部分被運到台灣。

國民黨搜刮的金銀外匯，大部分來自於城市中產階級與平民。由於金圓券改制失敗，民眾用真金白銀換回來的只是一堆廢紙，不難想像民眾對國民黨政權的憤怒。

---

[38] 一種更短命的紙幣，一九四九年十一月三十日停發。

[39] 文史資料研究委員會：《法幣、金圓券與黃金風潮》，文史資料出版社一九八五年版。

第九章
毛澤東的管理大師——陳雲

在過去幾十年關於解放戰爭的電影中，有一句話耳熟能詳：「我們是以小米加步槍打敗了蔣介石的飛機、大炮。」

這句名言意義深遠。首先，這句名言指出，**國民黨政府在國共內戰中，過於重視軍事力量，而忽略經濟建設**。其次，這句話揭示出，中共能夠取得最後的勝利，是充分依靠了糧本位的經濟基礎，這就是「小米」的神奇威力。

「糧本位經濟」基礎就是在解放區，所有經濟流通都是建立在糧食（或物資）基礎上，是一種特殊經濟結構。**解放區的貨幣不能兌換金銀，只能兌換糧食與物資**。這種特殊的經濟基礎，在當時生活水準不高的背景下，與中共嚴密的組織體系結合，產生了巨大的效應。

解放區的糧食或物資就是貨幣，所以，要籌集更多的軍費，支撐前線解放軍作戰，就必須把物資生產放到第一位，中共的財經工作主要就是恢復與擴大生產，這與國民黨政府把金銀、外匯放到第一位有天壤之別。

中共財經工作首重是農業生產。一九四六年五月四日，中共中央發布了《關於清算減租及土地問題的指示》（又稱「五四指示」），決定將抗日戰爭以來減租減息的土地政策，改變為**沒收地**

主土地，分配給農民，實現耕者有其田，農民生產積極性自然大幅度提高。

接著是加強農業技術指導。以山東解放區為例，據一九四六年膠東解放區統計，至一九四六年，當地已設立農業指導所十四處，示範農場十四處，蠶絲指導所兩處，林場、苗圃二十餘處。山東省農業廳在營南設立農業指導所一處，並附設示範農場，進行深耕細作，試驗示範，即時推廣和交流經驗，使糧棉產量都有大幅度增長。濱海區由於推廣了新的植棉技術，每畝棉花增產十五斤，比一九四五年多一倍。

興修水利，增加了土地灌溉面積，減少旱澇災害。解放戰爭時期，山東解放區各級政府領導人民群眾打井修渠，疏通河道，糧棉產量大幅度增加。據渤海、魯中、濱海、魯南、膠東五個區的統計，一九四六年打井六萬餘口，流通河道五百三十九條，築堤九百三十三道。使土地灌溉面積增加八十五萬畝，保護土地兩百零五萬畝。由於增強了抵抗旱滯自然災害的能力，使全省增產糧食八千六百七十多萬斤。

▲陳雲

對於工業生產，中共並沒有受階級鬥爭理論的束縛，而採用更務實的態度來恢復與擴大生產。在這個方面，東北解放區財經負責人陳雲可謂典範。

對於工業企業管理，陳雲提出了一系列主張（可見共產黨國營企業員工吃大鍋飯的陋習，是後來形成的）：

一、實行企業管理的民主化。陳雲在第六屆全國勞動大會上對工人作報告時，把企業管理民主化講得通俗易懂：「企業管理民主化，就是要發揮大家的智慧，靠全體職工辦好工廠。」他詳細說明民主和集中的關係，指出企業民主化是和嚴格的企業管理結合的，提出了建立工廠管理委員會和工廠職工代表大會的具體措施。

二、要正確對待企業中的舊職員。為了正確處理工人與職員之間的關係，陳雲在為中共中央起草的《關於公營企業中職員問題的決定》中，分析工人與職員、下級職員、中高級職員的不同社會地位、政治態度及相互之間的關係，批評了在接收東北一部分日寇、國民黨政府企業中，處理工人與職員關係問題上犯的錯誤。

陳雲指出：「要認識到，職員、工程師、管理人員，都是生產中所不可缺少的。除作惡甚多的職員必須開除外，絕大多數職員是可以團結的，要讓工人同職員搞好團結，這樣才更有利於生產的發展。」

三、宣導企業化經營和培養技術、管理人才。他認為，要辦好人民民主企業，除了依靠管理的民主化之外，還要實行企業化經營的原則和經濟核算制。他在東北局討論企業組織與工人運動方針時指出：「對舊生產制度應當批判的接受。對工廠來說，最重要的問題是尋找原材料的來路與產成品的銷路。」他指出：「只有切實改善經營和管理工作，才能達到原料足、成本低、品質好、產量多、銷路廣的目的。管理工作、經營工廠，第一要企業化。**工廠不是機關，也不是部隊。開工廠就要像個開工廠的樣子，一定要有經濟核算**，考核成本、計算原料和機器耗費。成本需要多少？原料需要多少？機器消耗需要多少？賣什麼價錢？要會算帳。」

四、**實行工薪改革，反對平均主義；宣導勞動競賽**，反對形式主義。一九四七年陳雲主持制定了新的工薪改革方案，反對平均主義。他向東北各省政府負責人發出指示：「新工薪標準的基本精神，是為了調動職工的生產積極性和提高他們的技術。」因此，取消了過去以中等工薪為評定工薪的辦法，著重了交叉累進等級工薪制，以克服平均主義。新標準將普通職工的最低工薪，由原來的四十分提高到六十分，管理人員和技術人員的最高工薪提高到三百分，在執行中，要嚴防將所有職工的工薪都提高二十分和向三百分看齊的平均主義做法。[40]

共產黨糧本位經濟完勝國民黨錢本位

以山東為例，從一九四五年九月到一九四九年十月的四年兩個月，山東人民先後出動一千多萬民工，十多萬大小車輛，往前線運送了十億餘斤糧食，數十億斤彈藥及作戰物資，轉運了二十四萬多名傷患。支援共軍在定陶、魯南、萊蕪、孟良崮、魯西南、濰縣、濟南、淮海等五十餘場戰役中勝利。而在東北解放區，中共在一窮二白的基礎上，先後建立了七個兵工生產基地，這些兵工基地生產的產品（加上外部的援助）不僅支撐了林彪百萬大軍作戰消耗，還援助關內解放軍作戰，成為整個解放戰爭供血的心臟！

中共一方面千方百計擴大生產，另一方面在解放區又採取「戰時供給制」，就是對財政負擔人員，包括軍隊、機關人員、工廠職工，按照基本生活標準供應糧食與物資。這種模式可以大幅度壓縮財政開支，集中資源支持前線戰爭。由於中共組織高效而嚴密，供給制又將行政開支壓縮到極限，所以，**中共財政在軍費支出上竟能達到九〇％，同時保持解放區經濟形勢的穩定。**

在三年解放戰爭時間裡，並不富裕的解放區為什麼能夠付出巨大的人力、物力、財力，讓解放軍越打越強，人民的力量也沒有枯竭？究其原因，就是中共糧本位經濟基礎加中共嚴密的組織體系產生的巨大效應。糧本位體系不僅有利於恢復生產，更奇妙的是這種經濟結構在穩定經濟、防止金融動盪方面有巨大的作用。

蔣介石手下的財經專家，卻始終沒搞明白劍橋、哈佛不會在課堂上教的道理——光有黃金白銀、美元外匯作抵押，但沒有相匹配數量的生活物資、生產資料、工業品、農產品作為對應，貨幣依然只是一張印了數字記號的紙而已，不具備任何意義。老百姓過日子需要的是柴米油鹽醬醋茶，不是黃金白銀、美元外匯，這些東西都不能吃、不能用，能換取到柴米油鹽醬醋茶、耕牛、火柴的紙幣，在老百姓眼裡才有信譽，發行它的政府才有威信，發生戰爭的時候，為這樣有威信的政府去流血犧牲才值得。

很可惜，中共的人實在太「土」了，跟蔣介石的留學生比拼炒股票、炒期貨、炒外匯、炒國債、玩投機、玩囤積居奇，是絕對鬥不過的，這幫土老帽，眼睛裡就只能看見柴米油鹽醬醋茶、耕牛、火柴……先有了這些東西，再印刷出沒有黃金白銀、美元外匯作抵押的紙幣，讓這些商品在自己的根據地裡流通，老百姓居然就接受了這種從經濟學角度來看完全不合格的貨幣，拋棄了老蔣按美國經濟學家的指導發行出來的法幣。

㊵ 中共中央文獻研究室科研管理部：《中國共產黨九〇年研究文集》，中央文獻出版社二〇一一年版。

第十章 山東幣大獲全勝，中共的第一場貨幣戰爭

一九三七年抗日戰爭爆發後，山東很快淪陷，土八路㊶挺進山東開闢敵後根據地，很快站穩腳跟。可是，沒過多久，不滿八路軍勢力擴張太快的蔣介石，開始耍無賴，停發了八路軍的軍餉，山東土八路一下子陷入無米之炊的困境。

「活人還能讓尿憋死嗎？你不給老子發法幣，老子不會自己印錢啊？俺們當年印紅軍幣，信用那是杠杠的㊷！」

於是自一九三八年起，山東根據地政府自己開始發行根據地貨幣，俗稱山東幣，但山東幣剛出來時就遇到問題，就是信用比不上在市面上同時流通的法幣。

根據地一幕：

「吃得真飽啊，老闆，結帳。」

「幾位八路首長，給你們打個八折，二十元。」

「給，二十元山東幣。」

「幾位首長，能不能給法幣啊，我給夥計發工資，去買米、買菜都得使法幣，山東幣不好使啊。」

「為什麼夥計、賣米、賣菜的只收法幣？」

「法幣畢竟是國民政府發行的嘛，有黃金儲備、有信用，而且法幣和英鎊、美元掛鉤，可以換外匯哦，連日偽都在淪陷區收集法幣，套購外匯呢，而山東幣嘛，這個……八路首長，我是不是傷你自尊了啊，這樣吧，這頓飯不收錢了，當請你們的。」

「這可不行，八路軍講究不拿群眾一針一線，更別說蹭飯吃了！」

「那首長給打個欠條行嗎，以後有法幣了再來還……別不好意思，美國也是這樣給全世界打欠條換東西的……八路軍嘛，咱老百姓信得過，難道八路軍還會吃飯不給錢嗎？哎呀，是不是又傷你自尊了啊？」

八路首長回家痛定思痛，這也不能怪老百姓，山東幣的確是在完全沒有黃金儲備、外匯儲備的情況下，憑空印出來的。可是土八路從首長到戰士個個窮得叮噹響，跟日本鬼子的戰鬥，能繳獲幾條槍、幾十發子彈就很不錯了，哪來的金銀啊？要得到老百姓的信任，該怎麼辦呢？

而到了國民政府實施外匯管制之後，情況更加嚴重了，日偽手裡掌握著從淪陷區繳獲的幾十億法幣，既然法幣不能再套購外匯了，那就用來作為發動貨幣戰爭的武器，於是，**日本人就把這幾十億法幣丟進國統區、中共根據地去搶購物資。**

---

41 山中共八路軍裡的非正規軍。
42 山東方言，「非常」、「特別好」的意思。

山東根據地，在一年之內湧進來幾億元法幣，而當時山東年產糧油蔬果幾百萬噸，本來價值也就幾千萬元法幣，可是市面上忽然多出幾億元法幣，等於貨幣增發了十倍，但相應的糧食卻沒有增產十倍，結果就是通貨膨脹，貨幣貶值，產糧大省山東，在沒有天災的情況下，糧價一年內漲了十倍，這日子可怎麼過啊！當時八路首長的處境、心情，跟一九四七年的宋子文是一樣的。

法幣本來就是在山東根據地合法流通的貨幣，所以日偽用法幣打法幣這一招實在是太毒，根據地政府根本沒有還手之力，眼睜睜看著物資被日偽瘋狂搶購，再走私出境，物價每天飛漲，老百姓怨聲載道，八路軍戰士們緊握武器，空有殺敵之志，卻根本看不到敵人在哪裡。

根據地陷入了經濟危機，但也出現了機遇。山東幣的競爭對手法幣，由於嚴重貶值，不再被百姓所信任了，於是根據地政府順水推舟的禁止法幣在山東根據地流通，先把日偽發動貨幣戰爭的源頭掐掉。可是百姓不信任法幣，不代表就會信任根據地政府發行的山東幣啊，如果退回到原始社會般的以物換物交易，只會令經濟更加凋敝，可能不用日偽來打，山東根據地自己就垮了。

問題是**如何在沒有黃金儲備、外匯儲備的情況下，建立起山東幣的貨幣信用呢？**土八路裡面可沒有哈佛、耶魯的高材生，就算有，哈佛、耶魯也不會教這些完全不符合西方經濟學原理的東西。**當時山東根據地工商局局長兼貨幣政策主持人是薛暮橋**，他在根據地政府的作用，大概相當於一九四六到四七年國民政府的行政院長宋子文，**但是這位薛局長卻只有念過小學**，要比學歷，根本比不上美國哥倫比亞大學畢業的高材生宋院長。

只念過小學的薛部長，貨幣狙擊日幣

山東根據地政府宣布了全新的貨幣政策：根據地只允許山東幣作為唯一法定貨幣流通，原先使用的法幣、金銀全部禁止流通，並按市價兌換成山東幣；今後每發行一百元山東幣，工商局會用其中五十元來購買大米、棉花、棉布、花生、食鹽、花生油等**農產品與生活物資，作為山東幣發行的物資儲備**，其餘五十元則進入市場流通。根據地政府承諾，以後**無論誰拿著山東幣，在商店買不到這些物資，都可以到工商局按政府規定的平準價格，換取**到一定數量的大米、棉花、棉布、花生、食鹽、花生油等，因為山東幣與這些物資是掛鉤的。

今天我們看財經新聞，通常是這麼說的：「今天人民幣的外幣兌換官方牌價：兌美元七：一，兌歐元十：一，兌英鎊十一：一，兌日元一：八……美元最近快速貶值，預計未來處於下跌通道，大家手上有美元的快拋……」

而如果你身處當年的山東根據地，聽到的財經新聞會是這樣的：「今天山東幣的物資兌換官方牌價：兌大米七：一，兌花生油十：一，兌棉布十一：一，兌花生一：八……最近兩月花生漲價兩成，黑市價更是漲了三成，連帶花生油也漲價了，鄉親們，要多賺錢今年得多種花生啊，趕緊的……」

山東老百姓們發現，這個充滿創意、獨一無二的山東幣，雖然沒有黃金儲備、外匯儲備作準備金，但幣值卻很穩定，市場物價也很穩定。因為根據地工商局手裡掌握著大量物資，如果發現商品物價上升，表示市場上流通的商品少了，而貨幣多了，有通貨膨脹的危險，工商局就向市場出售儲存的大米、棉花、棉布、花生、食鹽、花生油等，回籠貨幣，平抑物價；而如果發現物價下降，表示市場上流通的商品多了，貨幣少了，這樣會穀賤傷農的，根據地政府就增發貨幣，開動印鈔機印錢，收購大米、棉花、棉布、花生、食鹽、花生油等物資，充實庫存。

通過大量物資儲備、控制貨幣流通數量的創新貨幣政策，山東根據地政府的山東幣，實現了與金本位美元一樣的幣值穩定、物價穩定。在幾十年後，西方經濟學家傅利曼[43]才提出相似的貨幣經濟學理論，而這位大經濟學家還在念大學時，山東土八路已經實踐成功了。

山東幣終於成為百姓放心持有的專屬貨幣了，市場物價穩定，商業貿易日趨繁盛，人們生產更加積極，經濟越來越好，老百姓很滿意。

山東根據地政府就更滿意了，終於可以自己印錢自己花，從此政府日常運作開銷、購買軍需、軍費開支全都不成問題，不用看國民政府的臉色，更不用怕日偽的貨幣戰爭了。甚至還有財政餘力支援附近的根據地，以及在陝北窮山溝裡的中共中央。

隨著經濟狀況好轉、金融運作越來越有經驗，現在輪到山東土八路開始準備要向日偽發動八路版的貨幣戰爭，報上次的一箭之仇。

山東靠海，所以隨著勢力、地盤不斷擴張，山東根據地政府掌握了一種戰略資源——海鹽。食鹽，是人類生活必需品，在中國，一直都是政府重點管控的關鍵資源，山東土八路控制了山東所有的海鹽鹽場，也等於是控制了山東周邊區域的食鹽供應權。另外，山東盛產花生，出產的花生油香濃好吃，而食用油也是必需品，山東土八路當時也等於是控制了山東周邊區域的花生油供應權，包括淪陷區。

掌握了這兩種戰略武器，小學畢業生薛局長開始籌畫他的貨幣戰爭計畫。

首先，把之前在食鹽生產商與消費者之間轉手倒賣的二道鹽販子全部趕走，由工商局取而代之，從此**食鹽全部由工商局下屬的商店統購統銷。無論是誰，要買賣食鹽必須經過工商局**。

然後工商局把花生油也納入統購統銷的範圍，我們可以用今天時髦的經濟學名詞來給山東根據地工商局取外號——「食鹽壟斷托拉斯」、「花生油歐佩克[44]」。一切準備就緒後便宣布，從今天起，**無論誰要購買山東的食鹽、花生油，都必須使用根據地政府發行的山東幣**。

根據地的百姓倒是無所謂，反正早已經習慣用山東幣買東西了，可是日偽占領區那邊馬上就傻眼了：之前那邊的商家都是透過地下的二道販子購買根據地產的食鹽、花生油，以前用法幣、用汪偽[45]發行的偽幣、甚至硬通貨（銀元），什麼都行……上次貨幣戰爭用海量法幣套購根據地的物資，日偽還在回味無窮呢。接著發現根據地在打擊二道販子，實行食鹽、花生油專賣，就覺得有點不對，現在才發現，這個薛局長真不簡單啊，我到哪裡找山東幣來向你買東西呢？

對於淪陷區商人的「困境」，根據地政府給出的解決方案非常簡單：

---

41 Milton Friedman（一九一二～二〇〇六），美國經濟學家，以研究總體經濟學、個體經濟學、經濟史、統計學、及主張自由放任資本主義而聞名。一九七六年取得諾貝爾經濟學獎，被譽為二十世紀最重要的經濟學家之一。

42 OPEC，石油輸出國組織。

43 汪精衛政權。中國抗日戰爭期間，由汪精衛等投靠日本的中國國民黨黨員為首建立的政權。

「笨蛋啊，你賣一些中共需要的物資給根據地政府，然後根據地工商局付給你們山東幣不就行了嗎？你們就可以用來買食鹽、花生油了嘛，而且算起來價錢比以前更便宜了呢。」

「那根據地需要一些什麼貨呢？」

「什麼鋼材啊，醫療器械啊，藥品啊，你有多少我吃多少，不就是山東幣嗎，就是咱家印出來的啊。」

「可是鋼材、醫療器械、藥品什麼的，都是日本太君禁止向根據地輸出的管控產品啊！」

「那是你們的問題，想要我們的山東幣，就拿鋼材、醫療器械、藥品來換，然後再來買我們的食鹽、花生油，不幹拉倒！」

「可你們的山東幣只是用紙張、油墨印刷出來的，基本是零成本，就這麼來換我們的鋼材、醫療器械、藥品這些緊俏商品，你們也太占便宜了吧！」

「滾你的，就算鋼材、醫療器械是緊俏商品，但我們還有其他管道弄到這些東西，就算弄不到，我們沒有這些緊俏商品又不會死，你們就試試平日吃飯、炒菜不加食鹽、不用油吧，應該也不會死的。」

「大哥，別走啊，這生意我做，我做了！」

不久之後，日偽驚恐的發現，不知為何針對根據地的貿易制裁完全崩潰了，各種原先被嚴令禁止向根據地輸出的**管控商品，源源不斷的被淪陷區的商家賣到根據地，換回山東幣**，而這些商家，正是上次貨幣戰爭裡，配合日偽向根據地輸入海量法幣、搶購物資的人。

怎麼回事，怎麼這幫牆頭草全倒戈了？日偽政權下令在與根據地的交界處加強巡邏檢查，可是，直到抗日戰爭結束，日偽投降，都沒有解決這個問題。其實，日偽的巡邏隊不是沒截獲過這些管控產品，但都是收錢後就放行了，這無關他們是否盡忠職守，關鍵是這些巡邏隊就算不關心百姓的死活，但很關心自己能不能吃上鹽、吃上花生油啊。

結果，山東幣開始在根據地周邊的淪陷區全面流通，淪陷區內從商家到平民，都把商品賣給根據地，換回大量的山東幣儲存起來，以備購買山東食鹽、花生油之用。而且由於山東幣的信用好，即使是那些暫時不需要購買食鹽、花生油的人，也會兌換大量山東幣存起來，以便保值。就這樣，人民幣的前身——山東幣成為周邊地區的儲備貨幣。

小學畢業生薛局長的貨幣戰略，其實跟今天的美元戰略是一樣的，就算以後美國把所有軍隊都縮回本土，減少軍費開支，只要中東石油依然用美元結算，美元就可以繼續保持國際主流儲備貨幣的地位。

因為，你可以不用戰鬥機、航空母艦，你可以不用GPS衛星、波音大飛機，不用這些高科技產品是不會死的，甚至努力一點的話，高科技產品還可以自產自銷。但是，你不能不用石油，這是會死人的。你要換石油，就要先用你的產品，換美國印刷的美元。

這一手，二十世紀四〇年代的中共已經玩得很熟練了，但是還有一批人認為中共是土共，以為用經濟金融手段，就可以輕易玩死中共。於是，一場新的大戲在上海灘即將拉開帷幕，這場大戲的主角是一九四八年讓國民黨金圓券改制一敗塗地的投機商們，他們的對手換成了剛剛進入上海的中共。

第十一章 陳雲的兩白一黑戰爭，可以得諾貝爾經濟學獎

一九四九年解放軍百萬雄師突破長江天險，席捲江南。國民黨兵敗如山倒，很快撤到台灣。中共雖然占據大陸，但是接手的國統區實在是一個爛攤子。

因為**國民黨金圓券改制的失敗**，整個國統區經濟形勢一片混亂。農業減產、工廠倒閉、交通梗阻、物資奇缺、物價飛漲、失業眾多。一九四九年夏季的特大洪水災害，更使經濟困難局面雪上加霜。全國生產同歷史上最高生產水準相比，**工業總產值下降一半**，其中重工業下降七〇％，輕工業下降三〇％，農業大約下降二五％，糧食總產量僅為兩千兩百五十多億斤。**人均國民收入只有二十七美元，相當於亞洲國家平均值的三分之二**。

在國民黨治下嘗到投機甜頭的投機商們，更是瞧不起中共。他們甚至公開放出言論：「共產黨軍事一百分，政治八十分，經濟是零分。」

為了控制物價、穩定經濟形勢，中共派遣黨內財經第一人陳雲，前往上海主持財經工作。一場經濟領域的經典戰役，在上海拉開帷幕。

銀元之戰

一九四九年五月人民解放軍攻占上海後，投機資本家憑藉著足以擾亂金融物價的經濟實力，用黃金、銀元、美元把人民幣排斥在上海市場之外。軍管會頒布外匯管理辦法後，**投機分子便把投機的重點集中在銀元上面**。在他們的操縱下，銀元價格在**短短十多天內上漲近兩倍**。銀元暴漲帶動整個物價上漲。批發物價指數猛漲兩倍多，人民生活必需品大米價格上漲二．二四倍，棉紗上漲一．四九倍。南京路四大私營百貨公司率先用銀元標價，其他商店也聞風仿效，使人民幣的信用受到了嚴重的威脅。

為了穩住市場，人民政府曾採取拋售銀元的辦法。但銀元拋出後，全被投機分子吃進去了，沒有穩住市場。銀元投機反而越來越猖狂。當時上海的證券交易所本來已被命令停業，實際上卻沒有停，成了半公開的銀元投機指揮所，每天都有幾千人聚集在那裡。充斥在大街小巷的銀元販子更多，一九四九年六月五日這一天有兩萬個，六月八日發展到八萬個。

以當時中共的實力，與投機商們拚金銀數量是拚不過的。所以中共立刻改變策略：不陪你下棋，我直接掀翻桌子

一九四九年六月十日，上海市軍管會派出軍警力量，於上午十時**查封了銀元市場的大本營**——證券大樓。同時多管齊下，**強推人民幣進入上海市場**：明令鐵路交通事業（包括市政公用事業）一律收人民券；稅收一律徵收人民券；以地方為單位，首先是上海酌發實物公債；驗資，像

平津一樣，通令各私人銀行查驗資金；開放各解放區匯兌，以老區比較堅強的貨幣陣地，支持南方新占領的貨幣陣地，使人民幣在上海開始站穩腳跟。這樣，政治和經濟兩種手段相互配合，不到一個月的時間，猖狂的銀元風波即被平息下去。

讓人民幣進入上海容易，但是控制物價卻很難。國民黨政府用了四年時間，耗盡所有黃金、外匯儲備，都沒控制住飛漲的物價。中共這個沒有多少黃金與外匯儲備的新生政權，能迅速控制物價嗎？請看更精彩的米糧、棉紗、煤炭之戰（又稱兩白一黑戰爭）。

兩白一黑戰爭策略：你落一個子，我落十個子

當時投機資本實力很強，銀元之戰還沒有傷其根本，為了避免打擊，他們將投機從金融領域轉向商品流通領域，迅速掀起了又一輪物價猛漲狂潮。

從六月中旬到七月下旬的一個多月中，上海的投機商乘國民黨殘軍對中共政權實行武裝封鎖、搗亂，以及一些地區遭受水災、風災之機，砸下鉅資炒作米糧、棉紗等，以米價帶頭，紗布跟進，帶動物價全面上漲。上海米價猛漲四倍，紗價上漲一倍，同時又影響到整個華東和華北、中南等地。七月平均物價比六月上漲一．八倍。

七月二十七日到八月十五日，陳雲主持召開了華東、華北、華中、東北、西北，五個大區的財經會議，商討解決上海和全國面臨的嚴峻經濟形勢。陳雲提出，解決上海問題和穩定全國物價的關鍵，是抓住「兩白一黑」（即大米、紗布、煤炭）。當中的關鍵又是大米和紗布，「我掌握多

少，即是控制市場力量的大小」，「人心亂不亂，在城市中心是糧食，在農村主要靠紗布」。在會上，他要求加緊調運大米和棉花（供給充裕），設好防線，警惕新的物價漲風。上海會議後，八、九兩個月，全國物價雖呈平穩態勢，但投機勢力卻在積蓄力量，醞釀一場新的風暴。

與此同時，中共也在調兵遣將，準備粉碎投機商們的經濟攻勢。十一月十三日，陳雲發布十二道密令（物流大作戰，加上收銀根）：

一、以滬、津兩地七月底物價平均指數為標準，力求只漲兩倍或二．二倍。

二、東北自十一月十五日至三十日，須每日運糧一千萬至一千兩百萬斤入關，以應付平津需要。東北及平津貿易公司須全力保證裝卸車，鐵道部則應保證空車回撥。

三、為保證漢口及湖北、湖南紗布供應，派財經委員錢之光（中共現代紡織工業的主要奠基人）先到上海，後去漢口，適當調整兩地紗布存量，以便行動。同時催促華中棉花東運。

四、由西北財委派員將隴海鐵路沿線積存紗布盡速運至西安。

五、財政部須自十一月十六日至三十日於德石路北及平原省，撥交貿易部二．一億斤公糧，以應付棉產區糧食銷售。

六、人民銀行總行及各主要分行自電到日起，除中財委及各大區財委認為特殊需要而批准者外，其他貸款一律暫停。在此期內，應按約收回貸款。何時解禁，聽候命令。

七、各大城市應將幾種能起收縮銀根作用的稅收，於十一月二十五日左右開徵。

八、工礦投資及收購資金，除中財委認可者外，由各大區財委負責，自此電到達日起一律暫停支付。

九、中財委及各大區財委對各地軍費（除去倉庫建築等）應全部撥付，不得扣壓。請當地黨政軍當局叮囑部隊後勤負責同志，不得投入商業活動。

十、地方經費中，凡屬可以遲發半月或二十天者，均應延續半月或二十天。

十一、各地貿易公司，除必須應付門市販售者外，暫時不宜將主要物資大量拋售，應從各方調集主要物資於主要地，並力爭於十一月二十五日（至遲三十日）完成；今定十一月底、十二月初於全國各主要城市一齊拋售。為了解各地準備情況及避免拋售中此起彼落，各地帶將準備情況報告中財委，以便大體上統一行動日期。

十二、對於投機商人，應在此次行動中給以適當教訓。為此，（甲）在搶購風盛時，我應乘機將冷貨、呆貨拋給投機商，但不要給其主要物。（乙）等到收縮銀根、物價平衡，商人吐出主要物資時，我應乘機買進。

十二道密令就是兩個重點，其一，最大限度收縮銀根；其二，最大限度調集物資。對比金圓券改制，國民黨認為只要有足夠的金銀與外匯，就能穩定物價和經濟形勢。而中共卻是一針見血的認識到「我掌握多少（物資），即是控制市場力量的大小」。

陳雲十二道密令一下，中共龐大而嚴密的組織體系便迅速運轉起來，從全國範圍調集物資。以糧食為例，四川就調集四億斤到上海，東北每天運輸一千萬斤糧食入關，還有華北、華中、山東等解放區，也源源不斷運送糧食到各大城市。**這次動員範圍之廣、調動物資之鉅，已經遠遠超**

過徐蚌會戰的規模。

截至十一月底，中共調集的糧食不下五十億斤（打徐蚌會戰調集的糧食才十億斤），國營中紡公司掌握的棉紗和棉布，達全國產量的一半，人民銀行吸收了八千億社會游資，投機商已經深陷重圍而不自知。

掌握巨額物資後，開始動手

十一月二十日開始，上海、北京、天津、漢口等大城市的國營貿易公司，開始陸續出售棉紗。投機商一看又有棉紗放出，不管價錢多少，一窩蜂地撲上來吃進。這次國營公司在出售棉紗的同時，居然在逐步提高價格，向黑市價格靠攏。國營公司又出售又漲價的舉措，讓投機商們莫名其妙。政府葫蘆裡賣的是什麼藥？難道也想利用漲價套利？他們沒想到這是陳雲使出的「引蛇出洞」之計，引誘投機商把資金全部拿出來。

投機商根據過去的經驗判斷，緊俏商品一天就能漲好幾輪，不但可應付拆借利息，更可獲得暴利。因此顧不得國營公司漲價的動機，不惜一切瘋狂吃進，兜裡的鈔票卻在不知不覺中被吸乾了。銀行貸不到款，就借高利貸，甚至不惜每天支付五〇％，甚至一〇〇％的驚人利息！

十一月二十四日，總體物價水準到達七月底的二．二倍，這正是陳雲定下的物價目標，在此價格水準上，中共通過嚴密計算，手裡掌握的物資和市場上流通的貨幣量相當，發起總攻的決戰時刻來到了。

十一月二十五日，在各大城市中，國營貿易公司同時拋售紗布，並不斷調低價格。投機商開始還敢接招，繼續吃進。但國營公司的物資鋪天蓋地、無窮無盡，不僅越拋越多，後續調運的紗布整車整車、通宵達旦的拉進各大城市。各個國營商店囤積的紗布堆成山一樣，你敢買？砸也砸死你！

面對中共動員的壓倒性的物資力量，投機商絕望了，開始拋售自己手中的紗布，拋風一起，紗價應聲而跌，棉紗市場行情如雪崩一般一瀉而下。上海的紗布價格一天之內下降一半，投機商血本無歸。但是陳雲並不收手，緊接著搬出三條狠追猛打的措施：第一，所有國營企業的錢一律存入銀行，不向私營銀行和資本家企業貸款。第二，規定私營工廠不准關門，而且要照發工人工資。第三，加緊徵稅。還規定稅金不能遲繳，遲繳一天，就得罰應稅金額的三%。三條奪命令一出，不僅參與紗布投機的資本家紛紛破產，連帶許多私營錢莊也因此而倒閉。

棉紗之戰贏得十分漂亮。著名金融家、時任中財委顧問的章乃器，曾經十分嘆服陳雲對反擊投機商的時機拿捏：「在那緊要關頭，像我們這班知識分子就難免要犯主觀主義的急性病。我那時曾經一再建議早點下手，對市場施用壓力。然而，財經工作的負責人卻是那樣的沉著、堅定，認為依據通貨數量和物資數量的對比，時機尚未成熟，應該再多準備一些實力。同時，不妨再從市場陣地撤退若干步，以便爭取主動，進行反攻。事後的實際告訴我們，這種策略是完全正確的。經濟上的反攻從十一月中旬開始，以五福布為例，十一月十三日的行市是每匹十二．六萬元，比較十月三十一日的五．五萬元，已經漲起一倍多。那就是說，倘使反攻提早半個月，兩匹布吸收貨幣回籠的能力，就抵不了半個月以後的一匹。譬如用兵，在敵人深入，到達了於我絕對有利的地形之後，一師兵就可以發揮出兩師兵的力量，就有把握可以克敵制勝了。」[46]

棉紗之戰後是米糧之戰

上海春節後有糧價看漲的老規律，投機商在棉紗之戰後大傷元氣，最後決定在米糧上生死一搏。於是投機商們在春節前夕，向糧食市場進軍。他們籌集資金，大量囤積糧食，能買多少大米就買下多少，然後等待糧價飛漲。

但是，投機商們再次打錯算盤。為了準備上海的米糧之戰，中共在上海已經囤積了足夠上海人吃一年半的糧食。春節過後，糧食價格不但沒有上漲，反而連續下跌！因為上海突然冒出一批國營糧店，一口氣拋售了兩億多斤大米，根本就是一座米山！直接砸穿了投機商們的口袋。事實上這還不是中共的全部底牌，為了打贏米糧之戰，中共準備了二十座這樣的米山！

兩戰全敗，投機商們血本無歸。上海、天津許多投機商紛紛跳樓自殺，大量私營批發商、私人錢莊倒閉，中共用經濟手段徹底消滅了這批投機食利者。上海與全國物價穩定下來。

上海工商界有人曾感嘆說：「六月銀元風潮，中共是用政治力量壓下去的，此次則僅用經濟

---

[46] 章立凡：《章乃器文集》，華夏出版社一九九七年版。

[47] 中共中央文獻編輯委員會：《陳雲文選》，人民出版社一九九五年版。

力量就能穩住，是上海工商界所料不到。」[47]

中共在經濟領域的成就，連國外經濟學家都讚嘆不已，傅利曼就曾言：「**誰能解釋中國在建國初期治理通貨膨脹的成就，就足以獲得諾貝爾經濟學獎。**」

中共在經濟領域能夠獲得兩白一黑戰爭的勝利，歸根結底，是糧本位體制與嚴密組織體系的勝利。

說起來實在讓人難以置信：當時國民黨政府占據中央大義名分，在抗戰勝利後一躍而成為聯合國常任理事國之一，結果優越的條件卻因外交上頻頻失誤，獲得的國際援助不僅少得可憐，與中共相比也相差甚遠。

外交篇

國民黨才是真正的中央政府，然而在外交上卻屢屢受挫。
從對蘇俄的交涉失敗，就註定了失敗的局面；
表面上的盟友美國，事實上卻是國民黨心中的痛。
內戰期間，共產黨軍隊獲得的國際援助遠超過國民黨。

第十二章 悲催的國民政府外交處境

國共紛爭，雙方都要整合一切資源，增強自己的實力。當時的國民黨政府最大的優勢就是大義名分，名正則言順，爭取國際上的支援是順理成章的事。

一九四五到一九四九年，能影響中國形勢的主要有五個國家，其中，美蘇是關鍵，英法很重要，**日本是最容易被忽略，但實際上最不能忽略的**。雖然日本已經戰敗，但是占據的都是中國經濟最精華的部分，日本中國派遣軍的態度，將大大影響未來國共的政治與經濟版圖。

結果呢？國民黨政府辦外交的實在無能（宋子文的影響不容忽略），和蘇俄交涉是全面失敗，蒙古沒收回，東北日偽工業設備被席捲一空，關東軍軍火連毛都沒撈到一根，最後東北還被丟給中共，國軍接收東北居然得先從山海關一點一點打出關去。

美國呢？**教科書都說國民黨政府獲得美國大量援助，實際情況遠非如此**。

一九四六年六月十四日，美國國務卿貝爾納斯向國會提出《軍事援華法案》。同一天簽訂《長期償付租借物資協定》，國民黨獲得五千一百七十萬美元的裝備和物資。六月二十七日，美國國會批准為國民黨建立八一三大隊空軍計畫的裝備及費用。七月二十九日，**美國宣布對華武器禁運**。六月十四日向國會提出的《軍事援華法案》和八一三大隊空軍計畫被中止。

同時**英國對南京國民政府實施軍火禁運**，拒絕了南京國民政府購買槍炮子彈、艦炮、飛機機架等請求。英國外交部宣稱：英國政府的政策是不鼓勵中國此時的內戰。為了這一目標，只要內戰還在持續，就不向中國出口任何戰爭物資。八月三十一日，美國將戰後剩餘物資折價賣給國民黨，國民黨交付一．七五億美元。中共提出抗議，美國解釋這些是民用物資，車船、食品、被服等（實際情況也是如此）。

同年十月，華北傅作義部攻克晉察冀解放區首府張家口，讓馬歇爾的軍事調停工作受到打擊，美方決定暫時停止對國民黨政府援助八個月。一九四七年四月九日，美海軍陸戰隊撤出中國，把六千五百噸軍火交給國民黨。五月二十六日，馬歇爾宣布取消對華武器禁運。六月二十七日，美國政府低價賣給國民黨軍隊一．三億發子彈。

一九四八年四月二日，美國國會通過了一九四八年《援外法》，其中有關援華部分，也單獨稱作《援華法》，援華總額為四億美元，有一．二五億美元為特別贈款，可以用於軍事，為期一年。九月，一．二五億軍援仍未到位。蔣介石告訴司徒雷登[48]已經沒有軍火可守東北。

十月二十九日，美國總統杜魯門為了減輕國會的壓力，把存在日本的七百到八百噸軍火運到中國。七月下旬，杜魯門政府提交國會一項旨在援助北約國家及希臘、土耳其、伊朗、韓國和菲律賓的總軍援法案，即後來的《共同防禦援助法》。法案送到國會後，兩院的親蔣議員提出不給中

[48] John Leighton Stuart，美國傳教士，燕京大學首任校長，國民黨政府遷台前最後一任美國駐華大使。

國軍援就否決法案。杜魯門政府再次妥協，同意向中國提供〇・七五億美元軍援。一九四九年二月，杜魯門指示艾奇遜[49]「不停止對中國的軍援，但要盡可能採取非正式行動拖延啟運」。一九五〇年四月十四日，艾奇遜回函國防部，一九四八年《援華法》軍援部分的一・二五億美元餘款中，「現今正在採辦和支付的訂貨完成以後」，就不要再從軍火庫中向台灣供貨了。

由此可見，一九四八年的軍援到了一九五〇年還未交完，那麼一九四九年七月國會通過的〇・七五億美元軍援，沒有交到國民黨手裡。

結論是，一九四六年六月到一九五〇年初，美國提供給國民黨的軍火，包括一九四七年的六千五百噸軍火和一・三億發子彈，一九四八年的七百到八百噸軍火，和一・二五億美元軍援部分。

為了這微薄的軍援，**國民黨政府**付出了許多代價。首先在抗戰勝利後，國民黨政府在國際上，幾乎是**採取對美國一邊倒的態度**。**這個態度得罪了蘇俄**，導致整個東北一開始就被中共占據，中共搶得先機。接著因為美國反對，國民黨政府又拒絕了日本中國派遣軍司令官岡村寧次一個非常有誘惑力的建議（詳見本書軍事篇）。

再則，為了回應美國關於建設民主國家的建議，國民黨政府在**一九四八年召開國民大會，宣布進入憲政國家**。大家不要小看這個政治意義。**民主固然在和平時期是個好東西，但是在戰時卻有很大的弊端**——決策效率低，對資源的組織以及戰事的謀畫，很容易受到民意的影響。舉一個簡單的例子，一九四八年後，國民黨政府高層都知道東北應該把國軍撤出來，但是由於國會東北籍議員的影響，讓國民黨政府遲遲不能做出決策，然後，就沒有然後了。

宋子文推動的金融開放以及經濟自由化，也是為了把中國納入美元經濟體系——法幣幣值主要是盯住美元價格。為了討好美國商人，國民黨高估法幣幣值，導致潮水般的美國商品湧進中國，光一九四六這一年度，就為美國商品花掉五億美元的外匯儲備。**雖然美國一直在承諾將給予國民黨政府經濟、軍事支持，但是援助始終斷斷續續、時有時無**。三大戰役後，美國乾脆徹底拋棄國民黨政府，讓國民黨最後一點希望破滅，於是國民黨樹倒猢猻散，很快就丟掉了大陸。

㊾ Dean Gooderham Acheson，美國律師、政治家，曾任美國國務卿，在其任內主導編寫了《中美關係白皮書》。

第十三章　蘇俄在中國：東北外交始末，非蔣介石版本

一九四四年，美英為了拉攏蘇俄對日宣戰，在雅爾達簽訂祕密協定，其中涉及中國主權部分包括如下部分：

外蒙古的現狀須予維持，維護蘇俄在大連商港的優先權益，並使該港國際化；同時恢復旅順港口蘇俄海軍基地的租借權；中蘇設立公司共同經營中長鐵路、南滿鐵路，並保障蘇俄的優先利益。同時維護中華民國在滿洲完整的主權。

中國主權被出賣實在是無可奈何的事情。由於實力有限，在三大國壓力下，抗戰勝利前夕，國民黨政府與蘇俄簽訂《中蘇友好同盟條約》，被迫為《雅爾達協議》背書。雖然中國損失了東北若干主權，但是，總算得到了蘇俄支持國民黨政府接收東北的承諾。

▲雅爾達會議三巨頭，由左而右為邱吉爾、羅斯福、史達林。

唯利是圖的蘇俄

這裡先要說明蘇俄與中共的關係。中共雖然是蘇俄一手扶持長大的，有著共同利益，但是蘇俄不論何時都是把國家利益放在首位，所謂國際共產主義，不過是蘇俄搪塞中共這「小兄弟」的理論外衣罷了。

在一九二七年蔣介石清黨分共之前，蘇俄對國民黨政府的實質性支持遠遠超過中共，當時蘇俄甚至多方下注，除了南方國民黨，在北方又扶持馮玉祥[50]做代理人。至於中共這個「小兄弟」，三〇年代由於實力弱小，蘇俄壓根兒就沒放上棋盤。即使中共建立了若干蘇維埃政權，軍力一度達到三十萬人，也被蘇俄譏諷為「山溝裡的馬列主義」，對中共干涉指示遠遠多過實質援助。

凡涉及國家利益時，蘇俄出賣小兄弟，眼皮都不會眨一下。一九五〇年韓戰爆發，金日成[51]在蘇俄支持下，對韓國發動突然襲擊，一開始戰事節節勝利，後來美軍在仁川登陸，戰局逆轉，本來說好中國出動地面部隊，蘇俄出動空軍，後來史達林突然變卦，蘇俄空軍不出動了。當時周

---

[50] 馮玉祥，民國軍閥，本屬直系軍閥之一，後倒戈改所部為國民軍。因軍事生涯中多次背主倒戈，被譏為「倒戈將軍」。

[51] 在蘇聯支持下成立朝鮮民主主義人民共和國，為建國領導人，並被選為朝鮮勞動黨的委員長和北韓內閣首相，成為北韓最高領導人。

恩來提出，如果蘇俄空軍不出動，則中國地面部隊難以出動，史達林乾脆提出「那就讓金日成在東北組建流亡政府」。共產主義「小兄弟」跟著這麼個「老大」，很難不讓人心寒啊。

所以，不要認為中共只要進入東北，就能獲得蘇俄無私的幫助。東北地位涉及蘇俄重大的國家利益。國共雙方誰能確保蘇俄在東北的權益，就能獲得蘇俄的全力支持。

一九四五年抗戰勝利，蘇俄紅軍占據東北，在國共雙方爭奪東北的棋局中，一下子成為舉足輕重的力量。

當時情勢是這樣的：旅大（今大連市）蘇俄已經拿到，外蒙古現狀也得以維持，東北日偽所有資財都掌握在蘇俄手中。不管是按照《雅爾達協議》或者《中蘇友好同盟條約》，蘇俄的利益已經全部到手。那麼，是否兌現支持國民黨政府接收東北的承諾呢？貪婪的蘇俄還別有算計。

關於日本在東北的財產問題，在《雅爾達協議》中美英雖然含糊承諾將「日本在東北的權益」轉讓給蘇俄。但是，中國也不是不能爭取。因為，將日本在東北的財產作為戰利品，是不符合國際法的（當時東北已成為滿洲國，不算是中華民國領土）。[52]

在隨後的中蘇談判中，蔣介石曾指示宋子文：「關於東北原有各種工業及其機器，皆應歸我國所有，以為倭寇對我償還戰債之一部分，此應與蘇方切商或聲明者也。」而老謀深算的史達林卻要埋下伏筆，在談判中表示：「**特種公司產業應歸蘇有，滿洲國則蘇不染指。**」**而什麼是特種公司？以宋子文為首的中方談判人員，竟然不做任何界定**，就匆忙簽訂《中蘇友好同盟條約》。定條約者如此粗疏，後面自然麻煩不斷。

一九四五年八月三十一日，國民黨中常會暨國防最高委員會通過了《收復東北各省處理辦法綱要》，決定在長春設立軍事委員會委員長東北行營，處理東北各省收復事宜；行營設政治與經濟委員會，分別辦理行營區域內政治經濟事務；同時設立外交部東北特派員公署，辦理行營區域內交涉事宜。隨後任命熊式輝為東北行營主任兼政治委員會主任委員，張嘉璈為經濟委員會主任委員，蔣經國為外交特派員。

十月十二日，熊式輝、張嘉璈、蔣經國一行飛抵長春，啟動接收東北的實際工作。十七日，熊式輝等在和駐東北蘇軍總司令馬林諾夫斯基的第二次會談中，提出接收日本和偽滿政府獨營與滿日合營之產業，但馬林諾夫斯基居然稱這些產業應視為「蘇軍戰利品」，應由蘇方處理。這個要求給了興沖沖指望通過《中蘇友好同盟條約》，就可以順利拿到東北的國民黨政府當頭一桶冷水。

沒等國民黨政府做出反應，蘇俄立刻行動起來。一方面，把動產和可以拆卸的不動產盡量運回蘇俄[53]；另一方面，對無法或不便拆卸的不動產或所謂經濟權益，要求中蘇合辦、共同經營。對前者蘇俄根本不願談判，以等待既成事實，榨取經濟利益；對後者則想通過談判獲得合法權益，將東北經濟命脈控制在手中，並排除其他方面，尤其是美國捲入東北事務，以確保其在遠東

---

[52] 據權威的《奧本海國際法》，在公有不動產所在的領土未經兼併而成為占領國的國家財產之前，沒收這些不動產是不合法的。

[53] 據美國駐遠東盟國賠償委員會代表鮑萊估計，蘇俄占領期間，東北工業的直接損失為八．五八億美元，各種產業的生產力下降程度都在五〇％以上，尤以鋼鐵、電力、機械等行業損失慘重。

地區的安全。蘇俄吃相如此難看，完全是因為有恃無恐——東北就在我手上，國民黨要想收回東北，就得付出更大的代價！

蘇俄強硬的態度讓弱小的國民政府一籌莫展，沒辦法，國民黨政府只能先摸清蘇俄的底牌。

蘇俄吃相：是經濟合作還是喪權辱國？

一九四五年十月二十七日，張嘉璈與蘇軍經濟顧問斯拉特科夫斯基進行了「彼此語氣均含有試探性質」的首次接觸。斯氏詢問中方對東北經濟的基本政策，張嘉璈表示，「此來擬致力於中蘇兩國在滿洲經濟上之合作，東北日本工業應賠償中國抗戰損失，希望蘇方開誠以意見相告」。

中蘇交涉還沒結果，東北形勢已經產生令國民黨始料不及的變化。熊式輝等人到長春前後，**蘇俄拒絕國民政府軍隊在大連、丹東、營口等港口登陸**，並對國民政府設置種種障礙。國民黨本指望依靠蘇俄的幫助接收東北，然而客觀現實卻恰恰相反，軍隊登陸受阻，熊式輝等人在與蘇方交涉中屢屢受挫。**相反的，中共軍隊迅速進入東北並擴大勢力範圍**，已經構成對國民黨恢復其在東北統治的嚴重威脅。

以此為籌碼，蘇俄終於向國民黨政府開出了條件。

一九四五年十一月十四日，斯拉特科夫斯基向張嘉璈提出，蘇俄在東北的商業機構擬向中國政府立案，並擬以沒收敵產作為蘇方財產與中國合作經營，這是蘇俄第一次向中方提出東北經濟合作問題。十一月十六日，斯拉特科夫斯基再次催問張嘉璈如何考慮此事，表示蘇方願將東北日本工業資本以中蘇合辦形式經營，雙方各占一半股份。

國民黨較注重東北的政權，所以張嘉璈明確提出「政治問題與經濟問題須同時解決」，將其以經濟合作交換蘇俄支援國民政府接收東北的想法傳給了蘇方。一九四五年十一月二十日，斯拉特科夫斯基向張嘉璈正式提出關於經濟合作的設想：組織中蘇合辦之股份公司，經營「滿業」和「滿電」的產業；股本雙方各半，蘇方以兩會社日本資產的一半作為己方股本；中方擔任總裁，蘇方擔任總經理。斯氏在談話中特意表示，「環境可藉豐滿之工作克服之」，暗示蘇方將以此決定對國民政府接收的態度。[54]

國民黨的底牌：該妥協卻強硬？

至此，雙方的底牌已經很清楚了。國民黨的態度是，我可以在經濟上付出代價，但是，政治上要獲得蘇俄支持國民黨接收東北；蘇俄的態度是，只要你在經濟合作上滿足我的要求，支持國民黨政府接收東北不成問題。雙方底牌接近，似乎很快就可以達成協議了。但是，交涉卻出人意料的不順利。

[54] 姚崧齡：《張公權先生年譜初稿》，社會科學文獻出版社二〇一四年版。張公權即張嘉璈，其妹張幼儀為徐志摩下堂妻。

其一，蘇俄胃口太大。蘇俄希望列入合辦事業的廠礦為前「滿業」和「滿電」的產業與關東軍經營的產業（如大連造船廠、錦州煉油廠等）。這些廠礦占東北總產量的比例為煤炭的一八%，機械的三三%，有色金屬55（甚至包括鋼鐵）、水泥的三七%，電力的八九%。十二月三日，蘇方提交的清單具體列出了合辦單位細目，計九處煤礦、十四處電廠、三處鋼廠、三處鐵礦、十九處非金屬與輕金屬廠、六處機器製造廠、八處化工廠等，計八十一個單位，總價值三十八億元（交還中方計一百四十六個單位，總價值二十二億元）；蘇方要求組織十一個合資公司，其中鋼鐵、非鐵金屬、水電、民用航空、北方煤礦等五家公司，蘇方占五一%的股份，董事長和總經理由蘇方擔任，其餘公司蘇方占四九%的股份。

所謂經濟合作幾乎包括了東北工業的主要精華，尤其是鋼鐵與電力兩大基礎工業，意味著**蘇俄將控制東北的主要重工業**。

其二，國民黨政府內部反對聲音很大。一九四五年十一月二十八日，蔣介石召集行政院長宋子文、外交部長王世杰和張嘉璈、蔣經國等討論東北經濟合作問題，張嘉璈因為身處東北交涉一線，備嘗與蘇方交涉的艱辛，對蘇俄在東北的影響力和經濟合作意圖有較準確的認識。他提出「與蘇方須得一精神上之諒解，否則種種交涉均是枝節」。所謂精神諒解，就是國民黨應以行動表現出對蘇友好，以及對蘇俄在東北勢力範圍的默認與容忍。

因為東北與蘇俄接壤，有較為長久的歷史淵源，蘇俄不會容忍東北威脅到其國家安全利益，而國民黨的歷史與現實，以及和美國的背景，實在使蘇俄心懷疑慮。蘇俄目的是「使今後東北成立之政權，不能有與蘇俄不友好之意思與行動，更不能與蘇俄作敵對之準備」；「使今後東北不能為美國所染指，一方面預絕他國利用東北覬覦蘇俄之野心，一方面亦預絕中國利用東北作以夷制夷之幻想」。

但是，**張嘉璈對蘇讓步的主張遭到強烈反對**。宋子文認為，東北日產作為蘇俄戰利品再投資合辦產業，超出中蘇條約範圍，無論如何不能同意。王世杰認為，在東北接收之前談經濟合作問題，無異屈服於蘇方高壓，必引起人民反感，是以必須解決政治問題之後，方可談到經濟合作。

會後，張嘉璈與宋子文、王世杰又分別討論此事，兩人「深恐蘇方得到經濟合作權，而仍不讓我接收，致政府所負之責任太大。且蘇方之種種阻撓，已使我方無法信任」，因此「目前萬不能談」[56]！**宋子文與王世杰**是中蘇條約談判的主持者，東北接收受挫，兩人因此承受國民黨內外的極大壓力，不少人認為他們過於懦弱，甚至被指為禍國害民。現在兩人**因害怕承擔責任，不僅做了縮頭烏龜，還同時大唱高調**，讓在一線交涉的張嘉璈孤掌難鳴。

因為國民黨決策層無意對蘇讓步，張嘉璈的經濟合作主張不能實行。他在十一月二十八日會後，根據討論結果擬定了對蘇答覆原則：蘇軍未撤、東北接收未完成前討論此事，將予外間不良之誤會；中國願在東北接收完成後，與蘇方商討經濟合作辦法；中方將在所定經濟建設方案範圍內，盡力與蘇方合作。

---

55 又稱非鐵金屬，是工業上對金屬的一種分類，指除鐵、鉻、錳外，存在自然界中的金屬。

56 節選自《王世杰回憶錄》。

隨後他又與資源委員會副主任委員錢昌照擬定了中蘇經濟合作大綱，原則為：商務合作訂立以貨易貨協定，技術合作盡量聘用蘇籍專家；資金合作歡迎蘇方投資；工業合作雙方指定種類商議辦法。此大綱得到蔣介石、宋子文和王世杰的同意，但宋子文、王世杰對其中最關鍵的工業合作問題，提出須由雙方政府協議並待東北接收後再談，實際上仍然堅持不談經濟合作的立場。

十二月四日，張嘉璈和蔣經國回到長春。次日，在與馬林諾夫斯基會見時，馬林諾夫斯基特別提出「東北經濟合作問題，希即開始商討，並有所結果」。張嘉璈遂提出在重慶擬定的原則方案，並強調須俟蘇方撤軍後再談合作問題。

七日，斯拉特科夫斯基約張嘉璈談話，催問中方關於經濟合作的具體方案。因蔣介石事先有指示張嘉璈按「面授方針進行」，張嘉璈遂重申了經濟合作大綱內容，並告訴對方，經濟合作之所以暫時不能進行，是因為東北接收發生問題，而且蘇方的提議「無異日本帝國主義之故技」。

斯拉特科夫斯基聞之甚為不滿，認為這是莫大侮辱。他重復蘇方一貫做法，打與拉攏並施，大棒與胡蘿蔔並用，一方面表示蘇方願將一半股份讓與中國，「實係基於對華友誼之精神」，「經濟問題如能解決，政治問題亦隨而解決」；一方面又威脅，此事如不能解決，東北工業將「任使其盡數破壞」。在談話中，斯氏反覆要求中方提出具體方案，張嘉璈則稱經濟合作不能「在蘇俄武力高壓下成立」，雙方爭論兩小時無結果。東北經濟合作的談判，就由於國民黨的拖延而遲遲不得開始。

蘇俄吃相難看，但不是為了錢……

現在分析雙方訴求。蘇俄雖然依仗武力以強凌弱，吃相難看，但是撇開這些因素不論，其開出的條件倒不僅是經濟利益，更多的是對國家戰略層面的防患於未然。因為第二次世界大戰中，**日本關東軍這把抵在蘇俄後背的尖刀，讓蘇俄高層領導人刻骨銘心。當時蘇俄面臨德國巨大的軍事壓力，幾乎要到亡國的地步，還不得不在遠東保持強大的軍力震懾日軍**，依託東北強大工業體系的日本關東軍威脅實在是太大了！兩線作戰的陰影不僅是德國高級將領的夢魘，也是蘇俄最大的隱憂。

所以，蘇俄想透過中蘇經濟合作，控制東北的經濟命脈，也徹底排除其他國家勢力滲透，讓東北不再成為他國發動對蘇戰爭的工業基地，徹底解除遠東方向的隱憂。

一九四五年十二月二十九日，在蘇俄外交委員會副外交人民委員洛夫斯基致史達林和莫洛托夫的一封信中，對蘇俄的立場就有清晰的闡述：「我們不允許東三省成為另一大國施加經濟與政治影響的場所，只有在我們積極參與東北三省經濟活動的情況下，才有可能不允許外國資本進入東三省。」蘇俄馬林諾夫斯基元帥也明確提出：「蘇聯對東北經濟合作要求目的不在經濟，而在國防。」

觀念大誤：招商引資再正常不過

國民黨政府對蘇交涉實在是全無章法。一方面，國民黨政府認識到，**沒有蘇俄的支持，很難順利接收東北，但東北如被中共占據，整個北方形勢將非常不利**，所以國民黨政府高層即準備妥協，打算以犧牲東北經濟利益，來獲得蘇俄支持國民黨政府接收東北；另一方面，又因為黨內反對聲音實在太大（甚至有人認為，答應蘇俄要求相當於倒退四十年，又回到李鴻章時代，喪權辱國以此為甚），迫於黨內的壓力，蔣介石又指示一線談判人員張嘉璈：「關於經濟合作方針，此時只可緊縮，不可放寬，此事已考慮再三，不能不如此。」所謂的緊縮，就要盡量壓縮與蘇俄經濟合作範圍，這個要求與蘇俄要價差距甚遠，導致中蘇交涉失敗。

需要說明的是，當時國人觀念與現在有很大不同。蘇俄將日偽設備資產作為自己的戰利品，雖然中國不承認，但是已經成為現實，而以**中國當時的實力，很難從蘇俄嘴裡把這些資財要回來。而所謂的中蘇東北經濟合作協定**，無非是蘇俄出設備和技術，與中國合資建設東北工業，**按照現在的觀念，實在是太正常不過的事**。中國改革開放三十年，就是靠招商引資才獲得高速發展。而在二十世紀四〇年代，由於清末慘痛的教訓，讓國人認為這種事是喪權辱國。

因為這種觀念，導致國民黨政府大部分高層都反對蘇俄經濟合作要求，這使一線外交人員交涉異常困難。

美國佬也想染指東北

中蘇交涉進展不利，美國佬也來摻和。馬歇爾就不止一次對王世杰表示，對蘇俄經濟合作要求「不必立予解決」。一九四六年二月十一日，美國大使館照會王世杰：中蘇東北經濟合作「將被認為違反門戶開放之原則，明顯歧視美國企望獲得參加滿洲工業發展機會的人民，並可能對樹立未來滿洲貿易關係上，置美國商業利益於顯著不利地位」。

美國人什麼地方都想撈一把，話說當時中國國內一大把可以「參與中國工業發展的機會」，也沒見美國人有什麼動作，偏偏在東北事宜上態度強硬，**壓迫國民黨政府拒絕蘇俄要求。無非是想盡量消除其他國家對華的影響力，讓美國在華勢力一家獨大**。

中蘇交涉失敗，國民黨失去大陸的重要伏筆

中蘇交涉拖延不決，形勢對國民黨非常不利。中共在抗戰勝利後，迅速制定了「向南防禦，向北發展」的戰略。十萬軍隊以及兩萬幹部正向東北擴張，唯一能阻止中共的只有蘇俄。事實上，蘇俄也不止一次暗示國民黨政府外交人員，只要達成協議，蘇俄將全力支援國民黨政府接收東北。

據史料記載，**雖然國民黨政府與蘇俄交涉進展緩慢，但是蘇俄對進入東北的中共民主聯軍並**

不友好。一九四五年十一月，中共剛剛進入瀋陽，蘇軍就通知中共中央東北局，瀋陽要移交給國民黨政府，要東北局機關與軍隊立刻撤出瀋陽，「不走？就用坦克趕你們走！」這就是「老大哥」在涉及國家利益時，對共產主義小兄弟的真實嘴臉。

後來國民黨政府與蘇俄交涉失敗，蘇俄才開放東北全境讓中共占據，將規模巨大的日本關東軍軍火與裝備，甚至包括一部分蘇俄獲取的日偽工業設備，統統移交給中共，讓長期缺吃少穿的中共有了爭天下的本錢。

反觀**國民黨政府，因為東北交涉失敗，連大連港都不能登陸，只得從山海關一點一點打出去**。在《中蘇友好同盟條約》中，國民黨政府犧牲了部分主權，卻什麼也沒得到。直到國民黨軍隊打出關外，在軍事上占據優勢時，蘇俄才勉強讓出一部分大城市，交於國民黨政府接收。外交做到這個份上，也算是失敗透頂了。

讓我們設想一下，如果國民黨政府答應了俄經濟合作的要求，會出現什麼結果？

蘇俄為了兌現承諾以及保證自己在東北的利益，將支持國民黨迅速占領東北，中共民主聯軍失去寶貴發展時機。東北的態勢將有很大的差別。更重要的是，**中蘇經濟合作如果能夠達成，那麼，東北工業將很快恢復，依託這裡強大的工業體系，東北軍隊不必依賴關內的支持**，仍可以保持相當大的軍事力量。國民黨政府財政壓力大大減少（內戰期間，國民黨中央財政在東北的軍費約一億美元／年，占國民黨政府全年支出四〇％），而中共向北發展的戰略將受到巨大挫折。那時，中共在東北能堅持基本的根據地就已經很不錯了，很難再給予關內支持。

東北實在太重要了，僅以鋼產量為例，當時全國其他地區的年鋼產量，加起來不過幾萬噸，還不及東北的一個零頭。蔣介石對此也很清楚，在抗戰勝利不久，蔣介石曾言：「國民黨的命運在東北，蓋東北之礦產、鐵路、物產均甲冠全國，如東北為共產黨所有，則華北不保[57]。」後來東野（東北野戰軍）取得遼西會戰勝利後，大舉入關，輕鬆就拿下華北。

東北外交失利為國民黨政府的失敗埋下了伏筆。[58]

[57] 劉武生：《從延安到北京——解放戰爭重大戰役軍事文獻和研究文章專題選集》，中央文獻出版社一九九三年版。

[58] 本部分內容部分引用了汪朝光：《一九四五～一九四九：國共政爭與中國命運》，社會科學文獻出版社二〇一〇年版的相關資料，在此感謝。

第十四章　美國：逼你俯首貼耳的「堅定」盟友

如果沒有美國支持，也許國民黨政府在一九四三年就已經崩潰；如果沒有美國《軍事援華法案》，蔣介石未必能下決心用武力解決中共；如果沒有美國反對，也許中蘇能達成經濟合作協定，國民黨政府全取東北；如果不是美國關鍵時刻抽身，國民黨政府金融改革不會失敗，也就不會失掉大陸。

成也美國，敗也美國，在國共相爭最激烈的時期，美國是國民黨政府心中永遠的痛。

一九四五年四月，羅斯福總統突然病故，時任副總統的杜魯門繼任。這是一個平庸無能、敏於言而拙於行的政客，對國際局勢的掌控，根本無法與前總統相比。

一九四五年十二月十五日，杜魯門發表對華政策聲明，被認為是當時最權威的美國對華政策闡述。聲明指出：一個強盛、團結和民主的中國，對於世界和平是極端重要的；而一個紊亂、分裂的中國，在現在和將來都將是危及世界穩定與和平的一股力量。他提出，國共軍隊應停止衝突，召開包括各主要政治力量代表的全國會議，籌商解決內爭的辦法，並表示**美國將繼續支持國民政府，但不會發展為軍事干涉**。他特別提出，國民黨一黨專政的政府只有擴大基礎，容納國內其他政治力量，中國和平、團結和民主的改革才能推進。

按照杜魯門的聲明，可以總結美國對華政策的兩個重點。第一，美國繼續支持國民黨政府。第二，美國不支持國民黨政府打內戰。

正是因為美國明確表態，不支持國民黨打內戰，所以，此聲明在當時獲得中共的讚賞。杜魯門聲明發表不久，中共中央就公開表示：「中國共產黨和中國一切民主派別有充分誠意，希望與中國國民黨在杜魯門總統建議的基礎上求得妥協。」

實際上，杜魯門聲明的立場並沒有堅持多久。**對華政策主要被前往中國調停的馬歇爾個人意志所左右**，導致整個美國外交政策，表現出一種忽左忽右、混亂矛盾的狀態。

一九四六年六月十四日，美國國務卿貝爾納斯向國會提出《軍事援華法案》，同一天簽訂《長期償付租借物資協定》。請注意，一九四六年六月，國共內戰即將爆發，這個時候通過《軍事援華法案》，等於宣布美國要支持國民黨政府軍事解決中共。**六月二十六日內戰爆發，僅僅一個月後，對華政策卻一百八十度大轉彎——七月二十九日，美國宣布對華武器禁運**，《軍事援華法案》戛然終止。不僅如此，美國還動用影響力，讓對華武器禁運擴展到整個國際社會，英國很快也對華實施軍火禁運，拒絕了南京國民政府向其購買槍炮子彈、艦炮、飛機機架等請求。

前後一個半月，美國對華政策大相逕庭。這還只是開始，幾個月後美國對華政策又發生變化：一九四七年四月九日，美海軍陸戰隊撤出中國，馬歇爾把六千五百噸軍火交給國民黨。五月二十六日，馬歇爾宣布取消對華武器禁運。六月二十七日，美國政府低價賣給國民黨軍隊一．三億發子彈。一九四八年四月二日，美國國會通過了一九四八年《援外法》，其中有關援華部分，也單獨稱作《援華法》，援華總額為四億美元，有一．二五億美元為特別贈款可以用於軍事，為期一年。

這四億美援，對當時財政與軍事局勢都江河日下的國民黨政府可謂雪中送炭，如果援助落實到位，國民黨政府或許可以穩定局勢。但是，就在這個關鍵時刻，國民黨政府再出昏招。

蔣介石的昏招：國家關係變成私人恩怨

一九四八年十一月美國將進行總統大選。民調中，共和黨候選人杜威支持率遠遠超過杜魯門，於是蔣介石決定賭一把。他先是命中國駐美大使顧維鈞向杜威授特種「吉星勳章」，並命當時在美國的孔祥熙、孔令傑父子動用一切力量，為杜威拉選票。為了表明對杜威的堅決支持態度，蔣介石命陳立夫攜四百萬美元鉅款，以參加美國道德重整會名義，不僅在美國兩院議員中大肆活動，還直接給杜威提供巨額捐助。徹底得罪了杜魯門，國家關係變成私人恩怨。

▲杜魯門

十一月最後一周，杜魯門奇蹟般逆轉形勢，贏得美國大選。贏得大選後，杜魯門立刻變臉，先是拒絕了宋美齡要求給國民黨政府提供援助的請求。不但如此，連原來同意給國民黨政府的援助也拖延。

一九四九年二月，杜魯門指示艾奇遜「不停止對中國的軍援，但要盡可能採取非正式行動拖延啟運」。一九五〇年四月十四日，艾奇遜回函國防部，提及一九四八年《援華法》軍援的一．二五億美元餘款，「現今正在採辦和支付的訂貨完成以後，就不要再從軍火庫中向台灣供貨了。」由此可見一九四八年的軍援，到了一九五〇年還未交完。

一九四九年元旦，中共在三大戰役中獲得全勝，南京國民政府搖搖欲墜。這個時候，國民黨政府期望美國發表措施強硬的聲明來穩定人心。杜魯門卻冷淡的拒絕了，反而要美國駐華大使司徒雷登留在南京，以其曾任燕京大學校長和中共負責接收中華民國外交部的特使黃華之間的師生關係，試圖和中國共產黨進行接觸，建立關係。不僅如此，美國還與桂系[59]接觸，表示支持時任副總統的桂系首腦李宗仁接替蔣介石的位置。

到國民黨政府撤往台灣以後，杜魯門更一度採取放任中共進攻，讓國民黨在台灣自生自滅的政策。一九四九年十二月二十三日，美國國務院在《關於台灣政策宣傳指示》中說：「台灣在政治上、地理上和戰略上都是中國的一部分，它一點也不特別出色或者重要。」、「大家都預料該島將陷落，在國民黨的統治下，那裡的民政和軍事情況已趨惡化，這種情形更加強了這種估計。」

一九五〇年一月，杜魯門發表對台灣問題聲明，宣稱：「美國對台灣或中國其他領土從無掠奪的野心。現在美國無意在台灣獲取特別權利或建立軍事基地，亦不擬使用武裝部隊干預現在的局勢，美國政府不擬遵循任何足以把美國捲入中國內爭中的途徑。同樣，美國政府也不擬對在台灣的中國軍隊提供軍事援助和意見。」此後不久，美國開始從台灣撤僑。

[59] 桂系是指以廣西為根據地，以廣西籍軍政人物為中心結成的一個軍閥派系。

如果不是朝鮮戰爭（韓戰）爆發，台灣也許在五〇年代就已經被解放。

美國佬在想什麼？

美國對華混亂的政策，反應了高層複雜矛盾的心態。一方面，包括史迪威[60]、馬歇爾等人，非常痛恨國民黨體制內不可抑制的腐敗，希望能改組國民黨政府，使之成為一個更符合美國價值觀的民主政府。所以，抗戰勝利後才有馬歇爾調停，才有杜魯門聲明，希望國民黨政府擴大基礎，容納國內其他政治力量。**為了壓迫國民黨政府接受美國的主張，甚至不惜切斷對華援助。**

另一方面，美國也認識到，其要保持對華的影響力，又不得不依賴國民黨政府，支持國民黨政府，才能確保美國的在華利益。所以，內戰爆發前，美國國務卿貝爾納斯向國會提出《軍事援華法案》，同一天簽訂《長期償付租借物資協定》，雖然一個月後又宣布對華武器禁運，《軍事援華法案》終止（美國國會與政府之間的對外政策經常不統一，國會代表民意，而政府主張主要取決於高層的個人意志），但是在國民黨政府軍事失利，統治已經受到嚴重威脅時，又宣布取消對華武器禁運，通過了《一九四八年援外法》，希望幫助國民黨穩定統治地位。後期政策變調基本上都是杜魯門的個人行為。心胸狹隘的**杜魯門出於報復心理，在國民黨政府最需要幫助時，毫不猶豫的、乾淨的、徹底的拋棄了自己曾經的盟友**。

等到國民黨政府敗退台灣，美國人又開始反思：為什麼失去中國。面對國會的廣泛質疑，杜魯門又突然積極起來，扮演抵制共產主義擴張的急先鋒。先是派第七艦隊封鎖台灣海峽，接著赤膊上陣，直接充當朝鮮戰爭主力，六〇年代再打越戰，前前後後花了上萬億美元，犧牲十多萬美國青年的生命，最後乾脆又花幾千億美元，建立第一島鏈的防線來遏制中國。而當初美國只需要幾十億美元，就可以幫助國民黨政府穩定統治。

---

60 史迪威（Joseph Warren Stilwell）陸軍上將，曾任駐華美軍司令，東南亞戰區副司令，盟軍中國戰區參謀長等職務，在中國擔任過長期的軍事外交工作。

第十五章 英法：國民政府忽略的「資源」

英法在國共內戰時基本屬於「打醬油」的角色[61]，對國民黨政府沒什麼幫助，反倒是在國民黨政府最需要軍援時趁火打劫，宣布禁運，在中共席捲中國時，又首先承認紅色政權。原因無他，因為他們希望保住印度支那、東南半島以及香港的殖民地利益。

既然英法可以為殖民地利益，率先與紅色中國妥協，那麼，在抗戰勝利時，國民黨政府為什麼不利用這些殖民地利益作為籌碼，將英法綁進自己的陣營？

抗戰勝利時，國民黨政府在印度支那以及東南半島還維持著舉足輕重的軍事力量，根據遠東盟軍最高統帥麥克阿瑟發布的命令，除了東北之外的中國大陸、台灣，以及**北緯十六度以北越南境內的所有日本部隊，只能向中國國民政府主席及軍事委員會委員長蔣介石及其代表投降**。雖然國民黨政府的實力還不足以吞掉這些殖民地，但是，面對印度支那、東南半島此起彼伏的民族獨立運動，國民黨政府若是在當地用軍事力量做點手腳，藉此給英法增添麻煩，實在太容易了。

以放棄支持東南亞民族獨立運動，換取英法對國民黨政府一定程度的支持，難道不是順理成章的事情？至少將英法在戰爭後留下的龐大剩餘軍火廉價拿過來，也不是很難的事情，何至於在美國宣布軍事禁運後，國民黨政府拿著鈔票連基本的軍火都買不到！

如此簡單的外交手法，不是國民黨政府高層看不到，實在是因為長期半殖民地經歷，讓國民黨政府高層對「洋大人」總是存在一種仰視的卑微心理，怎麼指望他們能挺直腰桿辦好外交？

61 跑龍套、路過的角色。

第十六章　日本配合國民黨，共產黨沒便宜可占

抗戰勝利時，日本占領區是中國最重要、最精華的部分。對投降日偽（淪陷區成立的汪精衛偽政府）的善後處理政策，將影響日後國共鬥爭的政治版圖。

當時國民政府執政重心偏處西南，大量軍隊部署在西南後方，向日偽主要占領區的華東和華北調動需要時間，而中共則因根據地與日偽占領區直接相鄰，而有先機地利。這樣，如何確保順利接收收復區，不使中共因其地利而搶先接收，成了國民政府應對戰後時局的當務之急。

為此，國民黨政府決定利用日偽力量，穩定收復區，尤其是大城市的形勢，等待其接收軍隊到來。因為日本已經投降，屬於死老虎，處理起來沒有任何心理障礙，所以，一系列軍政組合拳打得頗有章法。

一九四五年八月十八日，蔣介石命令陸軍總司令何應欽，處理在中國戰區內所有敵軍投降事宜，並特別要求日偽軍，如對非指定之部隊擅自投降，得由陸軍總司令下令以武力制裁之。

所以何應欽在致岡村寧次的命令中強調：「凡非蔣委員長或本總司令所指定之部隊指揮官，日本陸海空軍不得向其投降繳械，及接洽交出地區與交出任何物資。」[62]出於盟軍之命令及仇共心理，岡村寧次對此表示出相當合作的態度。在八月十八日他擬訂的《對華處理綱要》中，提出

對投降之處理原則，「首應使重慶中央政權容易統一」，所有武器裝備器材一律移交給中央政府，不但不接受中共的任何要求，且必要時將斷然採取自衛武力行動。

九月十日，何應欽在南京受降儀式後首次召見岡村寧次，再次強調日軍一切武器必須完整交給指定部隊。岡村寧次表示，此點在蔣委員長下命令前我已下令實施，日軍武器完全繳交中國中央政府，絕不交與其他任何地方部隊。在國民政府軍隊一時難以開到的北方，何應欽尤其要求日軍注意保持地方，他命令岡村寧次：「查河北山東兩省因指定接收部隊尚未到達，土匪乘機蜂起，勢益猖獗。著該兩省境內日軍暫緩集中，仍應保持以前態勢，負責鞏固要點要線，恢復鐵道交通，並維持地方秩序。」

何應欽唱白臉，蔣介石就來演紅臉。

一九四五年八月十五日，蔣介石在勝利日演講中，提出「以德報怨」的戰後對日政策，即所謂「不念舊惡

▲蔣介石抗戰勝利講話

㊷ 中國第二歷史檔案館《第二次世界大戰中國戰區受降紀實》，中共黨史資料出版社一九八九年版。

及與人為善」，「不要企圖報復，更不可對敵國無辜人民加以侮辱」。為此，對於投降後的日本軍隊，不稱戰俘而稱徒手官兵，保持其原有的部隊指揮體系，將原日本中國派遣軍總司令部，改稱中國戰區日本官兵善後總聯絡部，負責傳達、執行中國戰區陸軍總司令的命令，辦理日軍投降後之一切善後事宜。

現在國民黨政府給了日軍兩個選擇：**如果擅自向非指定之部隊投降，就要「武力制裁」；而聽從國民黨中央的指揮，就可以享受「以德報怨」的政策**。日軍的選擇自然不言而明。

為了確保戰後接收之順利進行，對抗戰期間投降叛國的偽軍，國民黨政府及時拋出了「乘機贖罪、努力自新」的新出路。

利用偽軍安定淪陷區

偽軍多為原國民政府所轄部隊，戰時因種種原因而降日，但與國民政府間藕斷絲連，所謂剪不斷理還亂，腳踩兩隻船者多有存在。日本投降後，他們為了自身的前途，更是急於和國民政府建立聯繫，而他們對當地情況之熟悉、對民眾聯繫之廣泛，均勝於日軍，是幫助國民黨政府的有利條件。

還在抗戰時期，國民政府即與淪陷區偽政權各級官員，通過不同管道建立聯繫，其中最重要的就是南京偽政權的第三號人物周佛海[63]，經過軍統局戴笠和國民政府建立聯繫，領受相關指令。日本剛剛投降，戴笠即於八月十五日致函周佛海稱：「在此局勢急轉直下之時，京滬治安之維持甚關重要，弟已呈准上海由兄聯絡各方共同負責，而由兄主其事務。請兄於此緊急艱鉅之時期，於任務能秉承領袖之意旨，鼎力以支持之也。」

此後，周佛海便以上海行動總隊司令之名義，負責維持對國民政府接收最為重要之京滬地區。戴笠同時致電在重慶的軍統局主任祕書毛人鳳：迅即就已策動之一百二十七部偽軍中實力較大之九十七部七十四萬人，呈奉軍委會核准，先給予先遣軍或先遣支隊之名義，賦予維持當地地方秩序與阻止「民主聯軍滋擾」任務[64]。一時間，**偽軍的「反正自新」蔚為潮流，並擔任維持地方的任務**。

國民黨政府軍政齊下、軟硬兼施的對日偽政策取得巨大的成功，因此雖然國民政府軍隊遠在西南後方，一時來不及趕到收復區，但收復區，尤其是大城市之接收，基本上是由國民政府進行的。接收的日偽軍火與各種資財，讓國民黨政府發了大財。

國民黨發了大財

據統計，國民政府軍隊總共接收日軍步槍六十八萬五千八百九十七支，手槍五萬六千六百

---

[63] 周佛海是中國共產黨早期領導人，為建黨的代表之一，後成為國民黨官員，抗日時期又成為汪精衛成立的南京國民政府的領導人之一。

[64] 《中華民國史事紀要》，一九三二年出版。

九十八支，輕重機槍三萬九百六十一把，各種炮一萬兩千四百四十六門，步機槍彈一萬八百九十九萬發，炮彈兩百零七萬發，裝甲戰車四百五十六輛，卡車一萬四千九百六十四輛，馬匹七萬三千八百八十六匹，各種飛機一千零六十八架，機動船舶五百一十四艘。另外，還有大量的日偽資財，估價為三．五億至八億美元。[65]

這是一筆相當可觀的物資，也可以說是國民政府建立以來，一次性獲取的最大一筆物資，軍事經濟實力也因此而得到極大增長。同時，由於日偽為國民政府維持地方，**中共藉日本投降之機佔領收復區部分大城市的計畫沒有實現**。八月二十二日，中共中央在給各地的指示中認為：「蔣介石利用其合法地位接受敵軍投降，敵偽只能將大城市及交通要道交給蔣介石。在此種形勢下，我軍應改變方針，除個別地點仍可占領外，一般應以相當兵力威脅大城市及要道，使敵偽向大城要道集中，而**以必要兵力著重於奪取小城市及廣大鄉村**。」

接收日偽資財，對於國民政府戰後重新獲得支配地位，並在國共鬥爭中占據實力優勢具有重要影響。但是，國民黨政府在戰爭期間獲得的最大的資財，也就限於接收日偽部分，美、蘇、英、法給的援助少得可憐。

[65] 何應欽《日本侵華八年抗戰史》，台灣「國防部史改局」一九八三年版。

第十七章　蘇俄原本是國民政府最大外援，為何轉向中共？

眾所周知，中共自成立之日起，就與蘇俄有著非常特殊的關係。但是，需要強調的是，中共與蘇俄這種特殊的關係，還遠遠不足以影響蘇俄的對華政策走向，蘇俄的政策從頭到尾都是著重國家利益，採取多方下注，很少受到意識形態制約。

蘇俄多方下注，中共總被忽略

土地革命時期，**蘇俄在中國先後就對蔣介石、馮玉祥、新疆的盛世才**[66]**、中共等多方勢力投資，而其中給中共的援助是最少的**。抗戰時期，出於遠東安全的考慮，蘇俄給當時的國民黨政府大量援助，總額達到三億美元，在太平洋戰爭前，蘇俄是國民政府最大的外援提供者。而同期給

[66] 國民政府新疆省政府主席，一九三三年至一九四四年間新疆軍事、政治首長。

中共的援助卻少得可憐，最大一筆不過三十萬美元。

到了國共內戰時期，中共制定了「向南防禦，向北發展」的戰略，其目的無非就是依託蘇俄來取得發展。但是，蘇俄估計中共力量不足，東北交涉一開始主要還是以國民黨為談判對象，只是後期與國民黨關於東北經濟合作交涉失敗，蘇俄才轉變態度，大力支持中共發展。

一九八三年八月九日，在國共內戰（中國稱解放戰爭）時期曾任東北局副書記的陳雲，就編寫《遼瀋決戰》一書提出了意見，就蘇俄在東北解放戰爭中的作用，曾有這樣一段概括：「那時，蘇聯對我們的力量估計不足，並有《雅爾達協定》的約束，但他們還是盡力幫助我們的。」

陳雲的這段總結，可以說是宏觀上最準確的概括，道出了當年蘇俄態度的兩面性：一方面，因不大相信中國革命會很快勝利，且受對美蔣外交關係的束縛而限制過中共活動；另一方面，還是盡力幫助，而且後者占主導地位。正是這種兩面性，導致中共進入東北的經歷曲折多變。

中共中央派部隊進入東北後，蘇俄領導人的態度曾出爾反爾，許諾提供武器後又一度反悔，蘇軍在東北也有過紀律敗壞、拆運機器充當戰利品等，引發老百姓不滿的行動，在中國共產黨的許多幹部中留下了陰影，並且引發中國民眾延續幾十年的抱怨。不過一個基本的事實還是應該承認：**正是有蘇軍出兵控制了東北，中國共產黨人才能大舉向那裡發展**。美軍登陸占領的天津、青島、秦皇島等地，都立即交給國民黨作為進攻解放區的基地，中共根本不能插足。東北解放後，蘇俄提供的援助，亦是當地迅速建成國家工業基地的重要保障。

蘇俄對中共祕密提供武器援助，是受史達林的國際戰略全域考慮影響。蘇俄在東北的政策反覆多變，又主要受蘇美關係影響。蘇俄雖取得了衛國戰爭[67]的勝利，卻為此付出了死亡兩千七百萬人（其中軍人八百六十六萬）、經濟損失三千億美元（當時價值）的沉重代價，因此急於謀求和平環境，很怕再引起新的戰爭。從二戰結束前夕直至一九四八年，史達林對華政策的總體意圖是「中立中國」，因**輕視中共力量而以蔣介石政權為主要交涉對象，外交努力的中心是獲得在華利益的同時，防止國民黨當局全面倒向美國。**

一九四五年二月，召開雅爾達會議和隨後談判中蘇條約期間，美蘇因有共同對日作戰的目標而關係尚好，史達林在與蔣介石談判時，就不顧中共的利益，與美英達成了在遠東劃分勢力範圍的《雅爾達協定》，六到八月和國民黨又達成了人稱「外蒙換東北」的交易，即以國民黨政權承認外蒙古獨立為條件，換取蘇俄承諾將東北只交給國民黨政府而不交給中共。

因為認為中共力量不足，有關《雅爾達協定》、出兵東北和中蘇外交談判內容，蘇俄都未向中共通報，在日本投降後，還致電要求毛澤東去重慶談判，並不能打內戰。毛澤東對此事一直積憤在胸，曾指責史達林在中國犯了「不許革命」這樣的大錯誤。

蘇俄出兵東北後，同他們會師的並非是有過正式協議的國民黨，而是獨立自主搶先進入的中共武裝。出乎意料的相遇，讓蘇軍處於兩難的窘境：出於共同的意識形態和多年的友情，一些官兵表現出熱情並給予少量幫助，一些領導人卻害怕引發外交糾紛，而限制中共部隊行動。

---

67 蘇德戰爭，是第二次世界大戰期間蘇聯與納粹德國及雙方盟國之間發生的戰爭，時間從一九四一年六月德國開始進攻蘇聯，至一九四五年五月德國投降為止。

九月中旬以後，**因美國停止戰時以租借物資援蘇的做法，還堅決不允許蘇軍在北海道登陸**參加占領日本，**國民黨當局又全面倒向美國。在這種背景下，蘇俄對中共的態度便發生變化**，不僅允許八路軍部隊祕密進入東北，還移交了日軍倉庫中的許多武器，並許諾只允許國民黨官員而不允許其軍隊進入東北。十月四日，蘇共代表又正式通知中共中央東北局，他們會把繳獲的關東軍武器和占領區全部移交。

得到這一消息後，中共中央深受鼓舞，決定從各戰略區再調三十萬部隊到東北，以便接收。進入十一月中旬，風雲突變。蘇俄在國民黨當局抗議下，強令中共民主聯軍隊退出瀋陽、長春和哈爾濱以及中長鐵路沿線，不再移交武器，還一度中止與中共中央東北局的聯絡。

從國際大氣候看，此刻蘇俄與美英兩國議定在莫斯科召開三國外長會議，有在國際問題上達成妥協的可能，史達林便擔心如果過於接近中共，會引起國民黨及其後臺美國的強烈反應。於是便不惜違背諾言，犧牲中共的利益，來換取國民黨和美國政府的好感。

蘇俄與國民黨談判破裂，轉頭支持中共

進入一九四六年初春，美蘇在全球開始了新冷戰，蘇俄與國民黨當局關於東北經濟合作的談判又趨於破裂，蘇俄對中共的態度便再度熱情起來。蘇軍從東北撤退時，將一批日本武器移交給東北民主聯軍，並在聯合國譴責美國支持國民黨加劇中國內戰。

一九四七年秋季以後，美蘇在西歐形成軍事對峙，中國共產黨在國共內戰中又節節勝利，史

達林更增加了對中共援助。不過為避免同國民黨政權徹底破裂，蘇俄在一九四九年夏季之前，沒有向中共提供過國產的一槍一彈，移交的都是繳獲日本、德國的武器，甚至還有美國對蘇的租借物資。

史達林在東北給予中共的支援，實際上違反了《雅爾達協定》以及《中蘇友好同盟協議》中的約定，不過從其國家戰略的角度也不難理解，面對美蘇矛盾日益尖銳，以及國民黨完全投靠美國的形勢，史達林當然得在中國支持一支能抗衡美蔣的力量。所以，當時史達林一面不信任中共，一面又給予援助；一面同美蔣交易東北問題，一面默許中共在那裡發展力量。

這些看起來矛盾的現象，其實都是同一個目標，即蘇俄期望在遠東獲得更大的利益。在利益驅動下，當年蘇俄方面對中共的態度便像多變的晴雨錶，隨著國際形勢和自身利害的關係，熱度如同水銀柱那樣忽上忽下。

蘇俄援助巨大，改變了東北國共力量

蘇俄對中共的援助主要是軍火與物資。

關於中共在東北接收的武器數量，蘇俄方面有兩種說法。

一是當時的遠東蘇軍總司令華西列夫斯基元帥說：「中國人民解放軍得到了巨額繳獲來的武器裝備。僅我們兩個方面軍轉交給中國人民解放軍的就有：三千七百門大炮、迫擊炮和擲彈筒，六百輛坦克，八百六十一架飛機，約一萬兩千把機槍，將近六百八十個各種軍用倉庫，以及松花江分艦隊的一些艦艇。蘇軍司令部還使全部武器保持完好，以適於作戰使用[68]。」

二是一九七一年八月二十六日莫斯科廣播《蘇軍粉碎日本侵略軍是中國革命取得最終勝利的保障》中提供的資料：「步槍約為七十萬支，機槍約為一萬兩千到一萬四千把，各種炮約四千門，坦克約六百輛，汽車約兩千多輛，另有彈藥庫六百七十九座，八百餘架飛機和炮艇若干[69]。」

但這兩種說法都受到質疑，一來認為他們誇大了繳獲關東軍武器的數量；二來這些資料都是在一九六〇年代中蘇論戰之後公布的，因此有誇大對中共援助的嫌疑；三是此資料與國內現有的黨史、軍史中所載東北解放軍持有的武器數量差距較大（實際上有大部分被運進關內支援關內解放軍作戰）。

要搞清楚中共接收了多少武器，中方提供的資料相對更為可靠。一是因為作為受援助方，有具體記載接收了多少武器；二是受援助方通常不會誇大自己接受援助的武器數量；三是從六〇年代開始，中蘇進入論戰甚至兵戎相見。

但是由於相關資料尚未完全公開，我們只能從零星的資料中，找出中方在東北接收武器數量的最小值。一九四五到一九四八年，**中共最少得到了槍枝三十萬，輕重機槍兩萬把，各種炮一千五百門，彈藥若干，另外就是透過朝鮮轉交超過六百車廂的軍火**。

以上是我們從已有資料註[70]~[75]中察知，中共部隊在蘇軍直接或間接幫助下接收的武器數量，從上述最保守的情況我們可知，扣除可能重複統計的情況，東北解放軍最少獲得了槍枝三十萬支，輕重機槍兩萬把，擲彈筒一千個，各種口徑的迫擊炮、山炮、野炮一千五百門。如果算上經朝鮮運到東北的兩千多車廂（十萬噸左右）的軍火與物資，中共從蘇俄獲得的武器，與蘇俄公布的資料沒有太大的差別。

林彌一郎讓中共從此有了空軍

除了槍枝彈藥和火炮之外，進入東北的中共部隊還獲得了**日軍留下的飛機，並以此為基礎，建立了東北老航校**。據解放軍空軍少將曾克林回憶：「當時在瀋陽附近的遼陽奉集堡機場，駐紮著日本航空軍第二航空軍團第四訓練飛行大隊，裝備有重型轟炸機、九九高級教練機。大隊長是林彌一郎……我軍共繳獲林彌一郎飛行大隊各式飛機四十六架，飛行員十七人，機械師二十四

---

68 薛銜天、金東吉：《民國時期中蘇關係史（一九一七～一九四九）》，中共黨史出版社二〇〇九年版。
69 楊奎松：《毛澤東與莫斯科的恩恩怨怨》，江西人民出版社一九九九年版。
70 《東北局關於蘇軍交涉情況致中央電》，一九四五年十一月五日、六日；《陳雲關於哈爾濱情況致林、彭電》，一九四五年十一月七日。
71 田酉如《彭真年譜》上卷，中央文獻出版社二〇〇二年版。
72 《東北局轉報周保中處消息致中央電》，一九四六年三月十六日。
73 《高崗關於與蘇軍交涉情況致東北局並中央電》，一九四六年四月二十日。
74 徐焰《解放戰爭中蘇俄給了中共多少武器援助》。
75 丁雪松等：《回憶東北解放戰爭期間東北局駐北朝鮮辦事處》，《中共黨史資料》第十七輯。

人，機械員七十二人，各類地面保證人員一百八十多人及各種器件和配件[76]。」

這四十六架飛機是不是如傳言所說，是報廢的舊貨呢？據黃乃一[77]回憶：「一九四五年十一月下旬，我們開始從宮源向通化轉移。先遣部分人員去通化準備機場和駐地，隨即將能飛的飛機分批轉場通化。當時，航空器材十分緊張，暫不能飛的二十多架飛機，也必須轉去通化。但既沒有火車，也沒有汽車，我們只好把飛機的機翼卸下米，裝在大板車上，機身裝上輪子，把機尾綁在大板車後邊，用牛、馬、毛驢等牲口拉著大板車向通化轉移[78]。」

由此可見，當時至少有二十多架是完好的，剩下二十多架不能飛的，也不一定是飛機本身有問題，因為一來當時飛行員只有十七名，二來燃油也奇缺；三來如果真是廢品，何必如此大費周章轉移到通化呢？

中共獲得的飛機數量遠不止這些，據一九四五年九月二十一日，彭真發給中共中央的電報稱：「瀋陽南機場確有二十七架雙引擎日本爛飛機，及十餘個大零件庫，但修理不可能。瀋陽西機場有單引擎完整的戰鬥機七十架，但無點滴汽油，目前對我全無作用[79]。」

綜上可知，中共進入東北初期，僅在瀋陽附近就獲得了一百四十架飛機，其中完好的有一百架左右，只是由於燃油和飛行員缺乏的問題，很少使用。

運往關內的武器如下。

一九四六年：兩萬支槍，兩千萬發子彈，四．五萬發炮彈，二十二萬斤炸藥。

一九四七至一九四八年：近六萬噸軍火。

除了直接用於東北戰場的武器外，還有很多蘇援武器被運往關內，直接支援華東和中原戰場。而這批武器有多少呢？

一九四六年五月，蘇軍勸中共在關內另闢戰場，以減輕東北壓力，為此蘇軍開始向山東解放區提供武器。據五月二十八日遼東軍區司令員蕭華電告，駐朝蘇軍已開始經過南滿遼東軍區，向山東的中共軍隊發送武器彈藥。第一批運送去山東的，有重機槍八十三把，輕機槍三十二把，子彈四十三萬發，炸藥一萬箱，還包括一批電氣材料、廣播電臺、印刷材料和攝影機等。這批物資祕密經由安東通過海路運去山東煙臺，送交陳毅部隊。

六月，駐朝蘇軍又進一步向華北中共部隊發送武器彈藥，其中就有步槍五千支、子彈三千萬發、高射機槍二十把、重機槍三十把，並有其他資材一批。七月十五日到八月七日，又運送了一萬兩千一百四十五支步槍、一百八十二把重機槍、五百零六把輕機槍、一百六十七個擲彈筒、七門炮、一萬一千一百六十四把刺刀、一千餘萬萬發子彈、四萬三千五百八十八發炮彈、六千七百發擲彈筒彈、二十二萬斤炸藥，以及五百箱填裝炮彈的火藥等武器彈藥到山東。

八月下旬還進一步運送了兩千發山炮炮彈和五十萬發七九子彈，包括一千多車廂的各種彈藥。到九月，朝鮮北部所存日軍各種子彈、炮彈、炸藥和槍炮，兩千多車廂（一車廂載重約四十

76 《曾克林將軍自述》，遼寧人民出版社一九九七年版。
77 中國共產黨員，一九四五年十一月至一九四七年十月任東北航校副政治委員、政治部主任。
78 黃乃一：《老航校誕生前後》。
79 《軍委一局電報彙編》，一九四五年九～十二月。

至五十噸）的物資已全部運抵安東，數量之大，已非過去海船運量所能解決。故根據遼東軍區要求，中共中央明令山東膠東軍區全力組織機輪船，前往安東「運輸物資，越快越好[80]」。

一九四六年夏季，通過海路運向山東的武器共有兩萬支槍和兩千萬發子彈。毛澤東專電規定一半給山東區，三五％給晉冀魯豫區，其餘轉交晉綏區。全面內戰爆發後，劉伯承、鄧小平在向中央報告戰況的電文中也說明，**殲敵一個旅大約需消耗子彈二十萬發，主要是靠東北轉運而來**[81]。

據《論山東人民支援解放戰爭的經濟基礎》記載，其膠東軍區海防辦事處僅一九四七年六月至一九四八年六月，一年的時間從東北運輸了近六萬噸物資，其中絕大部分都是軍火。

蘇俄全力扶植中共東北兵工事業

解放軍進入東北後，東北軍區後勤部專門成立了軍事工業部，主要負責從蘇軍手裡接收瀋陽地區大東區兵工總廠、文官屯坦克修理廠和孤家子火藥廠等多家重要的兵工廠。後蘇軍又將這些工廠要了回去，但允許軍工部拉走了三十多部機器和兩百多噸物資。中共也先後將撫順、本溪、延邊等地的兵工廠、化學工廠數百台機器和上千噸各種原料運走。中共一九四六年六月向北滿撤退時，僅各種軍工機器和原料就運了三百多車廂[82]。

正是有了這些工業基礎，中共後來才能在北滿的軍工生產基地，生產戰爭所需的大量彈藥。據統計，軍工部後來在琿春建立起子彈廠、手榴彈廠等六個兵工廠，一九四六年九月一個月就生產子彈十三萬發，手榴彈三．五萬個。與此同時，軍工部在牡丹江、哈爾濱、佳木斯、齊齊哈爾等地，也建立了不同規模的軍工廠。到一九四七年，東北軍工的年生產能力達到手榴彈三千萬個、子彈兩千萬發、各種炮彈一百五十萬發[83]。

同時，蘇軍控制下的大連，簡直成了解放軍部隊的後勤補給基地，國民黨部隊不敢越雷池一步，中共部隊倒是進出自由。據統計，在國共內戰三年中，中共旅大黨組織在蘇軍的暗中幫助下，往前線輸送兵員三萬餘人，做軍鞋兩百三十六萬餘雙，做軍服三百萬套，還提供了大批藥品和醫療設備，連續分批組織醫療隊上前線。僅「建新公司」就生產炮彈五十餘萬發、引信八十餘萬枚、彈體中碳鋼三百噸、無煙火藥四百五十噸、迫擊炮一千四百三十門，以及其他軍工產品。

當時，旅大地區名義上是蘇俄海軍基地，實際已成為中共打解放戰爭的物資供應基地、軍工生產基地、兵員基地、軍事轉運站和可靠的後方根據地[84]。

在蘇俄及朝鮮的幫助下，中共中央東北局的兵工規模與產能，在解放區中一枝獨秀。毛澤東對東北的軍工生產寄予厚望，一九四七年七月十日，他在給各解放區的《一年作戰總結及今後計

---

[80]《蕭華致陳、黎、舒並報東北局、中央電》，一九四六年五月二十八日、六月十五日、六月二十三日、八月九日。

[81] 徐焰：《解放戰爭中蘇俄給了中共多少武器援助》。

[82] 東北軍工部：《東北解放區財政經濟史資料選編》第二輯，黑龍江人民出版社一九八八年版。

[83] 劉統：《解放戰爭中東北野戰軍武器來源探討——兼與楊奎松先生商榷》，《黨的文獻》二〇〇〇年第四期。

[84] 夏振鐸：《蘇俄紅軍進駐旅大十年》，《中共黨史資料》第四十二輯。

畫》指示中，特別指示林彪、羅榮桓：「東北軍事工業應全力接濟關內，目前開始的一年內，你們必須用大力建立大規模軍事工業。」十一月十三日，毛澤東再次電告林彪和東北局：「望東北局用全力加強軍事工業之建設，以支援全國作戰為目標。」

蘇俄移交日軍戰俘，成了中共專業人才庫

蘇俄出兵占領東北後，在東北的三百多萬日本軍民，均向蘇軍投降並接受蘇俄安排。在這些日本人當中，有大量中共急需的專業技能人才。蘇軍在撤出東北之前，共移交了五十九．四萬名戰俘（含婦孺），其中有幾萬名專業技術人員、戰術人員被中共留下來服務，當中有：

一、**醫護人員**一萬名左右，這些兢兢業業的日本醫生、護士在東北國共內戰期間，救護了不計其數的共軍傷患，包括多名後來的將軍。

二、原日本**關東軍第二航空軍團**第四練成大隊的林彌一郎部（含飛行員二十人、機械師二十四人）共兩百人，集體加入東北民主自治軍，創建了東北航校，新中國的空軍司令員王海、空軍副司令員林虎、北京軍區空軍司令員劉玉堤等，都是日本教官的學生。

三、**日本鐵路技術人員**幾千名，他們幫助民主聯軍維護和運營東北密集鐵路，新中國成立後，還參與了中共幾條重要鐵路的建設，其中最富傳奇色彩的日籍炊事員吉岡寬，在一九五三年毛澤東南方視察期間，還為毛澤東當過長沙至岳陽段的專列司機。

四、**管理和軍工專家**一千多名，還加入了民主聯軍後勤保障系統，在軍火生產、調度運維方

面有許多貢獻。

五、數量不詳的日籍人員（各種估計數字為幾千人到幾萬人），還作為軍人加入到中共東北部隊，他們分散在基層，機槍手、火炮手、司機、坦克手等，不僅教導共軍人員使用重武器，甚至還與國軍直接作戰。由於國軍一些地方部隊中也有日軍參與，因此出現過戰場上國共雙方交戰人員用日語對罵的情況。

結論：國共內戰時期，蘇俄給中共的援助數額巨大且面面俱到，從武器到軍事工業，從物資到專業人員。**中共進入東北時軍事力量不過十餘萬人，經過三年頻繁劇烈的戰爭消耗，反而發展成百萬大軍**，發展速度遠超過關內任何一支解放軍。

國民黨政府在東北集中了幾十萬精銳主力（五大主力有兩支放在東北），每年花費一億美元（占國民黨政府年財政支出的四〇％），雖然一九四六年四平戰役勝利，一度掌握東北戰場的主動權，但是短短兩年後，雙方力量發生顛覆性逆轉，期間國民黨軍並沒有大的敗仗，但是中共卻在一九四八年時，獲得戰略及軍事力量上的絕對優勢。這一切都多虧蘇俄的援助。

蘇俄的援助不僅改變了國共在東北的力量對比，幫助中共獲得第一個完整的戰略根據地，而且還通過旅大線，源源不斷的給關內解放軍輸血。正是在東北巨大的物資支援下，關內解放軍才能在戰爭中越打越強，取得一個接一個的勝利。

第十八章　朝鮮軍援中共，規模是美國援華十倍

五〇年代為了支援朝鮮戰爭，中國付出了巨大代價。五〇年代後直到現在，中國仍持續給予朝鮮巨大的援助，可以這樣說，沒有中國的支持，朝鮮可能在九〇年代就已經崩潰。而近幾年來朝鮮對中國並不友好，核爆、抓捕我方漁民、販毒等，導致中國人民對朝鮮頗具厭惡感，甚至質疑中國的援朝政策。

中國為什麼一直對朝鮮保持援助？除了地緣政治及意識形態原因，還有一個非常重要的原因就是，朝鮮在國共內戰期間，曾給予中共巨大的、全方位的援助，這些援助對中共戰爭的勝利，即使不能說是決定性的，也是極其重要、不可或缺的。

《朝鮮支援中國東北解放戰爭紀實》披露了在戰爭期間，朝鮮對中共的援助始末。

中共在平壤「開公司」

一九四六年七月，中共中央東北局為了在朝鮮建立隱蔽的後方，同時也為了解決各系統駐朝鮮辦事處統一領導問題，派遼東軍區司令員蕭勁光和中共北滿分局祕書長朱理治赴朝鮮，同朝鮮

黨中央和駐朝蘇軍司令部協商，在朝鮮組成辦事機構——平壤辦事處，統一負責中共對朝鮮的一切外交事務。蕭勁光於九月回國後，朱理治留在平壤，擔任中共中央東北局和東北民主聯軍駐朝鮮全權代表，負責領導辦事處的工作。

當時考慮到蘇美共同委員會的存在，並有《雅爾達協定》的約束，平壤辦事處設定了兩個名稱：**對內稱「東北局駐朝鮮辦事處」（又稱平壤辦事處），對外則稱「平壤利民公司」**。平壤辦事處的**主要任務為**：做好東北戰場傷病員的撤退、安置和戰略物資的轉移工作；借道朝鮮走廊，溝通南滿、北滿以及大連和其他根據地的物資交流，輸送人員過境；向朝鮮求援和採購作戰物資；發展中朝兩黨和兩國人民的友好合作關係，促進經濟貿易往來；協助朝鮮勞動黨做好華僑工作。

當時朝鮮連接中國北滿、南滿、大連以及山東的重要城市是四個，即南浦、新義州、滿浦和羅津。所以根據需要，在這四個重要城市又分別設置辦事分處，對外稱「平壤利民公司分公司」。

辦事分處與平壤辦事處的任務大致相同，但根據所處地理位置，工作又各有側

▲朝鮮地圖

重。

除了平壤辦事處及四個辦事分處之外，當時在朝鮮還有華僑聯合總會，也在支援中國東北與國民黨軍的戰爭。抗戰勝利後，朝鮮半島共有華僑約五、六萬人，其中朝鮮北部有兩萬餘人。中共中央經與朝鮮黨中央商量，一九四六年十一月，朝鮮華僑總聯合會在平壤成立，領導機構簡稱華聯總會。

為了進一步加強與朝鮮的聯繫，一九四六年六月，中共中央東北局還在中朝的邊境圖們，建立了對朝辦事處，饒斌任辦事處處長，蔣澤民為副處長。圖們辦事處的任務，主要是銜接中共人員和物資從對岸朝鮮南陽口岸過境事宜。

安東戰略大轉移，借道朝鮮

安東市與朝鮮邊境城市新義州一江之隔，是當時安東省省會所在地。

早在一九四五年十一月，金日成就應蕭華[85]司令員邀請，親自來到安東，聽取蕭華的敵我形勢通報，幫助中共分析形勢，闡述中共必勝的六點原因，提出打破當前危機的四點戰略戰術建議。蕭華向金日成提出，必要時把部隊的傷病員、軍屬和後勤部門向朝鮮境內轉移，並且有一些機關和部隊需要借道朝鮮轉移到北滿。金日成當即表示同意，並非常誠懇的說：「如果你們在戰鬥中實在有困難，**朝鮮是你們最可靠的後方**。」

金日成親臨安東，為後來安東地區乃至整個南滿共黨政軍機關、部隊、後勤部門、部隊和家屬、傷患以及物資，即時向朝鮮境內安全轉移，奠定了堅實基礎。一九四六年十月十九日，十萬國民黨軍分左、中、右三路，向包括安東在內的遼東解放區進攻。在這種情況下，**安東共黨政軍按照事先制定好的計畫，從容的經朝鮮境內，轉移至長白山區根據地**，同時將後勤物資、家屬和傷患等移到朝鮮境內。

當時安東省委、省政府的物資和人員，向朝鮮轉移的途徑主要有三條：一是經安東鴨綠江國際大橋向朝鮮新義州轉移；二是經中國太平哨口岸向朝鮮必古丹轉移；三是經中國喇咕哨口岸向朝鮮清水轉移。據統計，有近十萬人撤退到朝鮮，或借道朝鮮進入長白山區。

通化戰略大轉移，也借道朝鮮

通化是南滿的重要城市，其戰略大轉移是分東西兩路展開的。東路由通化市縣委書記劉克剛、公安局長張矗、組織部副部長張英等，率領縣市委機關、群眾團體組織和部分武裝，以及通化縣東部和北部的各區幹部，由銀廠子向市外轉移，活動於通化縣東部、北部以及臨江縣境內，主要任務是組織戰勤工作和糧秣物資的運輸。

---

85 蕭華，東滿人民自衛軍司令員兼政委。一九四六年一月，任東北民主聯軍遼東軍區司令員兼政委和中共遼東省委書記。

西路由通化市縣長張從周、市縣大隊大隊長張福壽、宣傳部長趙超等，率領市縣政府機關和通化縣西部、南部各區幹部，撤出通化後，在通化縣南部、西部和輯安縣境內活動，進行敵後農運，清剿還鄉團（地主被沒收土地，組成武力與中共對抗），開展敵後游擊戰。西路的後勤物資則轉移到朝鮮的楚山保存。

後方司令部直屬供給處其實就是瀋陽造幣廠。造幣廠一九四六年五月初，從通化南遷到中朝邊境城鎮輯安，八月九日夜間再次轉移。由十二節車廂組成的列車，從輯安出境到朝鮮滿浦，到八月下旬，才從朝鮮邊境城市南陽進入中國圖們。至九月，造幣廠到達最終目的地——北滿的佳木斯。

于志敏當時是遼東軍區機要員，通化撤退時她奉命回山東要幹部。當她領著十五名幹部返回大連時，通化已經被國民黨軍占領了。恰好此時遼東貿易局租用了一艘兵艦從大連到朝鮮，于志敏一行人便隨同這艘兵艦開往朝鮮。當時兵艦上還載著一千多名從山東來的八路軍官兵，是借道朝鮮到南滿的。兵艦從大連開到朝鮮西岸港口城市南浦，于志敏一行再從南浦改乘卡車，來到中朝邊境城市滿浦、中江，然後過橋回到臨江遼東軍區機關。

輯安縣撤退到朝鮮滿浦的主要單位有縣黨政機關、通化派往輯安的土改教導團、輯安兵工廠、遼東省貿稅管理局、野戰醫院、李紅光支隊後勤部、大眾合作社系統和縣醫院等單位，還有老弱病殘人員和重要物資。

臨江縣黨政機關的檔案、糧食等物資都運過了鴨綠江，嬰兒、孕婦及重傷患也在朝鮮境內安置。臨江縣委宣傳部副部長江帆，分工去韋沙河區三道溝村，安排縣委機關的老弱婦孺向朝鮮撤退。

紅土崖是臨江的西大門，在「一保臨江」[86]戰役中，國民黨軍向紅土崖進攻，共軍三縱七師在肖家崗防守。戰場傷患在此稍加調治，就立即轉移到臨江。傷勢較輕的，由臨江向長白、撫松等地疏散，一部分轉移到朝鮮境內。

輯安兵工廠將機器設備、原材料和滯留在輯安火車站的車輛，經鴨綠江國際大橋移向對岸朝鮮的滿浦。人員則從冰面上過江，然後借道朝鮮近入延邊地區的琿春。一九四六年三月一日在通化成立的東北民主聯軍航空學校，是新中國空軍的搖籃，成立不久，國民黨軍隊即向通化逼近，東北民主聯軍總部決定將通化航校移至北滿。當時航校能飛的飛機，由日軍留用人員林保毅（林彌一郎），率領日本飛行員實行空中轉港，順利完成向北滿解放區轉移的任務。還有二十八架不能飛的飛機，連同其他航空物資，拆卸裝箱後，由歐陽翼率領通過陸路經由朝鮮移向北滿。

東北戰爭的物資運籌與轉運中心

在整個東北戰爭期間，除安東和通化有大批物資借道朝鮮轉移外，共軍還有大批軍用物資和

[86] 一九四六年至四七年，東北民主聯軍的三、四縱隊和遼南獨立一師、遼寧軍區獨立二師、安東獨立三師以及南滿地區廣大人民群眾，在極其艱苦的條件下，經過一百零八天的浴血奮戰，先後四次打退了國民黨軍隊，稱為「四保臨江」戰役。此處指的是一九四六年十二月的第一場戰役。

貿易物資，藉朝鮮四條水陸通道，源源不斷的在南滿和北滿之間、關內與關外之間、國際和國內之間運進運出。

國共內戰期間，中共中央還在香港成立華潤公司，租用蘇俄的阿爾丹號貨輪和波爾塔瓦號貨輪，借道朝鮮東海和南海，以及停靠朝鮮清津港和羅津港，將北滿的大豆等土特產運送到香港售出，然後再向北滿運回共軍急需的物資。

共軍還曾從山東俚島向大連運送物資。雖然大連和俚島之間是直線航路，但由於當時煙臺、青島、威海衛等重要港口，都被國民黨軍占領，如果走直線航路，運輸軍用物資的船隊，極有可能遭到國民黨軍隊海上和空中的圍追堵截。因此共軍運輸部門與朝鮮商定，**凡在俚島和大連之間來往的共軍運輸船隻，都先航行到朝鮮某個港口**，再從朝鮮港口航行到大連或山東俚島，使國民黨海軍和空軍誤以為船隻是朝鮮的，不得攻擊。

一九四六年十月，晉察冀中央局在大連設立辦事機構，目的是從東北解放區過渤海灣向華北轉運軍火，支援華北的戰爭。**這些軍火的運輸路線是，先由火車從北滿運到朝鮮東岸，再租蘇俄輪船從朝鮮運至山東煙臺**；也有一部分軍火是先運到朝鮮西岸，再從南浦港裝船運回大連，然後用華東辦事處的船運到山東口岸。

一九四七年春，長白縣因從南滿各地撤退來的人員過多，導致糧食吃緊。為此，縣領導第三次到北滿要求調撥糧食。東北局在延吉批了四百噸糧食後，在圖們辦事處辦理了出境手續，然後借道朝鮮鐵路，把糧食運回長白縣城，解決了燃眉之急。當時東北局調撥給大連的一些救命糧，也是借道朝鮮向大連運送的。

夏季戰役期間，東北鐵路軍的運輸部門還完成了蘇俄借道朝鮮援助中共物資的進口轉運任務。一九四七年六月二十日，東北民主聯軍政治部副主任周恒，率領哈爾濱鐵路局軍運室主任廖列前、董波等七人，赴圖們接運蘇俄經朝鮮援助的武器彈藥和軍工機械。七月一日開始從朝鮮南陽接運，每天兩列車，至九月末共接運分配兩千八百多車廂。

由於朝鮮這四條水陸交通線，北滿的糧食和煤炭，大連的食鹽、布匹、醫藥和醫療器械以及工業原料等，在東北戰爭期間得以充分交流。據當年東北局駐平壤辦事處提供的有據可查的資料：僅一九四七年前七個月，就經朝鮮轉運了二十一萬噸物資，一九四八全年，過境物資多達三十．九萬噸。

從炸藥到雨鞋，朝鮮支援無所不包

日本殖民朝鮮三十六年，並且把朝鮮作為侵華戰爭的跳板和戰略基地，所以日軍在朝鮮建有很多軍火庫。日本投降後，這些軍火庫中的武器彈藥，除一部分用於武裝朝鮮人民軍外，剩餘的均被當時占領朝鮮的蘇俄紅軍看管。

據朝鮮內閣資料顯示：陳雲和蕭勁光到朝鮮期間，曾經請求朝鮮提供武器支援，金日成決定向東北民主聯軍提供十萬槍枝武器，並且委派中央警衛團團長姜尚浩親自押運送到中國。東北民主聯軍方面負責接收的是黃玉清，他在回憶錄《高尚的革命道義》中記載了接收武器的經過；時任圖們辦事處外事參謀的姜煥周，在其回憶錄中也有相關描述。

此外，朝鮮還曾支援東北民主聯軍大量的黃色炸藥，皆是由朝鮮咸興興南化肥廠生產。中華人民共和國成立之後，周恩來總理訪問朝鮮時，專門來到咸興化肥廠表示感謝。朝鮮則在廠區內建起了周恩來銅像，這是朝鮮境內唯一一座外國領導人的銅像。

有關資料顯示，在東北戰爭期間，朝鮮還支援了東北民主聯軍生產武器的各種原料，如銅、鉛、鋅等有色金屬，以及雷管、導火線、硝酸、丙酮和膠鞋等。

一九四六年三月，東北民主聯軍吉東軍分區的部隊軍服配發遇到困難，當司令員姜信泰和政委唐天際寫信向朝鮮求援時，金日成慷慨應允，不但提供了可做一萬套軍裝的一千匹上好布料，還有一千套成衣軍裝和一車廂藥品，這在當時是個不小的數目。

當年，朱理治在寫給中共中央的《兩年來對朝鮮外交工作總結及今後任務》中，將朝鮮支援中國東北物資綜合統計為：「配合總部及南滿來的同志，向北朝鮮索取和購買的作戰物資，先後從北朝鮮獲得了兩千多車皮武器彈藥。」

朝鮮還應東北民主聯軍的要求，支援過雨鞋、紙張和印刷材料等。

朝鮮支援中國東北的電力，則在通化和安東兩地。一九四六年十月，通化民主政府進行戰略轉移時，為了不讓敵人占有電力資源，忍痛炸毀了通化的發電和送電設施。通化黨政軍機關和部隊撤到臨江之後，從朝鮮的後倉接電，從而確保了臨江根據地的用電。一九四七年五月二十二日，通化第二次解放後，中方請求朝鮮再次提供臨時電源，長達一年之久。

在戰爭期間，朝鮮除了無償向共軍提供各種物資援助外，還積極開展貿易。金日成非常重視中朝貿易，他以朝鮮臨時人民委員會的名義下達指令，朝鮮的各級機關要協力幫助與中國東北民主聯軍的貿易，並以友誼的態度配合。

當時東北向朝鮮出口的主要物資是：糧食、大豆和雙鴨山的焦炭、鶴崗的煤及民用品。朝方向中國東北出口的物資，主要是軍用的硫酸、硝酸、甘油和炸藥等，還有無煙煤、水產品、磁粉、食鹽、蘋果、海魚、棉布、碳素、工字鋼、高速工字鋼、水泥等。

除了東北中共與朝鮮做貿易外，華北局的山東當時也與朝鮮做貿易。在整個東北國共戰爭期間，中方與朝方之間的貿易總額，學者吳戈曾經做過統計：中方對朝貿易輸出品總額（折合東北流通券）二·四六八四億元，輸入品總額三·六五二六億元。

此外，戰爭期間，中朝雙方還本著友好合作、平等互利的原則，充分協商，先後簽訂了《鴨綠江共同航行協定》、《中國使用水豐電廠電力協議》以及《兩國通郵通電》等二十幾項協定，保障雙方貿易活動的長期、有序發展。

朝鮮軍援是美國十倍！

東北國共內戰期間，生活和戰鬥在東北的朝鮮人，主要包括四部分：

一是從蘇俄遠東紅軍步兵獨立第八十八國際教導旅（也稱抗聯教導旅）派到東北的朝鮮人官兵，如姜信泰、朴洛權和崔光等；二是已經回國又被金日成派到中國東北，幫助中共工作的原抗聯的朝鮮同志，如林春秋等；三是從延安和關內各地挺進到東北的朝鮮義勇軍；四是生活在東北的廣大朝鮮居民。

以上朝鮮人中，很多加入了東北民主聯軍，直接參加了中共解放東北乃至解放全中國的戰鬥。周保中將軍曾經在一九四七年做過統計：參加東北民主聯軍正規部隊的朝鮮人有十二萬人，加上參加地方部隊的朝鮮人，先後共有二十五萬。

這些由朝鮮人組成的部隊，是在特殊的歷史環境下建立出的，既有國際性又有民族性的戰鬥部隊。他們立場堅定，作戰勇敢。在國共兩黨的鬥爭中，很少有被國民黨策反的。延邊學者姚作起曾經舉例說明：**中共磐石縣大隊共三個連，其中兩個連由朝鮮人組成**。一九四六年五月底，縣委率領縣大隊撤退至細林區大黑崴子時，漢族連發生動搖，縣委當即依靠兩個朝鮮連將其繳械。

朝鮮人部隊在東北戰爭中的戰鬥任務和歷史作用，可分為七項：配合蘇俄紅軍接收日偽政權；維持地方社會治安，鎮壓反革命暴亂；開展建黨工作；開展建軍工作；宣傳黨的民族政策，培養民族幹部；清剿土匪；參加東北中共解放戰爭。

很多地方部隊在戰爭中升級為民主聯軍主力部隊，直接參加了「三下江南，四保臨江」戰役、解放長春戰役、四平戰役、遼西戰役等重要戰役。朝鮮官兵以其英勇善戰和不怕犧牲的精神，成為解放東北的骨幹力量，很多朝鮮人部隊還進關南下，參加了全國的解放戰爭。

當中主要參戰部隊，是以朝鮮官兵為主的**第四野戰軍四十三軍一五六師。這是一支朝鮮人和中國人混編的部隊，朝鮮人占大多數**。一五六師從喜峰口入關，參加平津會戰；再從河北省馬頭鎮出發南下，參加強渡長江戰役；然後戰大冶、陽信，解放江西武寧縣城，會師南昌城下，參加江西剿匪。在戰爭中可謂功勳卓著，出現很多英雄集體和三千多名英雄人物。在江西首屆群英會上，一五六師許多官兵被授予「人民英雄」稱號，其中一半以上是朝鮮官兵。許多在東北戰爭中的英雄事蹟，至今仍在傳揚。

一九四九至一九五〇年，根據國際、國內形勢以及朝鮮黨的要求，**中國決定將編制在中國人民解放軍戰鬥序列中的三個朝鮮師送回國，他們分別是一五六師、一六四師和一六六師**。在這批回國的朝鮮官兵中，立過大功者有兩千多人，由東北軍區或由東北人民野戰軍總部授予個人英雄稱號的有一百多人，而且八〇％是中共黨員。

送三個朝鮮師回國，也是中朝兩國互相支援的生動例證。他們在中國有豐富的作戰經驗，是經歷了長期戰火考驗的虎狼之師。這支強有力的武裝力量，加入朝鮮人民軍序列，保證了在朝鮮戰爭開始北、南單獨對陣階段，朝鮮能夠在短短三個月裡取得決定性的勝利。

小結：不算其他的援助，僅在軍事層面，朝鮮就援助中共兩千多節車廂軍火（部分蘇俄提供），一車廂標準運載量是六十噸，就算當時車廂載重量小一些，也是**十萬噸左右的軍火。對比國民黨政府在內戰期間，總共從美國拿到的不足萬噸的軍火，這就是十：一的絕對優勢。另外還有二十五萬朝鮮族人民直接參加東野（東北野戰軍）**，即使是東野全盛時期，這個數量也占到東野總兵力的四分之一。

東野能夠在短短三年內，發展成對東北國軍壓倒性的力量，可說朝鮮援助功不可沒。

第十九章 聯合國援助中共，美國買單，國民黨出運費

很多讀者可能都不清楚，在國共內戰期間，解放區獲得了大量聯合國的物資援助。這些援助雖然頂著聯合國的名義，實際上主要是美國佬在買單，所以，可以認為國共內戰期間，美國對共產黨軍隊同樣給予了大量的援助。更詭異的是，為了將援助物資從國外運進解放區，國民黨還補貼了高額的運費！

歷史就是如此弔詭

一九四七年五月二十八日，風雨交加，山東半島外的海面上波濤洶湧，十幾艘帆船徘徊在小清河口附近，一不打漁，二不進港避風，似乎在等待什麼，船上的人個個翹首遠望，他們當中既有八路軍幹部，還有兩名身穿中山裝的國民黨文官。忽然，人群中發出一聲驚呼：「船來了！」於是，大家一齊往東北方望去，果然遠遠看到有一團很大的黑沉沉的東西，像個小村莊似的漸漸出現在茫茫風雨之中。

由上海開來的美齡號登陸艇，終於抵達羊角溝，風雨無阻的給解放區運來大量毛料、睡袋、

蚊帳、服裝、罐頭、奶粉、餅乾、糖果，以及當時市面上緊缺的魚肝油、盤尼西林、金雞納霜等藥品，甚至還有兩輛美製吉普車和幾桶汽油。美製小吉普卸下之後，一輛留在當地，一輛則由當地的渤海區黨委，送給了中共中央副主席劉少奇。

幾天以後，又來了一艘登陸艇，送來三十七部十輪大卡車，膠東軍區後勤部派了四十多名駕駛員去接車，這些車雖是二次世界大戰期間，從美軍退役的剩餘物資，但都還能用，對解放軍簡直是雪中送炭，因為組建不久的華東野戰軍炮兵縱隊，正急需載重車輛補充。

關於解放區獲得的救濟物資，我們只能從零星的史料中管中窺豹。例如，曾任華野十三縱司令員的周志堅，在回憶錄中寫道：聯合國救濟總署救援山東的物資，一直存放在倉庫裡，一九四七年九月，膠東戰役期間，十三縱領到一批毛毯，每匹馬還發了兩條，墊到鞍子下。

《晉冀魯豫邊區交通史》記載：一九四七年，晉冀魯豫邊區派工作組前往羊角溝接受救濟物資，計有汽車五十餘輛，接回後交部隊使用。又據親歷者回憶：中原突圍前，運往宣化店的幾千噸麵粉和救濟物資，因為**事先只顧部隊的需要，打張小領條，就拿走了**，事後到分署結帳時，卻有幾千噸物資還懸在帳上。那些第×分隊第×小隊的領條，也沒有一個圖章，根本不能報銷。怎麼辦？只好做假帳，搞了一個多月才完事。

史料中較為透徹的，當數《中國解放區救濟總會山東分會兩年來工作總結報告》，該報告稱：「大部物資均用於支前或軍工建設，對於自衛戰爭實起了相當作用。」又披露：一九四六年十月至一九四七年二月，僅部分麵粉因轉運物資，用作以工代賑，發給群眾，醫藥器材、營養品等仍統撥衛生局，按軍衛及地方醫院實際需要，按比例分配。此後，華東局決定一切物資可以作為財政收入者，統作財政收入，並各交有關部門接收處理。本會當依此原則分別執行。」呢絨、布匹、毯子等類撥交財辦，由工商局負責接收，工農器材全部交實業廳接收，醫藥器材交衛生局及衛生部接收，麵粉、糧食等交糧食局接收，軍服、工服等交軍供給部接收，少數福利物資交濱海專署接收，分發群眾。

那麼，**國民黨為什麼要援助解放區呢**？事情的起因，首先得從聯合國說起。日本帝國主義的侵華戰爭，給中國人民造成深重災難，許多城市化為廢墟，交通和農田水利設施破壞慘重，三千萬難民流離失所，數以百萬計的難民饑寒交迫，**第二次世界大戰勝利在望之時，聯合國善後救濟總署（以下簡稱聯總）決定提供中國五億美元的緊急救濟和善後修復**。

所謂救濟，為急賑性質，占總額的三分之一，著重於糧食、衣服、藥品、住所及難民還鄉；所謂善後，為建設性質，將工礦、水利、交通、電訊、醫院、學校等公共事業恢復到戰前水準，這方面的物資有火車、汽車、船舶、鐵軌、建材、木料、燃油以及各種工具和器材，份額約占總數的三分之二，國民政府因而於一九四五年一月一日成立行政院善後救濟總署（以下簡稱行總），負責接收和分配救濟款和救濟物資。

延安方面即時成立了中國解放區救濟總會（以下簡稱解總），當仁不讓的提出解放區人民同樣付出巨大犧牲，所以也應該同樣獲得物資救濟的要求，並作出承諾：「聯總、行總說明，救濟物資以人民為對象，不發給軍隊及政府機關，此為我軍隊政府向來一貫救濟人民之精神，自能一致。遵照延安救濟總會意旨，我各級救濟機關本身之費用，由政府協助或另行籌募，不支用救濟物資分文。」

耐人尋味的是對於中共的要求，美國居然表示支持，國民黨也沒有一口回絕，雙方針鋒相對的主要焦點始終是多與少，而不是有和無。正如行總自詡的那樣：「根據聯總決議，救濟對象，無種族宗教及政治信仰之別，凡遭受戰禍之地方及人民，均一視同仁。勝利之初，政協開幕，國共糾紛，正在協謀解決，舉國翹望復興有期，故內順輿情，外全國家信譽，對共區救濟，自應一秉大公，兼籌並顧；況共區人民，於抗戰期間，同被戰禍，期待救之情，正與其他區域相同，亦應在救濟之列。」

中華民國不僅參與創建了聯合國，而且還躋身於聯總的決策行列，成為聯總中央委員會的四國代表之一，並兼任聯總遠東區域委員會常任主席，在國際舞臺上莊重的簽署過一系列憲章和協定，包括絕不歧視任何不同種族、不同信仰的聯總決議，有了這份約束，那就應該有自覺的承擔起相應的責任和義務。

正是基於這種立場，一九四五年十二月，行政院善後救濟總署署長蔣廷黻[87]與周恩來經多次磋商，達成六項諒解：「救濟以確受戰事損失之地方與人民為對象；救濟不以種族宗教及政治信仰不同而有歧視；救濟物資之發放不經軍政機關而由人民團體協助辦理；**如行總人員及運載物資車船於進入共區被扣留時，則行總人員即自該區撤退**；行總人員不得過問共區地方行政；中共可派代表在共區協助行總人員辦理救濟工作。」

---

[87] 中華民國駐聯合國常任代表。

四個月以後，紅旗飄飄的煙臺港便迎來第一批登陸艇，大批物資隨之紛至遝來，或就地移交，或繼續轉運到其他共軍解放區。

即使是在雙方開打以後，屢戰屢敗的國民黨縱然心裡百般不願意，但顧忌自己的國際形象，仍繼續向中共提供救濟。從一九四六年六月底的內戰爆發，到一九四七年十月的停運為止，國民黨僅通過山東沿海港口，就向各解放區運送八萬餘噸救濟物資，光是在新開闢的石臼所港，就有八艘登陸艇運來五千餘噸物資。據統計，在聯合國給中國提供的兩百三十六萬噸救濟物資中，解放區總共得到約十萬噸物資，價值上千萬美元。

黃河氾濫？等我打贏你再說

物資分配自然不免有配額的爭議。中共代表就強調在受戰爭災害的人口中，有一半以上位於解放區，理應得到六〇％的救濟物資，而實際數額只占總數的二％，絕大部分都給了國統區，極不公平。

針對這一問題，蔣廷黻曾多次以人格作保證，絕無所謂歧視問題，「若謂本署進入中共控制區之物資，不及聯總到華物資之二％，誠為最大之誤會」，理由是像**機頭、車廂、鐵軌、船舶、推土機等大宗器材，是恢復交通和水利建設的，並不配予民間**。

一九四八年四月三十日，行總在報告善後救濟兩年來的工作時又解釋道：「和談正式決裂以前，中共控制區域，均在交通線外，故所需交通器材，顯屬次要；且三十五年年底以前，聯總運到物資，以糧食為大宗，約占全數三分之二，而當時共區則十九皆為糧產較豐之區域；雖水旱災情。亦有少數地點發生，然比之於湖南、廣東等省情形，實又不及；若平均分配，不但輕重倒置，抑且緩急不分，故三十三年度共區分配，就表面數字言之，似嫌較少，因而有三十五年七月聯總在華人員控訴行總成為政爭武器之事件發生。」

同時，關於救濟物資的爭論，還有一個「好與壞」的焦點，比如，解總曾多次指責國民黨總是把比較實用的、有價值的東西留給自己，而把他們不需要的給了解放區。《膠東解放區見聞錄》一書寫道：「如我看到的，**聯總的卡車把婦女穿的高跟鞋運了幾卡車到萊陽城，這些東西拿到農村毫無用處**，這是國民黨故意跟我們作對。」

除了多與少、好與壞以外，在黃河回歸故道的問題上，國共兩黨關於工期、搬遷、土方、經費等方面的爭吵也是糾纏不休。例如：由於以前的河床被開墾為村莊和農田，解總方面便提出每人補償十萬元、共計補償四百億元的要求，而行總方面則認為需要搬遷的人口沒有那麼多，只同意支付一百五十億元，於是以周恩來為首的解放區代表以不妥協、不退讓的態度，堅持反對引黃歸故，並強烈譴責國民黨修復黃河的罪惡目的就是以水代兵，蓄意淹斃七百萬解放區人民。

鑑於黃河汛期的迫近，復堤工程刻不容緩，聯總於一九四七年六月十九日致函國民政府，要求簽訂「君子協定」，於近日內沿黃河兩側大堤各五英里中止軍事行動，在六月下旬到七月底，保證不阻攔人員和物資進行復堤工作，並立即提供額外的緊急供應和財政援助。南京當局則表示，如果中共方面接受停火建議，國民黨方面則不成問題。於是，聯總很高興，又希望與中共方面達成君子協定，也命令沿河停戰，全力保護施工人員和物資的安全。

然而，周恩來於六月二十六日發給解總代表的密電卻是：「**關於黃河下游修堤問題，顯然是要阻止我軍渡河南下**，如我拒絕此項要求，則蔣介石便可於夏汛時決堤淹我解放區人民，妨礙我黃河兩岸作戰交通……**現我方應暫置之不理，勿與談判**，以觀變化。」

四天以後，劉鄧（劉伯承、鄧小平）大軍便強渡黃河，揭開了戰略進攻的序幕，國民黨隨即於一九四七年七月八日開始，對解放區實施全面禁運，接著聯總又無奈宣布暫停北緯三十四度線（即大致位於許昌、淮北、宿遷一線）以北地區的救濟活動。

共產黨鑽漏洞，國民政府開綠燈

縱觀解放區的救濟工作全過程，風波不斷，一再發生不愉快的事件，甚至刀槍相見。國共黨爭，從本質上講，就是兩個階級、兩種前途的大決戰，當事人也非聖賢，必然影響人道主義事業的正常進行，有趣的是，當國共雙方為救濟物資發生爭議時，一般都是國民黨退讓妥協。

這倒不是國民黨為了救濟難民而忍辱負重，而是聯合國的物資絕大部分是國民黨拿到，一旦雙方爭執不下，讓聯總暫停提供救濟物資，損失最大的還是國民黨當局。所以，出於自身利益的考慮，對於發放解放區的救濟物資一般都能大開綠燈。

一九四六年六月三日，行總接到青島分署的請示報告，要求必須持有當時國軍軍統首腦鄭介民的簽證，救濟物資才能放行解放區，電文如下：

行政院善後救濟總署署長蔣鈞鑒：案准青島警備司令部三十五年五月三十一日參三字第三一六號代電內開：「頃奉第二綏靖區司令官王辰筱辰二文電，轉准軍調部鄭委員辰寒執行一直電開，**共軍近來利用國際善後救濟總署輸送救濟各方及調處之機會，常假借執行部名義運送物資至共軍占領區**，而共軍對於流入我區物資，則嚴密封鎖，嗣後凡往共軍占領區之物資車輛，須持有本部鄭委員簽字之證明文件，方准執行。凡由共軍占領區進入我區者，亦同樣辦理飭即遵辦等因。除飭屬遵照外，相應電請貴署長諒察並婉為轉達聯總駐青專員。此後，如有運送共軍占領區之物資至希查照，上項手續辦理為荷。」

這也就是說，第二綏靖區司令官王耀武對共軍鑽漏洞很不爽，希望加強管理，請正在參與國共和談的鄭介民把好最後一道關。然而，行總方面卻很強硬，於六月二十八日發出這樣的指令：「運往任何地區之救濟物資，業奉行政院令准，經軍事委員會通令全國部隊放行，且依照國際協定亦應放行，本署未便接受任何簽證，仰即婉複轉知。」

同一時間內，黃百韜的第二十五軍又扣下運往蘇北解放區的救濟物資，周恩來致電蔣廷黻，「請望飛速放行為禱」。於是，學者出身的蔣署長也很客氣，復函稱：「周恩來先生大鑑：運淮陰物資已代電二十五軍，請即放行。」

當然，黃百韜此舉沒有任何藉口，純屬無理取鬧，不過，對於那些「有理取鬧」的事情，國民黨也沒有借題發揮，殃及其他。一九四七年陽春三月，一條長長的船隊從天津出發，沿運河直發解放區的泊頭重鎮，不幸在滄州被查出地下黨夾帶的火堿、印鈔紙等違禁品，國民黨河北省主席孫連仲只是把違禁品封存待查，運單以內的四千五百噸救濟物資全數放行。

一九四八年三月，由於前線軍事形勢不利，蔣介石開始翻臉了。他指示國民黨當局對解總工作製造障礙，在國民黨的阻撓下，聯總終於停止了給解放區提供物資。

第二十章 外援對國共內戰的影響

蘇俄與朝鮮對中共的援助，不僅遠遠超過國民黨政府獲得的外援，更重要的是，如果沒有這些外援，中共不可能在短短兩年時間內，從一百二十萬人的軍隊，膨脹到三百萬人的大軍。即使中共依靠強大的組織動員能力能動員出足夠的人力，但是以當時薄弱的軍事工業，也不可能武裝並支撐數百萬規模軍隊的作戰。

以作戰最頻繁的山東解放區為例

據《山東人民支援解放戰爭史》記載，抗戰勝利後，隨著解放區的擴大，山東解放區兵工生產也急劇擴大，但是內戰爆發後，國民黨對山東先後實施全面進攻與重點進攻，山東軍工生產受到很大影響。一九四七年九月，國民黨重點進攻被粉碎後，山東軍工生產才得以恢復發展。到一九四八年七月，山東解放區已有二十六個兵工廠，職工一．二萬人。但是，由於工業基礎實在薄弱，所以即使在山東兵工廠最鼎盛時期，其供應前線的軍火也十分有限。

山東軍工生產是合併了華中兵工產業的體系，其兵工產品前期供應山野與華中野戰軍，後期山野與華中野戰軍合併為華東野戰軍後，則主要供應華東野戰軍作戰。從表20－1和表20－2可以看出，加上繳獲，其供應子彈不過三千萬發，炸藥不到兩百噸。而無論是前期還是後期，其人員長期保持三十萬到四十五萬人的編制（另外華東地方軍區部隊還長期保持三十萬人以上的規模），**以這麼一點軍火，人均子彈不過三十來發，也許幾次戰役就要消耗乾淨**。從表20－3可以看出，僅僅七次戰役就已經消耗三千萬發子彈，而在徐蚌會戰前，華野打了幾十場戰役，這些戰役中固然有很多勝仗，但是敗仗、消耗仗也不少。規模比較大的敗仗包括泗縣戰役、淮陰戰役、漣水戰役、土山集戰役、丁里長戰役、帝丘店之戰等，華野一九四七年七月分兵後絕大部分都是消耗戰。僅靠一些勝仗的繳獲，要補充這些敗仗與消耗戰的損耗是遠遠不夠的。

所以，以山東軍工體系遠遠不足以支撐華東野戰軍三年戰爭中的巨大軍火消耗。那麼，其軍火缺口部分是哪裡來的？**只能是東北給予的支援**。

表20-1 1948～1949年山東供應前方軍火統計表

品名	單位	數量	備註
子彈	發	9737468	
迫擊砲彈	發	2493677	
鋼砲彈	發	17972	
手榴彈	枚	593448	
炸藥	斤	92868	
信號彈	發	9568888	
炮	門	677	包括迫擊砲

表20-2　部分戰役中共繳獲彈藥統計表

品名	單位	萊蕪戰役	孟良崮戰役	津浦路戰役	濟南戰役	合計
砲	門	414	277	302	892	1885
槍枝	支	17569	10815	27899	53268	109541
砲彈	萬發	2.6	0.7	9.5	55.6	68.4
子彈	萬發	264	208	519	1121	2112
手榴彈	萬發	20.8		1.6		22.4
炸藥	噸				139	139

表20-3　戰爭時期山東部分戰役彈藥消耗表

戰役	砲彈（萬發）	子彈（萬發）	手榴彈（萬枚）	炸藥（噸）
魯南戰役	0.6	31	0.8	
萊蕪戰役	1.2	130.4	3.4	
孟良崮戰役	3.4	200	3	
南麻戰役	4.5	213	5.7	2
濰縣戰役	3.9	76.4	2.5	3
濟南戰役	7.4	320	8.7	20
徐蚌會戰	72	2060	40	66
合計	93	3030	64.1	91

資料來源：王東溟：《山東人民支援解放戰爭史》，山東人民出版社年版。

據國防大學徐焰少將在《解放戰爭中蘇俄給了中共多少武器援助？》中的介紹，一九四六年夏季，通過海路運向山東的武器共有二萬支槍和兩千萬發子彈。毛澤東專電規定一半給山東區，三五％給晉冀魯豫區，其餘轉交晉綏區。全面內戰爆發後，劉伯承、鄧小平在向中央報告戰況的電文中也說明，殲敵一個旅大約需消耗子彈二十萬發，主要是靠東北轉運而來。

據《論山東人民支援解放戰爭的經濟基礎》記載，膠東軍區海防辦事處僅一九四七年六月～一九四八年六月，一年就從東北運輸了五萬九千五百零六噸物資，其中絕大部分都是軍火。

正是因為東北對山東源源不斷的輸血，華野才能在頻繁殘酷的戰爭中越打越強（內戰爆發時，山野與華中野戰軍共二十七萬人，徐蚌會戰時已經達到四十八萬人），所以，當膠東解放區短暫淪陷時，華野進入最艱難、最黑暗的時期。原因無他——脖子被卡住了。

反觀國民黨政府，空有中央大義名分，但是外交辦得一塌糊塗。除了接收日偽資產軍火發了一筆橫財，對美、英、蘇的外交都乏善可陳。當中共從朝鮮獲得十萬噸軍火，從蘇俄得到大量武器裝備以及其他物資時，國民黨政府僅僅從美國獲得不足萬噸軍火。甚至在國共內戰最關鍵的一九四六到一九四八年，還遭遇國際社會的武器禁運。

如果說中共的糧本位經濟結構，完勝國民黨政府以金銀外匯為基礎的銀本位經濟結構，那麼，中共獲得的遠超國民黨政府外援軍火，是中共最終獲得勝利的另一個重要的砝碼。

軍事篇

一九四六年內戰開始，國軍在東北打贏四平之役，
傅作義在華北對共軍全勝。
甚至到一九四七年，國軍雖兵力居弱勢，
依然能收復膠東半島，險些將解放軍趕到海裡。
然而局勢出現變化，小三大戰役過後，
國軍氣數已盡，終於失去大陸。

第二十一章

國民政府沒錢，打贏了也守不住

戰爭是綜合實力的比拼，其中經濟與財政實力更是分量最重的砝碼。研究國共內戰史，就不能不注意後方經濟狀況變化對前線軍事形勢的影響。事實證明，國民黨政府日益惡化的經濟形勢，對前線軍事局勢有致命的影響。

內戰爆發時，國民黨政府軍事力量四百三十萬人，而中共僅有一百二十七萬人。表面上國民黨政府占據絕對優勢。但是，**內戰一爆發，國民黨政府到了十月最高峰時期，投入進攻的部隊**也不過四十三個師一百一十七個旅，**約占總兵力的五〇％！**也就是說，投入的力量大致是正規部隊一百萬人，加上空軍、後勤，也不過一百五十萬人。

這種力量上的不足，除了組織效率低下導致動員能力差以外，另一個重要的原因，還是財政上的窘迫。

一九四六到四九年國共內戰中，國民黨政府，大多數時期都保持著三百萬到四百萬人左右的軍事力量，但是真正投入到前線的作戰部隊只有一百萬人左右。雖然前線處處感覺兵力不足，但也只能靠拆東牆補西牆來維持。但原因並不是兵源已經衰竭，即使在淮海戰役最危急的時刻，在華中剿總、南方也有大量現役部隊沒有調動。根本原因還是財政窘迫，導致力量很難全部發揮。

因為調動軍隊，馬上就要涉及編制完善、軍餉發放、糧食設備、交通運輸，處處都要花錢，而**維持一百多萬人的軍隊在前線作戰，已經是當時國民黨政府財政上的極限**。因為財政上的窘迫，國軍一線部隊的待遇之低可謂世界罕見。一九四六年蔣介石在整軍會議上指出：「我們的軍隊，除內容空虛、名實不副之外，還有一個最大的缺點，就是待遇太低、生活太苦。現在一般下級官兵的生活，真是到了水準線以下，大多數的士兵吃不飽穿不暖，以致面黃肌瘦。」一九四八年擔任國防部長的何應欽，宣稱他的首要任務是要從上到下恢復部隊的士氣，他說：「缺吃少穿的人是不能戰鬥的。」

但就算是維持這樣的待遇，國民黨政府財政也不堪重負。一九四八年，新任財政部長王雲五就曾經哀嘆：公庫收入僅及支出的五%。物價飛漲，支出龐大，全靠發新票支持。軍事開支所占比重極大，僅東北軍費已占支出總額四〇%。

當時國民黨政府的負擔極大，除了軍費，還有大量的公務員及幾百個城市的人口的包袱。所以，一九四六～一九四七年，軍費開支到了支出比重的五五%～六〇%，已經是財政上的極限，還勉強靠印鈔維持。而一九四八年一到七月，因為前

表21-1　國民黨政府軍費支出占財政支出比重（1946～1948年8月）

時間	軍費占歲出比重
1946	59.9
1947	54.8
1948（1～8月）	68.5

資料來源：張公權：《中國通貨膨脹史（1937～1949）》，中國文史出版社年版。

線戰事危急，軍費開支遽然增加到六八．五%，這樣的比重印鈔也無法維持了，只能強制推行金圓券幣制改革。

反觀中共，解放區財政支出中，軍費開支最多可以達到九〇%，同時還可以做到經濟平穩、物價穩定。

所以，為什麼國民黨政府在一九四六年軍事上節節勝利，到了一九四七年要調整策略，改為重點進攻，根本原因還是壓縮軍費開支，讓不堪重負的財政喘口氣。財政上的窘迫，不僅影響前線軍事策略，而且前線作戰損耗無法及時補充，使雙方的軍事力量出現顛覆性的逆轉。

內戰之初，雙方軍事力量是四百三十萬人vs一百二十七萬人。一九四六到一九四八年（三大戰役前），戰事上雙方互有勝敗，即使解放軍勝仗多一點，但是殺敵一千自損八百，雙方力量的損失應該不會有太大的差別。但是，雙方軍事力量的變化，卻是顛覆性的。**三大戰役前，國軍力量從四百三十萬人劇減到兩百八十萬人，淨減少一百五十萬人；而解放軍卻從一百二十七萬人增長到三百萬人**，淨增加一百七十萬人。雙方軍力出現三百二十萬人的巨大變化！

這一方面說明中共體制有優勢，不僅能補充戰事損耗，還能實現軍事力量的增長；而國民黨政府連戰場損耗都無法補充。國統區人口三億多，人力資源完全不成問題；而軍火方面，一九四八年前由於接受日軍投降軍火，仍有足夠庫存。人不缺，軍火也不缺，卻因為財政窘迫導致前線兵力不足，很多作戰獲得的成果只能白白丟失。

一九四七年，國民黨發動重點進攻時制定了三大目標：占領中共政治中心延安、軍事根據地沂蒙山、交通補給根據地膠東解放區。不久，胡宗南占領延安，國軍在南麻、臨朐戰役擊敗華野，占領沂蒙山根據地，范漢傑接著又占領膠東解放區，**三大目標全部實現**。華野轉入外線與中野並肩作戰，**但因為兵力不足**，國軍只能抽調山東的兵力到中原救急，剛剛占領的沂蒙山解放區、膠東**解放區很快就被解放軍收復**，國軍傾全國之力辛辛苦苦獲得的戰果，全部丟失。

所以，戰爭絕對是綜合實力的比拼，若沒有足夠的綜合實力（尤其是經濟實力）為後盾，再輝煌的軍事勝利，也不過是曇花一現。

第二十二章

怎麼從贏打到輸？軍力與戰略揭密

從宏觀的層面來看，戰爭可謂是雙方綜合實力的比拼，世界歷史上絕大多數戰爭勝負，取決於哪方資源枯竭、越打越弱，直至失敗。少數例子則是某方通過謀略策劃及軍事技術的創新，迅速擊敗對方主力，使對手還沒能動員起資源力量就已經失敗。

所以，戰爭的勝負只有兩個途徑：或者在宏觀上、資源實力上全面壓倒對手，或者微觀上殲滅對方主力。除此之外，士兵、軍需都可以說是消耗品，在資源沒枯竭之前，消耗品都還可以補充的。但是，要實現戰爭勝利的兩個途徑，有個重要關鍵，就是戰爭的主動權。掌握戰爭主動權的一方，不僅可以預選對自己有利的戰場，還可以選擇有利時機發動主力會戰，更重要的是，掌握戰爭主動權的一方，可以在同等情況下，加劇對手資源的消耗。

戰爭主動權的重要性，可以用一個簡單的博弈模型來說明。

假設甲乙雙方，甲方主守，有A、B兩個方向需要防守，乙方主攻，可以任意選擇A、B兩個方向進攻。甲方部隊有三個師布防，乙方只有一個師進攻，基本規則是，師級部隊不准拆分，甲乙在同一戰場相遇，兵力相同時判定乙方獲勝（進攻有利的原則），甲方兵力大於乙方時，則甲方獲勝。

從這個模型可以推導出，不管甲方怎樣設防，乙方都有五〇%以上的勝率。為什麼甲方兵力是乙方的三倍，卻只能有五〇%以下的勝率？就是因為乙方負責進攻，並有選擇進攻方向的權利，這在戰爭中就是乙方掌握了戰爭主動權。

同樣，我們也可以看到，**沒掌握戰爭主動權的甲方，要維持三倍於乙方的兵力，才能勉強獲得五〇%的勝率**，那麼甲方對資源的消耗將遠大於乙方。

下面我們來分析國共雙方軍隊的優劣勢。

在一九四六年，國軍在裝備訓練上有優勢，中層軍官（營、團、旅）大都經過軍校培訓，軍事素養上高於解放軍。經過抗戰的歷練，國軍在正規戰中的作戰能力強於解放軍。國軍也有缺點，比如攻擊精神較差，守強攻弱。另外，**因為裁軍的影響（國防部參謀總長陳誠利用裁軍大肆兼併異己），加上內部派系林立，導致國軍在不同系統部隊作戰時，協同能力非常差。在一九四六到一九四八年初，國軍大致掌握著戰略層面的主動權**，即國軍可以選擇進攻方向以及投放軍隊的規模。

解放軍在裝備訓練上居於劣勢，抗戰勝利時，部隊剛剛完成野戰部隊的編組，對正規戰還不適應。但是戰爭主要在解放區展開，**解放軍後勤組織較具優勢，另外就是在情報層面有壓倒性優勢**——戰役情報靠無孔不入的中共間諜探得。所以戰爭是在雙方情報嚴重不對稱的情況下展開的，國軍動向幾乎是單方面對解放軍透明，而解放軍動向，即使有空軍協助，對於國軍也是一團迷霧。所以，解放軍在戰役層面掌握著主動權，絕大多數戰役都是在解放軍預選戰場上展開。

另外，解放軍由於組織嚴密、動員能力強，調動行軍能力遠超國軍。在中國道路基礎差、國軍機械化程度不高的情況下，解放軍反而具有類機械化部隊的特點[88]，這個特點加上解放軍情報上的優勢，導致解放軍不僅捕捉戰機能力強，而且即使戰事不利，也能迅速撤退，國軍很難抓住解放軍主力。

雙方的謀略

對於國軍而言，最好的戰略當然是抓住解放軍主力會戰，利用自己裝備、訓練上的優勢迅速擊敗對方主力，贏得戰爭的勝利。**但是，由於情報上的劣勢，以及戰役主動權在解放軍手中，這個意圖很難實現**。所以，只能採取笨辦法，占領解放區，壓縮對手的活動空間，這是個消耗戰的思路。

而反觀解放軍，最好策略當然是前期盡量避免主力會戰，利用戰役主動權與情報上的優勢，不斷消耗國軍實力，如果能抓住時機，殲滅性的打擊對手主力，則可以獲得戰略主動權，從而贏得勝利。

縱觀國共戰史，雙方都犯過錯誤，雖然解放軍對策略執行得較好，但是這並不是決定性的，因為在**一九四八年前，在三大戰役前，只有國軍整編七十四師遭受到解放軍沉重打擊**，國軍其餘四個王牌主力，整編十一師、第五軍、新一軍、新六軍，都幾乎戰力完好無損的保留到三大戰役之中。還有次五大主力，例如五十二軍、七十一軍、桂系的第七軍、四十八軍、傅作義的三十五軍等基本上也都戰力健全。解放軍沒有殲滅國軍主力，那麼單場戰役主動權以及戰術勝利，仍都無法轉換成戰略主動權。實際上，**如果國軍不犯錯誤，雙方還是要按照消耗戰的模式持續下去，直到一方資源枯竭**。

但是，國民黨政府先犯了方向性錯誤。在**一九四七年關鍵時期坐看林彪坐大，讓中共在東北首先獲得壓倒性優勢**。**接著後方財政崩潰**，危急時刻又驚慌失措、昏招頻出，終於葬送了大好局面，失掉了大陸。

---

88 可在戰爭中快速移動型的防禦部隊，可以快速撤退、機動性高。

第二十三章 一九四六：國民黨屢戰屢勝

國軍打贏四平戰役，卻輸了全國

內戰首先是從東北開打。

由於國民黨政府外交上的失誤，導致蘇俄放棄與國民黨政府談判，全力支持中共。林彪十萬軍隊闖關東，短短幾個月就膨脹到三十萬人，並囊括全東北。一下子搶下這麼大塊地盤，中共上下自然喜不自勝，心態也發生微妙的變化。基本策略由幾個月前的「爭奪東北」變成「獨霸東北」。

時任東北局主要負責人的高崗，就得意洋洋的給麾下幹部報告：「勾子對著蘇俄，只要把臉面前海上陸上幾個口子一堵，東北就是我們的了！」

因為這種心態的變化，中共主動放棄了自己機動靈活的戰術優勢，準備堂堂正正禦敵於國門之外。但是東北國軍均是精銳（五大主力之新六軍、新一軍全在東北作戰），指揮官杜聿明也算是國軍中排得上號的善戰之輩。針尖對麥芒自然要靠實力說話，民主聯軍（原共產黨的東北游擊隊，後來改稱東北野戰軍，再改稱第四野戰軍）雖然人數眾多，但是大部分是新編的烏合之眾，老底子八路軍對正規作戰並不擅長。幾個因素一疊加，民主聯軍戰鬥力遠不如國軍。一開始國軍僅僅出動兩個軍（十三軍和五十二軍）就從山海關摧枯拉朽般打到錦西，林彪才收編的部隊一路潰散，僅投降國軍的就達四萬人。

形勢如此嚴峻，中共高層還是沒有放棄獨霸東北的誘惑。一九四五年十一月十四日，毛澤東連電林彪、彭真，一番紙上談兵的謀劃後，毛澤東要求東北局「一戰而定東北」。民主聯軍主動選擇主力決戰，當然正中國軍下懷。但是，由於受馬歇爾調停的影響，雙方暫時還很難大打出手。

這期間有兩場戰役頗為典型。

一場是秀水河子戰役。國軍十三軍八十九師一個加強團，孤軍深入推進到秀水河子鎮。林彪立刻調動一個主力師、一個主力旅，約國軍兵力的五倍，利用內線作戰以及民主聯軍傳統的調動優勢，將國軍團團圍住。二月十四日夜晚發動攻擊，三小時後結束戰鬥，國軍被全殲。

一場是沙嶺戰役。這次是國軍五大主力新六軍新二十二師，也是一個加強團，孤軍深入到遼河沙嶺村。林彪調了五個團圍攻，還安排了兩個旅阻援。打了一個白天三個晚上，國軍傷亡不到七百人，民主聯軍傷亡卻超過兩千人，五個主攻團基本被打殘，不得不撤出戰鬥。

兩場戰鬥一：一打成平手。但此兩場戰役頗具意義。民主聯軍具有戰場主動權優勢、情報優勢以及內線調動優勢，國軍行動一旦露出破綻，就很容易被民主聯軍抓住。結果卻天壤之別，民主聯軍集中優勢兵力殲滅國軍一般部隊，多半能夠得手，但是遇到國軍主力時，基本都是崩掉牙齒也吃不掉國軍精銳（關內作戰也是如此，後面將詳細評述）。這讓國共交戰絕大多數都是消耗戰，國軍抓不住共軍主力，共軍吃不掉國軍主力。

一九四六年時，中共高層對雙方的優劣勢缺乏清醒的認識，兩場典型戰役反而讓中共高層以為只要抓住戰機，民主聯軍一樣可以打敗國軍。於是東北民主聯軍集中主力，準備以「數萬人的傷亡」（毛澤東給彭真、林彪電文），一戰而定東北。這就是四平戰役。

民主聯軍部署是這樣的：本溪、四平一南一北分別集結十餘萬人主力。國軍要攻擊四平，就不能不先拔掉本溪這顆釘子，而本溪如果打成膠著，四平中共主力就可以南下夾擊國軍，一戰而定鼎東北局勢。

計畫很完美，但是以東北民主聯軍一九四六年的實力，與國軍精銳會戰實在過於勉強。

一九四六年四月，杜聿明調集新六軍、五十二軍猛攻本溪，本溪民主聯軍很快就被擊潰。解除腹背之憂後，杜聿明又調新六軍加入到進攻四平的行列。

本溪之戰已經有不祥之兆，民主聯軍雖然人數眾多，但是裝備、訓練、戰術素養與國軍都有不小的差距。但是中共高層卻視而不見，依然要「化四平為馬德里[89]」。

一九四六年四月，林彪先後調集十四個師（旅），以四平為中心，構築了一個連綿近百里的防線，先後擊退國軍正面與迂迴進攻，形成對峙。

五月，杜聿明調集十個師，分三路進攻四平，以新一軍正面攻擊，七十一軍向四平以西攻擊，新六軍則向四平以東迂迴。國軍胃口極大，這次要包夾民主聯軍！

五月十四日，新六軍先頭團在威遠堡門與民主聯軍遭遇，一番激戰後民主聯軍被擊退。最初國軍以為擊退的是民主聯軍先頭部隊，繳獲資料卻出乎意料的顯示，**先頭團擊退的居然是民主聯**

軍三縱主力！

這場戰鬥對東北後來戰事產生了深遠的影響。時任新六軍軍長的廖耀湘回憶這段歷史時，不無得意的寫道：「既然三縱（軍一級編制）不能阻擊一個團的攻擊，那麼，一個二十二師就足以擊破北進路上任何民主聯軍。」

這場戰鬥讓筆者百思不得其解，以三縱當時實力，怎麼也有上萬人，新六軍一個先頭團就算是美械裝備，又能輸出多少火力？怎麼會被團級規模的部隊輕鬆擊破？另外，威遠堡門不過村鎮一樣的小地方，無論如何也不可能擺下上萬人的部隊。

唯一合理的解釋只能是，民主聯軍才從游擊部隊轉成正規軍，游擊習氣仍在，打得過就打，打不過就走。沒有全域意識，只在意自己團隊的損失。所以，威遠堡門戰鬥一打，民主聯軍畏懼國軍強大火力而自行撤退（這樣的例子在國共內戰中並不少見：一九四八年西府戰役中，西野剛剛拿下寶雞，安排西野四縱擔任側翼掩護，結果裴兵團一攻擊，四縱抵擋不住，連西野指揮部也不請示就自行撤退，導致西野側翼洞開）。

三縱一撤退，四平後方就開了個大口子，民主聯軍有被圍殲的危險，四平是打不下去了。林彪果斷組織撤軍，一開始還井井有條，但是國軍受勝利鼓舞，特別是威遠堡門戰鬥讓新六軍上

---

89 出自毛澤東之口。馬德里指的是一九三九年西班牙內戰中，國際縱隊與西班牙人民一起為保衛馬德里而戰鬥。毛澤東認為守住四平，才有談判的籌碼。

下士氣高昂，國軍機械化部隊分路穿插追擊，兵敗如山倒的民主聯軍很難穩住陣腳，終於釀成大敗。本溪、長春、吉林，國軍兵鋒所指，一系列城市如同熟透的桃子，一一落進國軍懷中。**就在中共準備放棄北滿最後的要點哈爾濱時，馬歇爾的壓力起了作用，國共停戰十五日。**林彪總算可以喘口氣了。

這次停戰後來頗有爭議，國軍在可以席捲全東北之際，被強令停戰，讓中共在東北絕處逢生。真的如此嗎？

從一九四六年六月七日開始，停戰半個多月後，**六月二十六日，國共內戰全面爆發。而在東北，一直到十月下旬，國軍都沒有發動任何攻勢。沉寂三個月的原因無他：在一九四六年六月，國軍力量已經使用到極限，相對戰敗的民主聯軍，國軍更需要休整。**最重要的是，在占領廣大的地盤後，國軍兵力已經嚴重不足。以七個軍二十萬人占據東北大部分地區，分兵把守後，國軍能集結的機動部隊已經非常有限。屋漏偏逢連夜雨，滇系六十軍一百八十四師在南滿火線起義，這是武力解決昆明事件的後遺症[90]。

有毒的勝利果實

四平戰役固然是國軍勝利，但是它卻對雙方產生迥然不同的影響。中共放棄了一戰定東北的不切實際幻想，踏踏實實在東北紮下根來，耐心積聚實力。

而對國民黨政府的影響卻足以致命。政治上**讓蔣介石高估了自己的實力，從而下定決心用**

軍事解決中共。雖然迫於馬歇爾的壓力短暫停戰，但內戰已經無法避免。而在軍事上，卻又判斷東北民主聯軍已經遭受沉重打擊，短期無法恢復實力，於是**制定了「關內進攻、關外維持」的戰略，很長一段時間沒有給東北軍事增援**，甚至在一九四七年重點進攻階段，也沒把東北作為重點進攻方向。

蔣介石戰略上的失誤導致中共實力在東北吹氣般膨脹：四平戰役後林彪部剩不到二十萬人，六個月後的一九四六年底，增至三十六萬人，一九四七年夏季反攻之際，增至五十萬人，一九四八年冬季遼西會戰之際，已成一百萬人的大軍。東北，成為中共第一個贏得戰略優勢與戰場主動權的地區。

這種「單場戰役取得勝利，但是影響戰略失敗」的案例，其實不乏先例。

一次世界大戰中，一九四二年六月，隆美爾[91]在托布魯克取得輝煌的勝利。三．五萬英軍走進戰俘營，繳獲之豐讓長期為後勤苦惱的隆美爾發了一筆橫財：兩千台車輛，包括三十輛坦克，

---

[90] 此事件為一九四五年十月六日，雲南省政府主席龍雲被蔣介石奪去兵權和地方實權，委以軍事參議院院長閒職。龍雲原是滇軍唐繼堯的部下，一九二七年二月，龍雲發動政變，推翻唐繼堯，擔任雲南省主席。然而，蔣介石利用日本投降之機，密令昆明防守司令杜聿明以武力解決龍雲。一九四五年十月三日凌晨，杜聿明率部突然佔領昆明各要害地區，包圍龍雲住宅，龍雲倉皇逃上五華山，最後收到蔣介百的命令，免去他軍事委員會昆明行轅主任、雲南省政府主席及所兼各職；任命他為軍事委員會軍事參議院院長，由杜聿明接收雲南地方部隊。

[91] Erwin Johannes Eugen Rommel 第二次世界大戰著名的德國陸軍元帥，人稱「沙漠之狐」。

四百門大炮，足夠支持坦克跑遍全埃及的油料，五千噸給養和大批彈藥。這場勝利，讓希特勒次日就將隆美爾提升為陸軍元帥。

但是，托布魯克戰役的勝利對德軍卻是一顆有毒的果實，因為這場勝利，首先讓希特勒取消了攻占馬爾他的計畫，這個小小的據點，是英軍卡在德軍非洲軍團地中海後勤線的一根尖刺。不僅如此，負責非洲軍團後勤的墨索里尼放緩了對隆美爾的支援，結果隆美爾在一路攻擊中，耗盡了托布魯克的繳獲，到達阿拉曼時已經筋疲力盡、糧彈兩缺，最後被英軍擊敗，成為非洲戰場的轉捩點。

如果沒有托布魯克戰役的勝利，德軍如期攻擊馬爾他，拔掉這根尖刺後，後援與補給源源而至，那時沙漠之狐不僅可以輕易拿下托布魯克，乘勝追擊之下，甚至可能拿下整個埃及。

第二次世界大戰格局將發生根本性變化，地中海將成為軸心國的內湖，英國商船不得不多繞道一萬海里，從遙遠的非洲的好望角經大西洋到達英國。這樣一來，英國投降或單獨謀和的可能性大大增加，第二次世界大戰就是另一種結局。

東北戰事暫告一段落，我們再來看看關內戰局。包括：一、共軍中原突圍。二、傅作義華北兩次大勝共軍。三、晉、冀、魯、豫，國軍笨豬二將連敗，胡璉逆轉。四、華中解放區淪陷。）

中原突圍始末

中原解放區，是新四軍第五師在鄂、豫、皖、湘、贛（湖北、河南、安徽、湖南、江西）五省交界地區創建的敵後抗日根據地。抗戰勝利時中原解放區已擁有一千三百餘萬人口，建立了三十八個縣的基層政權，下轄七個軍分區，主力和地方部隊發展到五萬餘人，民兵達三十餘萬人。**內戰爆發前，中原解放區成了蔣介石向華東、華北乃至東北發兵的重要障礙**，也是全國解放區的前沿，因此它便成了國共雙方都十分看重的戰略樞紐。

對於這個地區，**中共中央的態度非常明確，要中原軍區堅持根據地鬥爭**。一九四五年九月十日，中共中央指出：河南部隊及五師部隊留在黃河以南行動，有極其重要的戰略意義，可以直接配合華北與長江下游共軍作戰。九月十一日，中共中央在給河南區黨委的指示中強調：全黨應團結在堅持中原鬥爭的任務之下。九月二十四日、十月一日，中共中央在給鄂豫皖中央局的指示中，都反覆強調長期堅持中原鬥爭的重要戰略意義。

為了加強中原地區的武裝力量，中共中央命令王震、王首道率領的八路軍三百五十九旅南下支隊，王樹聲率領的嵩嶽軍區部隊、王定烈率領的八團，從豫北南下，與新四軍第五師會合。三支部隊會師後，中共中央決定**由鄭位三、李先念擔任中共中央中原局及中原軍區負責人**，下轄江漢、鄂東、河南三個軍區和第一、第二兩個野戰縱隊，**共有六萬餘人**。

雖然中央希望中原軍區能堅守這個戰略要地，但是中原局主要領導卻右傾悲觀，對堅持根據地鬥爭缺乏信心。

一九四六年三月，中原軍區在宣化店召開營和縣以上的幹部動員大會。會上，**中原局書記鄭位三作了「各逃生路」的政治報告**。他在會上講了八條：一、軍隊打不了；二、民力養不活；三、民主趕不上；四、合法他不准（指蔣介石不准我軍合法存在）；五、非法又不行；六、美蔣聯合力量大；七、困難在增加；八、革命高潮還未到。他認為中原軍區沒有力量、也不可能堅持根據地鬥爭，只能各自逃生。

這八條在會上一宣布，全軍及地方幹部對解放戰爭前途感到悲觀絕望。從這以後，部隊失去了信心，逃走的人很多，部隊軍心渙散，戰鬥力銳減。

那麼，中原解放區是否真的無法堅持嗎？

圍困中原解放區的國軍有二十二萬人，敵我力量相比國軍占絕對優勢。但是，中原解放區擁有三十八個縣的地盤，有一定的戰略縱深，特別是還可以依託大洪山、天臺山、大別山的有利地形，利用內線作戰的優勢，完全可以與國軍一戰。

在蘇北解放區，粟裕以三萬人兵力，與進攻蘇中解放區的十二萬國軍作戰一個多月，七戰七捷，殲國軍五．六萬餘人。

一九四七年春，彭德懷指揮兩萬多人的西北野戰軍，與國民黨胡宗南部的二十三萬人大軍，在陝北地區交戰，國共力量對比是十：一，在一個多月時間三戰三勝，殲國軍一．四萬餘人，以後又越戰越強，到一九四七年底，國共力量對比變成五：一。西北野戰軍始終堅持陝北地區，並最終解放了大西北。

中原解放區地盤不比蘇北、陝北小，且軍事實力遠超過上述兩個解放區，但是不僅連打的勇氣都沒有，還鼓吹軍隊與幹部各自逃生，真是兵熊熊一個，將熊熊一窩[92]！

將帥無能，累死三軍。由於中原軍區不敢抵抗，被國軍輕鬆占領鄂中、鄂東、鄂南、豫中、豫西等廣大地區，到一九四六年六月，國民黨軍已將中原解放軍包圍在以宣化店為核心，方圓僅兩百里狹小地區。這下真的只能逃了。

一九四六年六月二十六日，中原軍區部隊兵分三路。皮旅[93]向東，佯裝主力吸引國軍圍攻；主力分南、北兩個方向突圍。結果由於組織得力，部隊戰鬥力強，準備犧牲的皮旅，反而完整到達蘇皖解放區。

而南、北方向突圍主力經過艱苦戰鬥，衝破國軍重重圍追堵截，但是受到很大損失。突圍後雖然勉強創建了豫鄂陝解放區、鄂西北解放區、大別山解放區等三個根據地，但在國軍圍攻下都沒能守住。最後三個根據地全部淪陷，中原解放區突圍前六萬軍隊只剩餘兩萬來人，除皮旅等少數部隊外，很多部隊都被取消番號編入其他解放軍建制。

---

[92] 士兵無能，只是他一個；將領無能，會影響整個部隊。

[93] 皮定均將軍率領的中原軍區第一縱隊第一旅。

華北：傅作義兩大經典戰役[94]

一、大同集寧戰役：共軍第一次打大戰

一九四六年六月二十六日，國軍對包圍中的李先念部發動進攻。牽一髮而動全身，山東、蘇北、山西、河北等地國共雙方全面開打。國共內戰全面爆發。

為了營救被圍困的中原解放軍主力，中共高層命令晉冀魯豫野戰軍出擊隴海鐵路，另一支晉察冀軍區主力奪取三路（平漢、正太、同浦）四城（保定、石家莊、太原、大同）。

晉冀魯豫戰事先按下不表。我們先來看看晉察冀軍區主力在華北的戰事。

晉綏軍區及晉察冀軍區部分部隊先發動晉北戰役。一開始進展很順利，解放縣城十座，控制了大片土地，孤立了大同，贏得了發起大同戰役的良好時機。

大同是我國著名煤都，是平綏、同蒲鐵路的連接點，聯結晉冀（山西、河北）的交通要衝，歷來為兵家必爭之地。大同被閻錫山控制，就如同卡在晉綏及晉察冀兩根據地中間的一根刺，拿下大同即可使兩根據地連為一氣。

所以晉察冀、晉綏軍區決定進攻大同，以晉綏軍區副司令員張宗遜為總指揮，以晉察冀軍區

副政委羅瑞卿任政委，調集兩戰區全部主力，共五十個團，十幾萬人，這樣的大兵團作戰，是抗戰後空前大規模的戰役，晉察冀軍區一、二、三、四縱及地方部隊全部參戰，晉綏軍區主力全部參戰，具體分工為三百五十八旅、第五軍分區第二團，晉察冀軍區第三縱隊及教導旅、炮兵團、第一軍分區獨立第十二、十三團擔任大同攻擊任務，第四縱隊第十旅攻下應縣後，亦北上參加大同作戰；以晉綏軍區獨立第一、第三旅、騎兵旅、綏蒙軍區第七、第九團及晉察冀軍區第二縱隊第四旅等部、晉察冀一縱，擔任阻擊傅作義部隊的增援，張家口衛戍司令部教導旅在完成大同週邊作戰後，亦赴新堂參加打援。這樣進攻和打援部隊都占優勢，於一九四六年七月三十一日發起進攻大同戰役。

大同戰役規模、決心都如此強大，戰略目的很清楚：一、徹底消滅閻錫山和傅作義的力量；二、掃除延安至張家口一線障礙，完成綏遠戰役未完成的戰略目的。

國軍大同守軍為暫編三十八師，東北挺進軍馬占山騎兵第五、第六師，保安總隊，兩個炮兵營，一個特務營和一個工兵連，共一、九萬餘人，由第八集團軍副總司令楚溪春指揮。國軍建制混亂、成分複雜，一、九萬人部隊分屬七、八個單位，戰鬥力低下，暫三十八師由大量偽軍編入，大同雖城垣堅固、地勢險要、易守難攻、工事堅固，但是解放軍以八倍以上的兵力優勢，是很有把握攻下的。

---

94 本節內容摘自伯玉：《傅作義經典戰役》。

對於傅作義部的增援，張宗遜、羅瑞卿也有預案，晉綏軍區獨立第一旅守卓資山，獨立第三旅抽出二十七團守集寧（會同綏蒙軍區兩個團），騎兵旅守集寧西北土城；綏蒙軍區第九團位於十八台，晉綏軍區第四旅位於商都一線，作為打援右翼兵團，統由綏蒙軍區司令員姚哲指揮。以獨立第三旅，綏蒙軍區第七團，獨立騎兵團於涼城，張家口教導旅於新堂，作為打援左翼兵團，由獨立第三旅旅長楊家瑞指揮。

解放軍於七月三十一日發起進攻，戰事卻並不順利，大同守軍雖弱，但楚溪春指揮很有章法，特別是由五百名日軍組建的炮兵部隊，打得又狠又準，給解放軍造成很大的麻煩。解放軍以絕對優勢兵力進攻大同週邊陣地，打了三十多天，才占領週邊所有重要據點和東關，消滅國軍不過兩千餘人，總算逼近大同城下。

眼看大同危在旦夕，守將楚溪春連連向閻錫山告急，請求增援，閻錫山遠水救不了近火，且太原到大同鐵路已被切斷，無法出兵，只得向蔣介石求援。但蔣介石這時兵力也陷在全國各個戰場，抽不出援軍。

傅作義圍魏救趙

當時唯一的機動兵力就是在歸綏（今呼和浩特市）的傅作義部，而**傅作義對不屬於自己管轄的大同採取觀望態度，傅系軍隊在國軍中可算是異類**，既有解放軍的作風，如不怕苦、善夜戰、善近戰、善肉搏等，同時也帶有舊軍隊習氣。蔣介石為了誘使傅作義出兵增援大同，運用政治手

▲傅作義

腕，把大同劃歸第十二戰區管轄。對於久處貧瘠不毛之地綏遠的傅作義來說，大同是煤都，盛產烏金，又是晉冀兩地交通要衝，能得到真是夢寐以求的好事。

接到蔣的命令後，傅作義召集親信部將董其武、孫蘭峰、郭景雲、安春山、楊維垣、劉春方、劉萬春及團以上全部軍官，到歸綏出席祕密軍事會議。這些軍官到了歸綏，閉門開了七天軍事會議，嚴密部署、策劃，參謀長李世傑率各部參謀班子作了沙盤圖演。傅作義反覆講解軍事要領、進行戰法研討和思想鼓動。為了這場決戰勝利，傅作義將其所有軍官關在營中，不准回家食宿，紀律十分嚴明，所以也沒有洩密。另外，為了防止洩密，傅作義部不用國民黨軍共用密碼，也使中共難以掌握其動向。

會後，傅作義的參謀長李世傑親赴廬山，向蔣介石彙報行動計畫，蔣介石看了行動計畫後極為滿意，李世傑向蔣介石介紹：「**傅將軍此次舉措，乃圍魏救趙之計**。」傅作義部發三路人馬，北路由陶林兵進集寧，南路出歸綏，犯涼城，中路出歸綏，攻卓資。三路人馬中以中路為實，兩翼是虛，僅為疑兵。取卓資，圍集寧必定致大同共軍分兵北援。只要傅部打掉共軍增援部隊，大同困境，自然緩解。此後傅部便可順勢揮師東進，直逼張家口。

這確是一個非常高明的戰術，按一般軍事常識，大同危急，救急如救火，應順公路直插涼城、豐鎮，直趨大同解圍。

怎麼可能捨近求遠，攻集寧？但仔細看一下地圖，琢磨一下，便可恍然大悟。

順公路攻涼城、豐鎮，共軍早有防範，已無奇兵之效，且費時費力、傷亡重大，事與願違，以絕對弱勢兵力去進攻強敵事先預設之阻擊，弄不好連自己一起賠進去，當時共軍機動打援兵力四個旅已集中在麥胡圖，若傅作義的主力果真順涼城、豐鎮來犯，則正中共軍下懷，到時大同進攻部隊還可以抽出五到六個旅圍殲傅軍。

攻集寧，則是出其不意，攻其不備，一箭雙雕。

攻下集寧，向東南可出兵豐鎮、隆盛莊。從後方迂迴包抄進攻大同之共軍，對共軍大同進攻部隊威脅太大，必欲除之。向東可出兵尚義、張北，直接威脅共黨晉察冀軍區首府張家口，若不回救，張家口危險。

傅作義不直接增援大同，在解放軍預設戰場與解放軍作戰，反而攻集寧——攻其所必救，調動解放軍進入自己預設戰場作戰，在戰役謀劃上已經高了一籌。

從毛澤東對集寧的重視程度來看，解放軍勢必全力回援。九月五日，傅作義部占卓資山後，賀龍、聶榮臻已制定堅決守衛集寧方針，並報軍委，毛澤東對集寧高度重視，當即回電：「部署很好，望按實情處理。命令集寧守軍死守，任何情況下不得放棄，否則執行紀律。」

傅軍出動時機選擇得恰到好處，選擇在大同解放軍用全力掃清大同城關，正全神貫注攻打城垣的吃緊時刻，突然大舉東援。這讓解放軍難以急轉身對付傅作義。

一九四六年九月三日，傅作義派其頭號戰將，暫三軍軍長董其武，及另一主力三十五軍安春山共一．三萬人，由中路出動；孫蘭峰之騎兵主力共三千多人由北線出動，兩軍為一線進攻部隊，猛撲卓資、集寧。三十五軍郭景雲之一百零一師、李銘鼎新三十二師、衛景林的機動部隊、劉春方騎四師為二線部隊，隨後增援。總兵力為暫三軍兩個師、三十五軍三個師及四個騎兵師，共三．二萬人左右。

大同前線指揮部給王尚榮獨一旅的任務是要守三天，等待援軍。卓資扼傅軍出援之門戶，首當其衝，責任重大，一九四六年九月五日拂曉前，國軍以三個師兵力，在一個炮團強大炮火的掩護下，向卓資山陣地猛攻。

傅軍行動迅捷果斷，王尚榮不得不在國軍合圍之前，主動撤往東南方，以免被包圍消滅，這是王尚榮一生中打得最不順手的一仗。原定守三天，實際只守了八個小時。

張宗遜原來估計，獨一旅可以守三天，沒想到損失那麼大，那麼快失守，增援部隊兩個旅還在路上，卓資已失守。

國軍占卓資山後，共軍還是沒有把國軍主攻方向判斷清楚，中央軍委電報估計國軍可能有三種動向：一、呆在卓資山不動；二、向涼城推進（仍舊考慮涼城、豐鎮為國軍主要增援路線）；三、進攻集寧。共軍決定在涼城附近麥胡圖集中主力以觀其發展。

相比其他戰場，華北情報工作做得很糟。正是在這種沒有情報的情況下，一九四六年九月七日，傅之主力暫三軍之暫十一、十七師，三十五軍新三十一師，經平綏鐵路以北的火石壩祕密東進。八日，到達集寧西北地方隱蔽集結。

共軍由於偵察不力，遲至八日晚才知傅作義部已東進，馬上將主力轉向集寧。

這時共軍決定，國軍想圍魏救趙，我們便針鋒相對，圍城打援，主力增援集寧。共軍主力相繼趕到集寧，計有三五八旅、獨一旅、陳正湘四縱隊兩個旅、教導旅，並令楊蘇一縱隊留一個旅守延慶，另兩個旅迅速趕來增援，騎兵旅、獨三旅特務團、綏蒙軍區第七團，騎兵團等全部趕往集寧，對集寧城下的國軍形成絕對優勢。兩晉軍區僅留楊成武縱隊和地方部隊，繼續圍攻大同。

共軍集中八個多旅，四萬多人，配合集寧守軍，準備全殲傅作戰之先頭部隊董其武中路一．三萬餘人。

集寧大戰，共軍將帥無能陪死三軍

集寧大決戰拉開帷幕。集寧共黨守軍為綏蒙軍區兩個團，即第九團、第五團和綏蒙軍區警衛營及晉綏軍區獨立第三旅第二十七團，共三個團加一個營兵力，由綏蒙軍區司令員姚哲及政委烏蘭夫指揮。集寧城壕既深且寬，城牆上配置交叉火力網點。在城外，共軍又控制了老虎山、臥龍山等制高點，居高臨下，易守難攻。

一九四六年九月十日，國軍楊維垣暫十一師、朱大純暫十七師和安春山新三十一師，在空軍配合下，向城外解放軍陣地發動進攻。新三十一師九十二團團長孫英年重傷，兩個營長陣亡。但國軍不顧傷亡，繼續進攻。十日夜，共軍餘部全部退進集寧城內，準備死守。

共黨兩晉軍區主力趁敵人進攻之際，利用內線調動迅速的優勢，於十一日從三面對國軍形成反包圍，猛烈發起進攻，意在圍殲傅作義部於集寧城下，當時形勢完全有利於解放軍，當日奪回了臥龍山以南陣地和土城村高地。傅作義部三個主力師，萬餘人危在旦夕，前有堅城，攻不動，後有大量解放軍形成包圍進攻態勢，逃不掉，成了甕中之鱉，處此絕境之中，董其武只有孤注一擲拿下集寧，固守待援。

十一日，國軍由西、南二面猛攻集寧，遭到守軍痛擊，未能得逞。於是企圖西撤，退路已被援軍截斷，被迫固守集寧西北狹小地區。十一日晚六時，集寧週邊解放軍全部主力向董其武部發起總攻，經激戰，到十二日晨，攻占了三岔口、腦包山、玻璃圖、天門山、石灰山等要點及臥龍山陣地一部，殲暫十一師大部，暫十七師第三團共五千餘人（其中俘兩千人），將新三十一師、暫十一、十七師殘部壓縮在臥龍山腳下，及西南營房狹小地區，並襲擊了暫三軍司令部和暫十七師司令部，摧毀了電臺，國軍只剩三十一師一部電臺，傅作義部岌岌可危。

傅作義見情況危急，於十一日上午擬急電三封，第一封給董其武，第二封給劉春方騎四師，第三封給孫蘭峰騎兵師。給董其武第一封電令被圍部隊不要死守，應把住共軍進攻的三個方向，對集寧方向，應抽出機動兵力死攻，**務必盡快拿下集寧**，以便有落腳點；第二封電令劉春方騎四師，火速從西南方向包抄集寧，同左翼一〇一師呼應，對包圍集寧城的解放軍實施反包圍；第三封電令孫蘭峰騎兵師向集寧東迂迴攻擊，策應暫三軍和新三十一師攻打集寧。同時催促三十五軍殿後主力郭景雲一〇一師，迅猛攻擊解放軍包圍部隊，以解暫三軍之圍。

當時戰場形勢極為錯綜複雜，國軍三個主力師殘部約八千餘人，進攻解放軍守集寧三個團，解放軍主力八個旅四萬多人包圍國軍進攻之三個主力師，國軍一〇一師、騎四師近八千人又從後進攻解放軍包圍部隊，企圖救出被圍之暫三軍及新三十一師。

雖然戰場態勢雙方犬牙交錯，但是解放軍依然占據優勢，**集寧解放軍主力近五萬人，而傅作義部只有一．六萬人**。解放軍還掌握著戰場主動權——被圍與增援兩方面，傅作義部都不算強，解放軍可以自由選擇攻擊方向。那麼，**到底是先殲滅圍困之國軍還是先吃掉援軍？**

按照當時戰場形勢，董部被壓縮在城西南一角，沒有任何機會，共軍只要連續攻擊，便可全殲這批國軍。**就在此時，共軍前線指揮部犯了一個大錯誤**，因為第一天戰鬥傷亡大，所以沒有連續進攻董部，九月十二日整天沒有採取任何行動。而國軍利用這空擋重新組織，再度進攻集寧。

因為情況緊急，必須立刻拿下集寧，暫十一師師長楊維垣當著全體軍官、士兵，拿起軍刀切下自己二段指頭，指著二段指頭說：「有敢畏縮不前者，有如此指。」所以楊維垣斷指攻城，在董部傳為佳話。所部官兵也知道已到存亡關頭，無不拼死相搏。

國軍在空軍掩護下，十二日中午過後，安春山新三十一師九十三團首先從東南角突破，進入城內，與守軍展開巷戰，後續部隊亦蜂擁進城。隨後暫十一師亦由西南角突破攻進城內。集寧危急！

解放軍的姚哲、烏蘭進行了幾次有力反擊，都未能將國軍逐出，進城傅軍一路搶占麵粉公司要點，另以數路向通順街發展，城內守軍各自為戰，沿街逐房逐屋爭奪。傅軍占通順街以南後，反覆向街北進攻多次，均被擊退，遂與守軍隔通順街對峙。

雙方各不相讓，展開了殊死巷戰。**集寧城內城外，守軍、援軍，攻方、守方，圍者、被圍者界限完全失去**，城裡房倒屋塌，四下彈痕累累。屍體充街盈巷，幾萬人的鮮血流滿街巷，其情景非筆墨能形容。城外田野山脊，四處皆為陣地，兩軍混戰一團，槍擊、刀砍、石砸，屍橫遍野，哀號滿山遍野。**這時仍是全殲國軍的大好時機，並是最關鍵時機**，只要週邊共軍全線進攻，會同集寧守軍裡應外合，國軍插翅難逃。

為了全殲國軍，共軍於九月十二日十六時開始，對集寧城內外國軍發起進攻。**但就在這時，大同陣前指揮官張宗遜又犯了第二個錯誤**，也是致命的錯誤，因為郭景雲一〇一師兇猛來援，張宗遜決定停止對傅軍的圍殲，先打援軍。

張宗遜抽調大部主力，只留四縱十一旅和城內守軍與董部巷戰，董部壓力大減，順勢加強攻擊，集寧守軍經一天多巷戰，傷亡慘重，無法再戰。到十三日晚上十時，實在無法再守，綏蒙軍區命令撤出戰鬥，轉移城外，進入山區。

十三日晨，董部趁解放軍主力西去打援，又重新收復了臥龍山、天門山、石灰山等陣地，並向小腦包山攻擊，以策應一〇一師東進，夾擊我打援部隊。

一〇一師參戰，傅作義險勝

與國軍援軍一〇一師的交戰極為不順利，第一線部隊與一〇一師在東土坑山激烈交戰，解放軍大隊援軍奉張宗遜命令趕去增援，雙方大隊隔著山運動。國軍一〇一師進攻山頂守軍時，由於步兵進攻接近山頂，炮火須延伸射擊，但因炮位低、距離近、山頂高，瞄準仰角必須加大，而仰角加大，炮彈即超越山頂而過。這樣的越山炮彈，竟打了一百多發。急得師長郭景雲直跺腳，他厲聲命令炮兵，立刻修正角度，如果再把炮彈打過山頂，就要被槍斃。

其實他不知道這些陰錯陽差的炮彈幫了他大忙，這些過山炮彈，不偏不倚落在前山解放軍的援軍大部隊人群中，張宗遜又判斷失誤，以為是傅作義大部隊到達，有腹背受敵之危險，於是命令部隊撤退，把所有戰機都丟失了。

與此同時，十三日中午十二時，三十五軍李銘鼎新三十二師、騎四師尾隨一〇一師前來增援，國軍實力大漲，合力向共軍陣地猛攻，實際這時解放軍已決定撤退，這些部隊正好趕上追擊。

共軍於集寧失利，傅作義即派出援軍向大同增援，大同亦無法再攻，楊成武縱隊不得不於九月十六日撤圍大同。**傅作義以弱勢兵力攻集寧，解大同之圍魏救趙戰術達到目的。**

大同集寧戰役歷時一個半月，由於解放軍指揮官兩次關鍵指揮錯誤，大同未攻下，集寧又失守，張家口處於國軍兩面夾擊的不利形勢之下。導致了晉察冀解放軍對國軍鬥爭形勢急劇惡化，並使西北野戰軍在戰略上極為被動，**使胡宗南得以無後顧之憂的出兵延安，給中央造成極大麻煩，是導致華北戰場主動權易手的關鍵戰役**。

這場戰役如指揮得當，是完全可以勝利的。延安電臺已於九月十二日發布了圍殲、消滅國軍於集寧城下的消息。

戰後傅作義對集寧戰役進行檢討。一九四七年二月，他說：「集寧會戰，最後能得到勝利，我認為是一個僥倖。」「第一〇一師參加戰鬥之後，共產黨犯了一個錯誤，就是在十二日晚上，他沒有去攻擊三十一師，而去全力打一〇一師，這是共產黨失敗的原因。如果他那天晚上（十二日）去攻（城裡的）新三十一師，我們的情況就相當危險了[95]。」

二、張家口戰役

共軍未戰先怯

傅作義在華北關鍵決戰集寧會戰中，重創華北野戰軍，在戰略上形成主動，**與占領承德的國軍，從東西兩線形成對張家口夾擊之勢，張家口形勢嚴峻。**

張家口是解放軍奪取的唯一省會城市（當時的察哈爾省），稱為第二紅都，是當時晉察冀軍區首府，扼華北、東北、察綏戰略要衝，是聯繫以上三地咽喉之地，為平綏鐵路樞紐，北通外蒙庫倫，西北通蘇俄烏里雅蘇台，東北通熱河，具有極其重要的軍事、經濟和政治價值。陝甘寧邊區幹部去東北，**和蘇俄方面保持鐵路交通，獲得外援，張家口也是唯一必經之道。**

⑮ 聶榮臻：《聶榮臻回憶錄》，解放軍出版社二〇〇七年版。

▲ 1946年的共產黨軍隊

因此是國共兩黨必爭之地，國軍方面在集寧會戰結束後，即開始準備進攻張家口。

解放軍方面對張家口是戰還是守，卻有不同意見。以聶榮臻為首的晉察冀軍區，在集寧會戰失敗後，因兵力受到很大損傷，且處於被東西兩線夾擊的不利態勢，已無心堅守張家口。一九四六年九月十七日，聶榮臻、蕭克、劉瀾濤、羅瑞卿在給中央軍委的電報裡說：「在敵東西夾擊張家口情況下，我擬在敵人進攻時只進行掩護戰鬥，不作堅守。」

但這種建議，明顯和軍委意圖相衝突。九月十八日，軍委回電：「集中主力適當地區待敵分路前進，殲滅其一個師（兩個團左右），得手後看情形，如有可能，則再殲滅其一部，即可將敵第一次進攻打破。」依南口至張家口之地形及群眾條件，若解放軍事前**進行充分準備**，**各個殲敵**，打破此次進攻之可能性是存在的。「若預先即決定不打，則將喪失可打之機，對於軍心士氣亦很不利。」「**每次殲敵一個團二（兩）個團**，並不需要很多兵力，**以幾個團鉗制諸路之敵**，集中十個至十五個團即有可能殲敵一個旅（兩個團）。」同時同意其不得已時撤退計畫，說道：「同時張家口應祕密進行疏散，準備於必要時放棄之。」從軍委回電可見，中央與晉察冀領導意見完全不同。

軍委的不滿是有理由的，抗戰結束後，晉察冀總兵力為三十二萬人，即使復員十萬人，也還有二十萬人左右，但大同集寧會戰失敗，**大同集寧損失部分人員後，仍應有十幾萬人左右**，對國軍不過七萬多人的進攻兵力，**仍占有絕對優勢**，**豈然不戰就要跑**。由於軍委表了態，聶榮臻等人只好全力準備迎戰。在進攻重點的判斷上，華北野戰軍認為，傅作義的實力弱，且在集寧會戰中損失不小，因此國軍進攻重點一定在東線。因此在內心深處，仍看不起傅軍。

他們估計西線只是輔助進攻，時間上，認為只有在東線國軍占領懷來後，傅軍才可能出動；

方向上認為，上次傅軍是沿鐵路線出動，這次也一定走鐵路，並且這條路線與東線國軍可在最短距離內在柴溝堡會師，傅軍不可能捨近求遠去走山路，因此對傅軍進攻方向也出現重大誤判。

根據這個判斷，即東線國軍是主要進攻方向，進攻線路沿東線平綏鐵路東段至康莊、懷來地區。因此在兵力配備上，解放軍將主力置於東線，準備打殲滅戰，一縱全部三個旅、二縱主力二個旅、三縱七旅、四縱十旅、獨立第五旅及大量民兵均配置於東線懷來、延慶地區。

將四縱一個旅及晉綏軍區主力配置於面對大同鐵路線的柴溝堡、天鎮、陽高一線，嚴陣以待弱小的傅軍。教導旅和軍區警衛團位於張家口作機動部隊。晉察冀軍區第七軍分區部隊位於張北擔任警戒任務，另派六個旅深入東線，從側翼打擊東線進攻之國軍。

傅作義聲東擊西

這麼一個配備，從一般軍事常識說來，應該是無可挑剔的。但傅作義太狡猾了，他採用了戰史上有名的「明修棧道，暗度陳倉」之計，聲東擊西，徹底隱蔽了進攻方向，在接到蔣的任命前，傅作義已做了充分準備工作。為了把戲演的逼真，給解放軍造成充分錯覺，九月下旬以來，傅作義派出一團人乘火車偽裝成主力，在裝甲車掩護下，每天白天從大同開往陽高，晚上原車返回大同，連日往返，作出大兵團運動的姿態，並由第十二戰區司令長官部派員先到大同打理食宿，徵購糧秣，揚言大軍在大同集結，傅作義本人將親到大同坐鎮指揮進攻。這讓解放軍堅定不移的認為傅之主攻方向在大同、陽高、柴溝堡一線。

實際上傅軍主力集結於集寧地區，避實擊虛，準備在華北野戰軍完全預想不到的方向給解放軍致命一擊。一九四六年九月二十九日，東線戰役展開，國軍與晉察冀軍區主力，在東線展開激戰。因為解放軍早有準備，集中了主力，國軍並不占優勢，所以進展緩慢，經十多天激戰，東線國軍被阻擋在懷來以東地區。

眼看東線戰事不順利，蔣介石故技重演，將張家口劃歸第十二戰區管轄，因此早已在等待的傅軍立刻出動，直撲張家口。傅軍主力部隊集結在集寧，由傅之頭號得力幹將——暫三軍軍長董其武指揮，指揮暫三軍之暫十一師楊維垣部、三十五軍之一〇一師郭景雲部、新三十一師安春山部（安春山和郭景雲一向是傅作義手上兩張王牌，在歷次戰役中充當主力），為了彌補兵力不足，傅作義特將其輕易不太動用的王牌——第十二戰區司令長官部的機械化部隊配屬董部，以增強其戰鬥力。

機械化部隊指揮官靳書科，共轄以下部隊。

①輜重兵汽車第一團，團長魏志國。②美式一〇五毫米榴彈炮營，營長李炳星。③戰防炮兵一個營，營長樊春槐。④第十二戰區長官部坦克大隊，隊長靳書科兼，共有中型坦克二個連（每連有日式九七式中型坦克十二輛），連長分別為王滋榮、田知新。⑤小型坦克一個連，日式輕型九五式十二輛，連長劉建業。⑥汽車兵一個團，團長姚毓斌。⑦一個鐵甲車大隊，隊長李修天。

以上精銳主力部隊共二萬餘人，集結於集寧玫瑰營子一帶，準備出動，其戰略指導方針為「奇襲的手段，強攻的準備」，做好兩手準備，既準備奇襲收效，也準備強攻。

三十五軍軍長魯英麟率該軍三十二師李銘鼎部和暫十七師朱大純部既作為佯攻部隊，位於大同、豐鎮，又作為二線部隊，準備增援董其武主力。

主攻方向，出人意料的不走鐵路，不經大同，而由集寧玫瑰營子出發，繞經長城外杳無人煙之地，從張家口以北草原山區，由西繞到北再向南，以迅雷不及掩耳之勢，從後方直搗空虛的張北縣，殺向張家口兵力薄弱的後門。這樣一來，由東向西守在柴溝堡一線的四縱和晉綏軍區主力，就形同虛設，白白浪費，不起任何作用了。

一九四六年十月八日，傅作義部發揮騎兵之優勢性，以劉春方騎四師騎兵為先鋒，把守在柴溝堡一線的華北四縱晉綏主力撇在一旁。騎兵指揮孫蘭峰率劉春方騎四師、鄂友三騎十二旅，由集寧玫瑰營子至尚義之間出發，所有騎兵倒穿棉衣，馬蹄裹布，先越過草原，隨即穿山溝直撲南壕塹、大青溝並順利占領。前鋒劉春方部一面進行，一面封鎖消息，**在進軍途中不論遇到什麼樣的人，一律扣留由部隊收容，跟隨部隊前進，以免洩露消息**。十月九日下午二時許，已突進到距張北縣城五公里處，進行偵察，準備進攻。

在張北擔任警戒的共軍第七軍分區部隊，誤以為是小股國軍串擾，即派兩個騎兵團繞路出發，圍殲該敵，張北只留一個連和兩個警衛排駐守，恰巧張家口區衛戍司令鄭維山此時派了警衛團團長李金石帶一個營去張北縣城警戒，正碰上了戰鬥。

再說騎四師發覺城內守軍並無戒備，劉春方即派出精銳騎兵一個團，發動了猛烈的進攻，一氣衝至城牆根下。馬上由西南和西北城角爬上城牆，城內守軍毫無防備，倉促應戰。傅軍氣勢旺盛，揮舞馬刀和衝鋒槍，進行近戰、白刃戰，守軍邊打邊向城內撤退。鄭維山得知國軍主力進攻張北縣城消息，立刻命令警衛團主力，乘汽車急赴張北增援。由於沿途遭國軍軍機轟炸、掃射而遲滯了時間。到達張北時，傅之大部隊已陸續到達，雙方在張北城內展開激烈巷戰。

經過三個多小時戰鬥，守軍傷亡慘重，無力抵抗突然襲擊，向崇禮方向撤走。

張北縣城失守消息傳到張家口，聶榮臻覺得形勢嚴重，主力全在東線，雖已下急令抽調回來，但一時難以趕回。張家口空虛，聶榮臻立即派剛參加集寧戰役經過整補的李湘教導旅，火速趕到位於張北與張家口之間的天險狼窩溝一線抗擊國軍。

狼窩溝之戰失利，張家口門戶洞開

狼窩溝是（陰山）野狐嶺最險要一段隘口，自古就是兵家必爭之地，距張家口二十五公里，分大、小狼窩溝兩個村莊，是張北到張家口必經要道。蘇蒙聯軍進軍張家口，曾在狼窩溝與日軍激戰過。唐與契丹在狼窩溝發生過大戰。成吉思汗與金兵在狼窩溝進行過大決戰。已故的張北縣傅縣長曾有名詩紀念野狐嶺、狼窩溝：「野狐勝地古今傳，路險山高雲漢邊。莫怪軍家爭此地，長驅直搗控幽燕。」

解放軍方面部署和戰鬥經過情況如下。

教導旅全軍總兵力為教導旅一個旅，外帶軍區警衛營（軍區警衛團在張北戰鬥中受重創，縮編為三個連建制的一個營），於一九四六年十月九日進抵狼窩溝，並迅速趕築工事。狼窩溝地形險要，公路兩側有一五五一高地、一五九四高地、一六〇九．三高地和一五七九高地，便於配置兵力。日軍占領時期修築的部分工事，完全可以利用。

九日黃昏，部隊分頭進入陣地，隨之，連夜搶修工事。十日拂曉前，各分隊普遍完成了單人掩體、部分交通壕和班組防空（炮）洞，並在前沿公路及其兩側埋設了防坦克地雷。一夜之間構築了堅固工事。

教導旅由原冀晉縱隊第一旅與晉察冀軍區教導師精簡合編，成分老、骨幹多，是軍區主力，戰鬥力最強。在大同、集寧戰役中，由於與騎兵作戰無經驗，吃了虧，這次銜恨而來，準備一決雌雄。

一九四六年十月十日拂曉，國民黨軍暫十七師在十三架飛機和十二輛坦克的配合下，沿路向張家口進犯。

七時三十分，先頭部隊即與一團偵察排接觸。該排給國軍一定殺傷，迫國軍展開後，立刻撤回主陣地。

九時，國軍以飛機和大量火炮對一團一線陣地實施猛烈轟擊。隨後，即以兩個多營的兵力在坦克的掩護下，向二營防守的一六〇九．三高地發起攻擊；以一個營的兵力向三營防守的一五九四高地攻擊。二、三營指戰員們背倚長城應戰。至十三時，國軍先後向共軍陣地發動八次集團衝擊，都被擊退。連續攻擊失敗後，十四時許，董其武又以兩個團的兵力，在十二輛坦克的引導下，向陣地發起了更加兇猛的進攻。扼守一五五一高地的五連和一六〇九．三高地以北地區的四連，則與攻方展開了白刃格鬥。經過反覆肉搏，因傷亡增大，寡不敵眾，全部一線陣地失守，即撤至一六〇九．三高地和一六四四．六高地二線陣地一線，繼續阻擊。

三營在連續打退國軍數次衝擊後，八連扼守的無名高地陣地被國軍占領。團長即命作戰參謀代理營長指揮戰鬥，並從營預備隊九連調兩個班，加強八連在一五九四高地的防禦。

激戰至十五時許，國軍在炮火掩護下，以兩個連的兵力向二營防守的一六〇九．三高地、一六四四．九高地攻擊；以三個多營的兵力依託一五九四高地西北之無名高地，分兩路向我三營防守的一五九四高地猛攻。八連頑強抗國軍，激戰三十分鐘，打退兩次集團衝擊，後因傷亡較大，陣地被國軍占領。但三營乘國軍立足未穩，即抓住戰機，以九連從右翼、八連從左翼，對國軍實施鉗形反擊。經反覆爭奪，終於擊退了頑強國軍，恢復了一五九四高地及其西北無名高地一線陣地。

天近黃昏，國軍為了趕在東線解放軍趕到之前，攻克狼窩溝，又在炮火掩護下向主陣地發動最猛烈進攻，多次展開白刃格鬥。國軍志在必得，攻勢極為兇猛，共軍最後未能頂住，全部二線陣地連續失守，只能撤出狼窩溝。

鄭維山急令教導旅不許退卻，立刻在狼窩溝和張家口之間的公路機動防禦，以戰鬥遲滯國軍，以掩護張家口黨、政、軍全體大撤退。

十日十七時，教導旅剩餘部隊退至張家口南天門地區，勉強構築防線，準備遲滯國軍攻勢。

再來看國軍方面進攻情況。

一九四六年十月十日晨七時，占領張北縣城的傅系騎兵部隊向狼窩溝作試探性進攻，見解放軍有準備，便停止進攻，聯絡主力前來狼窩溝。董其武於十月八日從集寧玫瑰營子出發，因察北尚義、大青溝系荒蕪山路，道路條件差，步兵問題不大，但汽車、坦克、炮車等行進起來，確實困難太多，只好一面整修道路，一面繼續前進。在這樣的行軍途中，汽車速度連騎兵都趕不上，當天只好駐軍在太基廟附近。

九日，部隊繼續前進，越過尚義縣。晚間董其武接得孫蘭峰的通知和傅作義的通報，得知騎兵第四師已於九日下午五時許攻占張北縣城。傅作義命令董其武部兼程前進，務於次日（十日）在騎兵部隊的有力配合協同下，攻占狼窩溝山地，經萬全縣直撲張家口。並告知在懷來地區的李文集團軍，已向張家口方向配合前進。又令魯英麟率領三十五軍乘汽車星夜向張北急進，以為該軍之後援。

董其武接到傅作義的命令後，即令部隊連夜兼程前進，十日上午十時許，前衛部隊一〇一師到達狼窩溝以北附近地區時，即向防守狼窩溝的山上的解放軍攻擊。狼窩溝是張家口北部的一個軍事要點，地形非常險要，兩邊高山峻嶺，中間一條峽谷，公路即由其間通過。就山勢來說，大有「一夫當關，萬夫莫開」之勢，以這樣險要地形，解放軍以一旅加一個營守衛，按理是綽綽有餘。

一〇一師受命後，郭景雲師長即令該師三〇一團（團長衛景林）向公路兩側山頭的解放軍攻擊。在一〇五榴彈炮、山炮以及迫擊炮和六架飛機的轟炸、掃射掩護下，反覆攻擊數次，均未成功。因為雙方距離太近，飛機、大炮都失去作用。郭景雲師長見該團屢攻不克，遂親率三〇二團（團長馮梓）趕來支援，準備在飛機及炮兵掩護下，親自指揮兩個團實行強攻。

這時國軍通信兵竊聽到狼窩溝的解放軍正向張家口指揮部報告情況說：「傅作義部的正規步、騎兵在飛機、大炮掩護下，向狼窩溝山上陣地猛烈攻擊，戰鬥非常激烈，要求派兵增援。」

解放軍指揮部說了「一定要堅決頂住，必須堅持到黃昏，援軍才能趕到」等語。

董其武得知此一情況後，即嚴令郭景雲迅速攻擊，務必於黃昏前解放軍援兵到來之前，將狼窩溝兩側山頭拿下來。郭景雲即刻指揮三〇一及三〇二兩個團，向解放軍陣地發起總攻。但因正面山勢險要，猛攻多次，均未得手；迂迴部隊繞山太遠，加以山高坡陡，兩者無法互相配合，結果仍無進展。下午三時左右，飛機在空中向董其武通報說：「飛機只能掩護和配合作戰到下午四時，四時後因氣候的關係，不能再行配合作戰，希望步兵能夠在飛機協同支援下，迅速攻占山頭陣地。」

董其武聽後，非常著急。黃昏前攻不下狼窩溝山頭，將無法向張家口進攻。遂令靳書科派出坦克部隊支援一〇一師，以期能於黃昏前攻占狼窩溝山地。

王滋榮連長率領該連十二輛日式九七式中型坦克，協同攻山部隊向解放軍陣地猛烈攻擊。同時飛機、大炮等也一起集中火力轟炸、射擊，步兵在十二輛中型坦克的掩護配合進攻下，於十月十日下午攻占狼窩溝。由於火力太猛烈，解放軍無法抵擋，被迫撤出狼窩溝陣地。坦克部隊在此戰鬥中發揮了大作用。

當一〇一師在坦克、飛機、大炮協同掩護猛烈攻擊之時，軍部通信兵又從電話上竊聽到狼窩溝的解放軍向張家口指揮部打電話說：「傅作義軍運用強大兵力，在坦克、飛機、大炮的掩護下，向共軍發起猛烈攻擊。為堅守到黃昏，部隊將受到重大損失。」張家口指揮部當即指示：「既是這樣，天將黃昏，你們已經勝利完成阻擊任務，可即脫離戰鬥，向張家口轉進。」正在進攻的傅軍受此消息鼓勵，信心倍增，一鼓作氣攻下了狼窩溝主陣地。

傅軍約在十日下午五時左右占領狼窩溝後，天將黃昏，為避免遭到伏擊，當夜即在狼窩溝附近地區露營。董其武用電報及無線電話向傅作義報告當天的戰鬥經過情況之後，即在公路旁邊的一家車馬大店[96]，召集幕僚人員及各部隊長開會，研究次日行動及攻擊張家口的作戰計畫。

張家口失守

十一日天明七時，傅軍集結向張家口進攻。空中有六架飛機掩護前進，上午十一時許，先頭部隊到達萬全縣附近。偵察人員報告說，萬全縣已成了一座空城，沒有解放軍防守。一〇一師首先進入該城，停止待命。

隨後董其武軍長和司令部人員也都驅車進入城內。恰在此時，忽接空軍副司令王叔銘（蔣介石為使傅作義盡快攻下張家口，特派空軍副司令王叔銘親率空軍支援傅軍）的空中無線電話：「根據我在空中親自偵察，看到張家口有火煙升空，在張家口至宣化之間的道路上，發現大部解放軍向東移動，判斷張家口的解放軍已經撤退，宜速前進占領張家口，空軍可以掩護前進。」與此同時，王叔銘在空中也將這個情況告知孫蘭峰。董其武接到這個電話後，認為王是空軍副司令，說話一定可靠。但為慎重起見，仍認為不宜貿然直入，繼續謹慎從事，以防不測。

[96] 可供車、馬出入的住宿場所。

各部隊聽說這個情況後，都要求率部首先進入張家口市。董其武聽了各個隊長的發言和要求以後說：「大家的精神很好，但這次行動必須快速，並該用強有力的部隊，以戰鬥的姿態一舉進入張市方可。因此，這個任務我看還是讓書科老弟率領機械化部隊，並配以一部分步兵去完成吧！」遂令新三十一師九十二團派兵兩營，乘汽車由副團長帶領，以急行軍的戰鬥姿態，向張家口攻擊前進。

臨行前董其武說：「如解放軍沒有撤退，即行發起猛攻，先將下堡占領，掩護後繼部隊攻擊；如解放軍確已撤走，即將全城占領，迎接我進城。」這時安春山師長也趕來對靳書科說：「一定先把下堡占領，不然，我攻城就要費大勁啦！九十二團一營擔任警戒，一時抽不下來，兵力不夠用，再從九十三團調個營給你吧？」靳說：「任務緊迫，時間來不及了，如需要時，再請你抽派！」

十月十一日下午二時，靳書科率機械化部隊在六架飛機的掩護下，向張家口攻擊前進。出發前向部隊講了一些注意事項，並挑選了一個步兵加強連，乘十輪卡車五輛，在四輛小型坦克（速度同汽車一樣快）的掩護下為搜索部隊，先行出動。其餘部隊持槍乘車在坦克車隊後跟進。

行至距平門五華里處，搜索部隊報告，張家口市內沉靜無聲，解放軍已經撤退。找來一個剛出城的市民，問他解放軍的情況時，他說：「昨晚四時許，解放軍即開始撤退，天明後完全撤退完了。現在城內秩序混亂，有些膽大市民把各機關內的東西都快搶完啦，你們應趕快進城去維持治安。」又問他：「解放軍向哪個方向撤走的？」他說：「大部分是向西南方向撤走的，小部分是向宣化、龍關方向撤走的。」又問：「附近還有沒有解放軍部隊？」他說：「詳細情況我不清楚，聽說賜兒山上還有解放軍在那裡，有多少人不清楚。」

得到這些情況後，靳書科即先派步兵一連向賜兒山攻擊前進，並令占領該山，擔任西、南兩方面的警戒。隨即率部進入張家口市內，見到商店鋪門緊閉，市面安靜得像一座死城一樣，街道上一個活動的市民也看不到。為占領全城並防止發生意外，以迎接全軍進入市內，靳書科特派出中型坦克十輛，將市內各主要街道路口實行封鎖。並派步兵一營，占領各制高點和擔任市內警戒。另派小型坦克四輛，汽車一輛，四處巡查聯繫。將整個市區加以布防，然後驅車到西平門外迎接董其武和全軍入城。

張家口在一九四六年十月十一日下午四時許，被傅作義的部隊攻占。傅作義避實擊虛、聲東擊西的戰術獲得巨大成功。

解放軍雖然主動撤走，但離張家口不遠的地方，仍不時有小部隊出沒。董其武擔心在夜間遭到解放軍的襲擊，即令一〇一師擔任張家口市的城防，任郭景雲師長為城防司令。將新三十一師集結在下堡一帶，暫十一師集中在上堡一帶兩個重點地區。將機械化部隊集結在明德北街離軍部不遠的一個廣場，並特意指示靳書科說：「你的部隊要隨時提高警惕，做好戰鬥準備，以提防解放軍夜間襲擊。」當夜雖然有一〇一師擔任城防，並派出警戒前哨部隊，但各部隊為防萬一起見，也都手不離槍，炮不離車的防備了一夜。

十月十二日，傅作義來電。一面嘉獎各部隊；一面令孫蘭峰指揮騎兵向崇禮，察北的寶昌、康保一帶進軍，攻占縣城；一面又令魯英麟軍長率領三十二師和暫十七師向宣化、下花園等地進軍。同時，令董其武迅速清掃週邊，恢復市內秩序，安定民心。

董其武即令一〇一師師長郭景雲率領師一部兵力，由機械化部隊派一〇五重炮兵一連，中型坦克一排（四輛），歸該師長直接指揮，出南營坊向防守在左衛鎮的解放軍進行攻擊。攻擊發起後，解放軍見有重炮和坦克配合攻擊，未作堅強反擊，只作了一些掩護性的戰鬥，即向察南蔚縣方向轉移。戰鬥從上午九時三十分開始，十二時結束，張家口市附近再無戰鬥。

張家口失守後，解放軍晉察冀根據地被從中切開，割裂成數塊，造成極為不利的形勢，使得解放軍晉察冀軍事形勢在大半年內很被動，陷入了困難局面。

而國軍占據了主動，打通了平綏路全線，切斷了東北、華北、西北的交通。並以張家口為基地，向晉察冀解放區腹地大舉進攻。

共軍戰史上，將張垣（今張家口）和淮陰失守，作為最不成功戰役範例解剖，其失敗在於，即沒有能消滅國軍全部力量，而自己又遭受相當損失並喪失根據地最重要的中心城市，造成不利被動局面。

晉冀魯豫：國軍豬笨二將慘敗，胡璉、楊伯濤逆轉戰局

內戰爆發後，為了營救被圍困的中原解放軍主力，解放軍有兩大軍區出擊外線，除了晉察冀軍區主力奪取三路（平漢、正太、同浦）四城（保定、石家莊、太原、大同），另一路就是劉伯承、鄧小平率領的晉冀魯豫野戰軍出擊隴海鐵路。

劉鄧大軍在內戰爆發之初，戰鬥是最頻繁的，平均四～五天就有一次戰鬥。劉鄧指揮素養很高，將自己內線作戰優勢——快速機動、情報優勢發揮得淋漓盡致。反觀國軍，畫地為牢，以鄭州綏署、徐州綏署各自負責一塊「責任田」分別會剿——指揮不統一，情報更缺乏，加上指揮水準上的巨大差異，被劉鄧抓住漏洞，連連擊敗。

劉伯承大殺四方，劉峙豬難吃虎

一九四六年八月十日，在一百五十公里寬的正面上，晉冀魯豫野戰軍向隴海鐵路中段沿線守軍突然發起攻擊。經三天戰鬥，攻克碭山、蘭封等城鎮和楊集、柳河集等車站十餘處，斃傷國

民黨軍五千餘人，控制鐵路一百餘公里。國民黨軍被迫從淮南、徐州等地抽調一個軍和二個整編師，從追堵中原軍區部隊的兵力中抽調三個整編師，分東西兩路回援隴海鐵路。

十三日起，晉冀魯豫野戰軍由隴海鐵路南下，展開攻勢作戰，連克杷縣、通許等城，爭取虞城國民黨守軍四千餘人起義。二十一日，在柳河集以西地區殲滅整編第五十五師第一八一旅及第二十九旅一個團。此時，東西兩路國民黨援軍已分別到達。晉冀魯豫野戰軍遂於二十二日主動結束戰役，並撤往鐵路以北休整。

隴海鐵路戰役，晉冀魯豫野戰軍殲國軍約一．六萬人，基本都是地方雜牌部隊，但是調動國民黨圍堵中原軍區三個師回援，基本達成自己的戰役目的。

鄭州綏署主任劉峙，在國民黨高層中是出了名的庸才。此人在國共內戰中百戰百敗，無一勝績，但靠著過去的資歷以及對蔣介石的忠誠，官運居然一直亨通。一九四八年劉峙剛剛擔任國民黨最重要的徐州剿總總司令時，時人有過這樣的評價：「徐州乃南京門戶，不派一隻虎，也要派一隻狗，怎麼能派一隻豬？」劉峙臉皮極厚，居然回答：「豬有豬的戰法，有的時候豬也能吃掉一頭虎。」下面我們來看看，在國共內戰之初，他在鄭州綏署的表現。

隴海戰役後，國民黨軍迅速在鄭州、徐州地區集結了十四個整編師三十二個旅，共三十萬人的兵力，準備對冀魯豫解放區發動進攻。但是，劉鄧主力在哪裡，上自國民黨國防部，下至國軍第一線部隊均不知情。於是只有採取最笨的辦法：徐州綏署，由右至左行，一字形排開，穩紮穩打、步步為營，在其作戰地境線內向北平推，預想第一會戰地為魚台、單縣之線，最後目標為嘉祥、鉅野。

而鄭州綏署右翼兵團，也是由右至左，一字形排開，穩紮穩打、步步為營，向北平推進；左翼兵團，則分由考城、長垣，隔黃河向東北進攻。左右兩兵團預想第一會戰地為定陶，最後目標為鄆城、鄄城。

這個部署可以看出徐州綏署與鄭州綏署指揮水準的差異。敵情不明，又要分進合擊，尋求國軍主力作戰，這樣的戰役目標先天就帶有危險性。因為每一路國軍相比晉冀魯豫野戰軍都是劣勢，極易被各個擊破。所以徐州綏署軍隊齊頭並進，主力捏成一個拳頭，找不到解放軍，也不容易被解放軍擊破。而鄭州綏署卻要兵分兩路，不捏成拳頭，以為伸開五指就可以橫掃劉鄧主力嗎？伸開五指也就罷了，偏偏五指之間還留下縫隙——整編三師右與整編四十七師間隔三十公里，左與整編四十一師間為黃河隔離，形成孤立。這樣一個漏風巴掌的部署豈有不敗之理！

劉鄧乃沙場夙將，見國軍露出破綻，立即集結晉冀魯豫野戰軍主力及冀南、冀魯豫兩軍區之武裝共五萬人，先散布假情報給鄭州綏署：「菏澤附近共軍，正棄城向北潰退。」劉峙果然中計，立即下令整編第三師率整編二十旅，於三日晨輕裝向菏澤挺進，乘虛占領該城。這下可好，漏風巴掌變成一根蘭花指。

九月三日，國民黨軍整編第三師被誘至定陶以西的大黃集地區，劉鄧大軍當即將其包圍，激戰至六日，整編第三師全部被殲滅。鄭州綏署慌了手腳，立即下令全線向隴海鐵路撤退。七日，晉冀魯豫野戰軍抓住有利時機，乘勝追擊，又殲滅整編第四十七師全部。八日上午，鄭州綏署各部退守蘭封鐵路一線，徐州綏署各部也被阻於成武地區。國軍分進合擊的計畫徹底失敗。

晉冀魯豫野戰軍擊破鄭州綏署部隊，斬獲不少。國民黨伸出的兩個鉗子被打掉一個，現在還

剩下一個鉗子——徐州綏署部隊。

張鳳集大戰，整十一師一戰成名[97]

一九四六年十月三日，休整近一月的晉冀魯豫野戰軍發起巨野戰役。這次的戰役目標是殲滅徐州綏署的整十一師，不過這次是遇到勁敵了。

劉鄧的部署是：一、以十分之一的兵力，用二縱的五、六旅五千餘人在龍堌集一線防禦，阻擊五軍；二、其他所有主力集結待機，準備消滅十一師。劉伯承精心設下口袋，以五萬餘人在大義集、棠李集設好了埋伏，等十一師來鑽口袋。

當時整十一師與五軍是齊頭並進的態勢。十月三日整十一師進抵巨野南之張鳳集，第五軍進抵巨野西之龍堌集。國軍五軍到達龍堌集後，立刻遭遇共軍二縱頑強阻擊。經過劉伯承親手調教的二縱成功的擋住了五軍的進攻，一直到十月九日，五軍都沒突破二縱的陣地。龍堌集阻擊雖然打得順利，圍殲十一師的主戰場卻非常的不順利。

整十一師師長胡璉在國軍系統中也是排得上號的悍將，戰場嗅覺很敏銳。五軍遭遇頑強阻擊，十一師行動立刻變得謹慎。本來劉鄧的部署是西阻南放——放整十一師南進，讓其態勢更孤立，接著就準備在大義集、棠李集圍殲十一師。誰知道十一師並不冒進，到達張鳳集後，各部分駐周圍村莊，不動了。

劉鄧在無可奈何之下，只得改變部署，讓各部冒雨趕往張鳳集——伏擊戰變成攻堅戰，這仗不好打了。

當時劉鄧主力近六萬人，計有：二縱（欠四旅）、三縱、六縱、七縱、冀魯豫軍區獨立旅，除二縱負責阻擊五軍，七縱負責圍攻張鳳集十一師十一旅三十二團，三縱圍攻東西蔣莊十一旅三十一團，六縱進攻十一師師部與一一八旅，其中三、七縱攻擊方向是重點。

七縱開始以主力團五十八、五十九兩個團作為突擊團，於六月三日發起進攻，但直至四日夜所攻者，均為整十一師三十二團週邊掩護部隊的偽陣地與陷阱，解放軍遭受不小的傷亡，卻根本抓不住國軍。

經過了三、四日週邊窩窩囊囊的戰鬥，五日拂曉，二十旅總算攻到張鳳集週邊，占領西北角週邊陣地姚莊。五日拂曉，二十旅部隊從張鳳集週邊不停向村內發起進攻，但張鳳集週邊地形開闊，加上連日大雨，形成了眾多水窪，地面泥濘不堪，淤泥沒腳，行動非常困難，國軍守軍整十一師三十二團在村外設置三道鹿砦[98]（「砦」同「寨」），火力配置嚴密。部隊連續進攻多次，都無法接近寨牆。天亮後，國軍飛機飛臨戰場上空，低空轟炸掃射，二十旅部隊被迫轉入防禦，將張鳳集團團圍住。五日上午，七縱全軍趕到張鳳集，決定於五日夜對張鳳集展開總攻。

總攻從三個方向同時發動，七縱所有迫擊炮、山炮、小炮一齊發射，村內彈如雨下，在全縱

---

[97] 本部分內容引自伯玉：《張鳳集大戰》，有修改。

[98] 把樹木枯枝插在地上而成的障礙物，用以阻礙敵人前進，形狀似鹿角。

幾百支輕重機槍密集火力掩護下，各路攻擊部隊在積水中犁開一條條「水路」，匯成一道道水幕，向張鳳集席捲而去。整編十一師的戰鬥力確實與眾不同，三十二團雖然遭到了圍攻，依舊沒有慌亂，無數顆照明彈騰空而起，照得地面一片慘白，守軍幾十門迫擊炮、一百支輕重機槍一齊開火，天崩地裂般轟鳴開了，在村四周組成一道密不透風的火牆，進攻的士兵被割草般地掃倒，成排成片地倒了下去。四下裡都是傷患和瀕死者痛苦的喊叫聲、呻吟聲，加上雨點般的槍炮聲，震耳欲聾，張鳳集籠罩在火光、水幕之中，在獄火中蒸騰。

共軍喋血張鳳集，國軍鋼鐵十一師

解放軍主攻方向五十八團二次突擊受挫，團長吳忠急得煩躁不安，助攻方向也多次受挫沒有進展。然而從東北角突擊的五十九團倒是有了進展，團長晉士林動了一番腦筋，充分利用地形，一直把重機槍推到了距寨牆只有二十米的地方，又悄悄地拉開了守軍的第一、第二道鹿寨。在拉第三道鹿寨時，守軍發現了突擊分隊，晉士林立即令各種火器一齊開火，壓制寨牆上國軍的火力，突擊分隊趁勢發起衝擊，一舉打開了突破口。晉士林見突破成功，馬上率二梯隊進村，搶占了數處院落。這也是當晚張鳳集各攻擊部隊打開的唯一一個突破口。

晉士林帶著五十九團在村內站穩了腳跟，見此有利形勢，七縱立刻命令預備隊二十一旅六十二團從突破口跟進。同時命令吳忠率五十八團跟進，六日凌晨，七縱突破張鳳集，**如果是國民黨一般部隊，前沿陣地被突破，部隊就離崩潰不遠了。但是十一師作為國民黨五大主力之一，**

確有其過人之處。

守將張慕賢見解放軍突破後，立刻組織全團所有炮火、機槍一齊向突破口射擊，組成了一道火牆，阻斷了後續部隊的進入，這樣，已進入張鳳集的五十九團二、三營，五十八團三營八、九連、團特務連，六十二團一營共四個營一千幾百人反倒被包圍起來，處境十分危險。這時突入的部隊公推五十九團團長晉士林為臨時指揮，再次發起進攻，擴大戰果，企圖在天亮前占領村內制高點，但是連攻數次，傷亡累累，一點效果都沒有。天亮前，守軍除了用火力封鎖，又展開部隊從兩翼進攻突破口，重新奪回突破口，團團包圍了突入部隊。

晉士林、吳忠不得不帶領突入部隊依託已占領的五個院落轉入防守，突入的一千幾百人守在五個大院裡。雖然在兩個主力團長指揮下，構築大量工事，將五個院落牆壁全部打通，使五個院落連為一體，可還是施展不開。

六日上午九點國軍張鳳集三十二團展開反攻，迫擊炮彈、手榴彈雨點般落在五個大院裡，戰防炮在炮連連長林文模親自指揮下，將戰防炮抵近院牆幾十米處射擊，炮聲響處，只見濃煙彌漫，房倒屋塌，院牆被轟開幾個缺口。解放軍六十二團一營營長孟宗華腿被炮彈炸斷，他坐在地上，三十二團士兵一擁而上從突破口進入，守軍全部退入屋內防守，兩個戰士上前架著營長孟宗華往屋內跑，這時一個國軍士兵從突破口進入，舉起衝鋒槍掃射，孟營長和兩個戰士全身中彈，倒在院內，當場死亡。屋內守軍見狀不顧一切發起反攻，重新封鎖缺口。三十二團戰防炮連長林文模在抵近射擊時，也被守軍打死。戰鬥進入拉鋸狀態。

三十二團從六日上午一直到下午，發動了三次進攻，都被擊退，但這種兇猛進攻勢頭使得突入部隊頂不住了，進攻部隊每發炮彈都給守軍造成重大傷亡，工事全部被摧毀。

第三次進攻時，莊內臨時總指揮五十九團團長晉士林和政委首先動搖了，六日黃昏時分，團長晉士林帶領部下，撇下友軍五十八、六十二團部隊不管，自顧自突圍逃命去了。整個突圍過程損失非常大，在三十二團槍林彈雨中往外衝，團長晉士林、政委劉權都被打傷，晉士林被兩個士兵架著逃出了張鳳集。**這成了軍政雙優、解放軍中極少有的大學畢業將領晉士林一生的恥辱**，並為此背上黑鍋，他戰後被調動了職務，作為處罰，直到徐蚌會戰前他還是個團長。

五十九團殘餘部隊突圍逃跑後，三十二團迅速從兩翼封鎖突破口，並將留在突破口掩護的五十九團三營九連全部消滅，重新封閉突破口。留在莊內殘存部隊只剩不到三百人，力量更加薄弱，守在幾個大院裡，危在旦夕。

國軍楊伯濤「逆襲」改變戰局

解放軍在張鳳集攻擊不順利，東、西蔣莊攻擊更不順利。

三縱主攻東、西蔣莊部隊七旅、八旅剛進入集結地域，就不幸被守軍提前發現，山炮、迫擊炮炮火從天而降，還未進攻就死傷二百餘人，士氣大受影響。安置完死傷人員後，七、八旅重新集結，於十月四日晚二十二點，再次發起總攻，七旅攻東蔣莊，八旅二十三團主攻西蔣莊，但守軍已經構築完整防禦體系，環村設置鹿寨，房下構築暗堡，火力組織嚴密。三縱徹夜激戰未能攻入村內，進攻嚴重失利。

趁三縱進攻東、西蔣莊部隊受挫之機，國軍十一旅旅長楊伯濤於五日早晨，親率特務連從西蔣莊出擊，進行反擊，三縱猝不及防，不僅被十一旅擊潰，還被抓了一百多名俘虜。楊伯濤率部在東、西蔣莊的奮戰，大獲全勝，大大震撼了晉冀魯豫野戰軍。

楊伯濤的反擊對戰局影響很大，三縱受挫，東、西蔣莊包圍被解除，整十一師得以騰出兵力增援張鳳集被圍困的三十二團。胡璉在戰後十一師軍官總結會上說道：「這次東西蔣莊與張鳳集地形都較疏散，東西蔣莊更散，兵力大致相同，都是攻擊重點，但結果不同，主要原因是因為第十一旅楊旅長果斷勇敢，適時掌握戰機，親率特務連反擊，而竟能固守，假如兩地都被突破，那時結局將不是這樣的。」

面對這種嚴峻形勢，劉伯承、鄧小平不得不作出更現實可行的調整，即決定停止進攻東、西蔣莊，集中三、七縱兩個縱隊二萬多人，以絕對優勢進攻張鳳集三十二團。接到命令後，三縱除留二十四團監視東、西蔣莊及蕭家堂的守軍，其餘八個團全部調到張鳳集，加入七縱的進攻。

張鳳集攻防高潮

六日黃昏，作為第二梯隊的解放軍三縱第七旅、八旅投入戰鬥，向張鳳集發起了攻擊。首先六十二團七連作為先鋒重新對守軍發動進攻，展開了激烈的白刃戰，重新打開被封閉的突破口，迅速突入村內。第十九、二十旅也隨後跟進，衝進村內，分頭圍殲守軍。吳忠團長和張興臣參謀長等人也從村中配合夾擊。

雖然解放軍與守軍兵力對比已經是十：一的絕對優勢，但是依然啃不掉三十二團。公正的說，**當時解放軍雖然作戰勇敢，主動性強，但是戰術呆板，與十一師這樣的老牌部隊相比，其戰術素養還差了一個檔次**。

當時解放軍村落作戰基本是靠鑿牆前進，不注意控制主要街道。而十一師借助街道調動，快速迅捷，一個兵能當三個用。對於解放軍鑿牆戰術，十一師制定了反突擊的戰術。當解放軍爆破組將房屋炸開，突擊組一擁而上後，就遭到十一師守軍小集團有組織的射擊和反撲，一般小集團由兩、三個人組成，全部配備衝鋒槍和卡賓槍。兩三個小組在爆破後同時出擊，從不同方向對準爆破口集中火力猛烈射擊，突擊小組幾乎無一倖免，大都死傷在突破口，造成解放軍傷亡大增。對這種防禦方法，解放軍一時缺乏應對辦法，巷戰進展緩慢。

七日早晨，三縱和七縱經過協商，決定向國軍守軍發起強大攻勢，隨後展開了對一條街道、一座房屋的爭奪，經過一個上午的戰鬥，三、七兩縱憑藉人數上的優勢，逐漸將守軍壓縮於村西南角一座家廟（祠堂）內，即三十二團核心陣地內。守軍憑藉四周高牆，頑強地抵抗十倍餘自己的對手，他們用機槍、衝鋒槍組成嚴密的火網，牢牢封鎖住前進的道路，其戰鬥意志十分頑強。三縱多次猛攻，付出重大傷亡，卻再也啃不動這最後的陣地了。

在整個戰鬥過程中，整十一師師長胡璉及師部只知道東、西蔣莊和張鳳集戰鬥激烈，但不清楚具體情況。由於兵力薄弱，師部方向只有一一八旅二個團，同時又受到六縱猛烈進攻，無法採取行動支援張鳳集等。但胡璉連續兩次打電報給五軍，要求向十一師靠攏，五日傍晚五軍覆電：「不能靠攏馳援。」看完電報後，胡璉極為氣憤地說：「邱清泉太自私了。」

五軍雖然受到二縱頑強阻擊，但是並沒用上全力——這是有原因的。國民黨嫡系有兩大山頭，其一是時任參謀總長的陳誠，其二是時任軍政部長的何應欽。兩大山頭明爭暗鬥十幾年，矛盾很深。十一師屬於陳誠土木系[99]，而五軍卻屬於何應欽系統。十一師被圍攻，五軍上下多少有點幸災樂禍，所以不肯在救援上盡力。

六日，六縱進攻十一師師部馮家沙窩週邊的陣地王家垓失利，胡璉這才有餘力抽調一一八旅五十四團增援張鳳集。五十四團在七日天亮後進攻到離張鳳集三華里的地方，遇到三縱的堅強阻擊。五十四團在炮兵和空軍掩護下，順利突破阻擊，在下午一點攻到張鳳集南門，此時集內守軍只剩西北角一塊陣地了。此時援軍適時趕到，五十四團一、三營從南門挖民房牆洞打開一條路，進入莊內與守軍會師。

十月七日四點後，三十二團撤出，幾乎同時，劉鄧決定迅速後撤，數日血戰讓劉鄧痛徹心扉，再也不能打這種傷亡巨大的消耗戰了。晉冀魯豫野戰軍用盡全力，不但沒有戰果，反而受到重大挫折，全軍不得不後撤一百餘里休整。十月十六和十八日，整十一師和五軍分別占領巨野、嘉祥，十月二十四日，**整十一師占領鄆城，戰果輝煌。解放軍喪失了非常重要的兵源、糧源、財源——魯西南根據地，損失巨大。**

---

[99] 十一師和十八軍，十一、十八字型像土木二字。

劉峙再次中計

晉冀魯豫野戰軍經過休整後，劉鄧決定避實擊虛——徐州綏署部隊太強不好打，就專打鄭州綏署。鄭州綏署部隊多為雜牌，戰鬥力不強，更何況還有一位豬一樣的領導。劉鄧調整作戰方向後，立刻收到奇效。

一九四六年十月二十七日，鄭州綏署據軍事調處三人小組下黃河，小組情報人員密報：「鄄城以北沒有共軍一兵一卒」，該綏署立刻令菏澤整六十八師乘虛占領鄄城（這麼快就忘掉整三師被殲的教訓了）。

二十八日，整六十八師以整一一九旅配屬整二十九旅第八十六團，及炮十團一〇五榴炮一個營為特遣隊向鄄城急進，十六時許進抵鄄城南約五公里，與晉冀魯豫野戰軍第二、第三、第六縱隊迎戰，激戰至三十一日，整六十八師被全殲。

殲滅六十八師後，劉鄧立即星夜西渡黃河，進入濮縣、濮陽地區休整。十一月二日，毛澤東電令劉伯承、鄧小平：「用各個擊破方法，將孫震（第五綏區，轄整編第四十一、第四十七師）、劉汝明（第四綏區，轄整編第五十五、第六十八師）兩集團大部殲滅，使王敬久集團（整編第二十七軍，轄第五軍及整編第十一、第七十五師）陷於孤立，而後再殲滅該國軍，轉變戰局。」

這時，國民黨也在調整部署，整編第十一師南調蘇北參加對山東野戰軍作戰，整編二十七軍指揮第五軍及整編七十五師，於巨野、鄆城、鄄城附近地區，協助第四綏區作戰，劉峙在丟掉三個整編師後終於被撤職，以顧祝同擔任鄭州綏署主任。

顧祝同粉墨登場

顧祝同也是平庸之輩，如果說劉峙蠢，那顧祝同可以稱為笨。劉峙幾個月送掉三個師，但至少非國軍主力；顧祝同更出手不凡，在山東先是三天送掉李仙洲兵團，再把頭號主力七十四師送上孟良崮。徐蚌會戰，兩人齊心合力，聯手將整個徐州剿總五十萬國軍斷送得乾乾淨淨。

內戰爆發時，國民黨軍主要戰略目標是打通主要交通線。而此時把守平漢路的共軍劉伯承第一縱隊，已北上增援華野張家口保衛戰，安陽至石門段平漢路解放軍兵力完全空虛，國軍可以輕易打通平漢路，但顧祝同偏偏視若無睹，使戰機白白溜走。

在作戰目標方面，捨棄解放軍主力不顧，而去追逐飄忽不定、一拳打下去都是風的解放軍地方部隊及民兵，明明解放軍主力在一旁虎視眈眈，偏要分散用兵。如果說以前劉峙部署是漏風巴掌，那麼顧祝同部署更像一個剪刀手式。當初劉峙兩次伸出蘭花指好歹還是去捅劉鄧主力，現在顧祝同叉開兩根手指卻是擺在劉鄧主力旁邊，是等待解放軍來切嗎？

劉鄧發現國軍自己露出破綻，立刻作出以下部署：以第三縱隊奔襲邵耳砦附近整四十七師之整一二五旅欠一團；第六縱隊附冀南獨四旅，奔襲上官村整四十一師之整一〇四旅；第七縱隊監視老岸集、朱集附近之國軍，依狀況適時參加第三或第六縱隊方面作戰；第二縱隊控制為戰略預備隊，準備打援。

解放軍一動就迅若奔雷，十一月十八日自濮陽、濮縣附近集結地開始行動，**一夜突進一百里**，十一月十九日拂曉前，對邵耳砦、上官村國軍完成各個包圍，並立即發動突擊。戰至二十日，全殲整一二五旅及一〇四旅。隨後乘勢向北攻擊，擴大戰果。再全殲朱集守軍豫保第十二總隊，及老岸集整一二五師之一個團。

二十二日國軍援軍從東西兩面大舉前來增援。晉冀魯豫野戰軍在國軍增援部隊趕到前，攜帶繳獲的大量輜重彈藥，主動撤離戰區，勝利結束滑縣戰役。

十二月二十六日，晉冀魯豫野戰軍再次利用國軍部署分散的弱點，集中三縱、六縱主力將金鄉整八十八師整新二十一旅團團圍住。以金鄉為誘餌，用圍點打援戰術，先伏擊來援的整八十八師整六十二旅及配屬整七十師之整一四〇旅，一戰而勝，再乘勝擴大戰果，以第七縱隊鉗制整六十八師之增援，集中第三、第六縱隊，再伏擊國軍保三縱，一日後將其大部殲滅。吃掉保三縱後再追殲後撤的整六十八師，二日後將整六十八師部整八十一旅、配屬整五十五師整七十四、整一八一旅全部殲滅。此戰劉鄧將內線作戰優勢發揮得淋漓盡致——解放軍情報靈通、快速機動，將國軍援軍各個擊破。

國軍因指揮失誤連連失敗，而失敗又再加劇了指揮上的混亂。

晉冀魯豫野戰軍殲滅整六十八師後，再次分兵，北路由劉伯承親自指揮第一、第二、第三縱隊，奪取定陶、曹縣、單縣，南路由鄧小平指揮第六、第七縱隊，越過隴海鐵路，襲占寧陵、睢縣、柘城、鹿邑、亳縣、太康、杞縣，南北兩路拉開一個巨大的空檔，等著國軍出牌。

國軍出牌了。國防部令鄭州綏署以整八十五、整七十二、整五十五師及快速第二縱隊，由民權、考城向曹縣進攻，徐州綏署以整二十七軍指揮第五軍、整七十五師，由碭山、商丘向單縣進攻，爾後徐、鄭兩綏署協力向定陶進攻。

國軍意圖很明確，就是先吃掉劉伯承親自指揮的第一、第二、第三縱隊。但是，這個部署卻有一個巨大的漏洞——對隴海鐵路以南鄧小平率領的兩個縱隊竟毫無處置，難道國民黨高層認為六、七縱會坐看國軍圍殲一、二、三縱而無所作為？更奇葩的是，國防部對徐、鄭兩綏署攻勢發起之時間未予指定，**形成各自為戰的局面，致鄭州綏署攻擊發起已數日，徐州綏署仍停留於原地未動**，為晉冀魯豫野戰軍各個殲滅徐、鄭兩綏署部隊創造了極好的機會。

送上門的機會，劉鄧當然不會放過。由於一系列的勝利，讓晉冀魯豫野戰軍胃口變得更大，這次，劉鄧計畫要一次殲滅國軍兩個整編師——即鄭州綏署右縱隊整八十五、整七十二師。

民權之戰，中野大意失利

劉鄧部署為：第一縱隊及第二縱隊主力，埋伏於隴海鐵路北側淤黃河附近；第三縱隊及第二縱隊一部，於柳河附近，主力由東向西猛衝國軍腰部；鄧小平指揮之第六、第七縱隊，則星夜向戰場集中，並向八十五師與七十二師後背攻擊。**簡單說，這個部署是「阻擊正面，打擊腰部，進攻背後」。部署很巧妙，但是執行卻出了問題**。

首先是一、二、三縱出擊過早。一九四七年二月十日拂曉，整八十五、整七十二師兩師並列，由民權、野雞崗向曹縣發起攻擊，快速第二縱隊留在戰線後方為戰役預備隊。

中午國軍進抵淤黃河附近，一縱、二縱主力立刻出擊，接著三縱於李壩附近由東向西猛打猛衝國軍右側背，此際國軍主力尚未脫離原陣地，於是國軍迅速縮回原陣地。北面利用淤黃河堤岸採取守勢，集中兵力沿隴海鐵路附近向東攻擊，雙方打成膠著。伏擊戰變成攻擊戰，這仗一開始就不順利。

下午國軍空軍發布偵察報告：解放軍第六、第七縱隊，正由柘城、太康、杞縣向民權方面急進（這次空軍總算為國軍提供了一次準確情報）。鄭州綏署令右縱隊撤回民權、野雞崗間原陣地加強工事備戰。十一日黃昏時鄧小平指揮第六、第七縱隊到達戰場，二十三時第一、第二、第三縱隊由北向南、第六、第七縱隊由南向北，對野雞崗、民權整七十二、整八十五師陣地發起總攻。由於國軍工事完整，兵力集中，解放軍幾度攻擊均未打開缺口。**關鍵時刻，解放軍犯了一個致命錯誤，對國軍放在防禦圈內的預備隊——快速第二縱隊未做任何防備**。

十二日凌晨二～五時，解放軍發動多次決死衝鋒，卻遭遇國軍優勢火力殺傷，戰場遺屍枕藉。五時後國軍突然出動快速縱隊逆襲，以戰車為前導，在空軍支援下，其勢如秋風掃落葉向圍攻的解放軍橫掃猛衝，解放軍猝不及防，當即被擊潰。晉冀魯豫野戰軍傷亡慘重，被迫向曹縣、定陶敗退。

這是晉冀魯豫野戰軍在戰場上第一次被國軍擊潰（張鳳集是傷亡慘重後主動撤退）。究其原因首先是胃口太大，企圖一次吃掉國軍五個整編旅一個快速縱隊，這目標已經超過了當時晉冀魯豫野戰軍的能力（晉冀魯豫野戰軍因為前面一連串的勝利多少有些輕敵大意）。其次就是攻擊時間太早，讓國軍迅速撤回民原陣地，伏擊戰變成攻堅戰，難度增加不少。再次就是疏忽大意，對國軍裝甲部隊缺乏警惕。反觀整八十五師師長吳紹周一直將快速縱隊作為戰役預備隊，戰鬥再激烈也不輕易使用，直到解放軍攻擊衰竭時突然反擊，果然就扭轉了戰局，將晉冀魯豫野戰軍擊潰。

華中解放區的淪陷

自對日抗戰中期開始，蘇北即成為中共的根據地之一。抗戰勝利後，國民政府因多數軍隊遠在大西南後方，對蘇北日偽占領區的接收暫時只能控制少數重點城市，而對縣以下廣大空間則心有餘而力不足。中共則以地利之便，接收了日偽占據的蘇北大多數縣鎮，**形成了北連山東、西連安徽的大片鞏固根據地。一九四六年五月，國民政府還都南京。蘇北與國民政府統治的中心區域——南京、上海地區不過一江之隔**，臥榻之側，豈容他人酣睡？所以，內戰一起，國民黨即將蘇北作為首要必爭之地。

蘇中之戰，粟裕七戰七捷

國民政府方面，擔任蘇北作戰的第一綏靖區在由李默庵接任司令，下轄四個整編師、二個整編旅及二個交警總隊，共十二萬餘人。一九四六年七月四日，徐州綏署發出第二號作戰命令：「以確保京滬、津浦、長江之交通，而達到確實拱衛首都安全之目的，應先肅清長江以北東台、興化、高郵、盱眙以南地區，及津浦路南段鐵道兩側地區之匪，以利爾後之進剿。」李默庵決定先集中兵力攻占伸入己方防線的如皋、海安等地，解除後方威脅後再行北進。然而當他部署完畢，準備於十五日開始進攻時，**其計畫已為中共預先獲知，並透過馬歇爾向蔣介石施加壓力，使李默庵不能按計畫行動，反造成被動挨打的局面**。

中共方面，擔任蘇中作戰的主要是華野一師、六師和七縱的三萬餘人。面對兵力與裝備均具有優勢的對手，粟裕沒有採用中共通常採用的誘敵深入、後發制人的戰法，而是選擇主動出擊，利用對手在尚未開戰之際驕傲輕敵的弱點，達到首戰獲勝的目的。

當時整八十三師各有一個團駐宣家堡和泰興，位置較為孤立。七月十三日，華野第一師向宣家堡、第六師向泰興發動突擊。由於守軍缺乏準備，李默庵一時不明具體情況，也未即時派出增援。戰至十五日，宣家堡的一個團全軍覆沒，泰興的一個團基本被殲。此戰為中共在蘇北首戰，關係到蘇北根據地前景，毛澤東極為關注，戰鬥剛剛結束即去電詢問：「我在泰興及宣家堡所打者是否即八十三師？該師消滅多少？尚存多少？」此戰粟裕部署分別以一個師打一個團，結果初戰獲勝，內線連續作戰的想法也因此而得到中共中央的肯定。

蘇中戰鬥打響後，徐州綏署即命各部按原計畫發動進攻。十六日，李默庵命整四十九師攻如皋，整八十三師策應整四十九師，整六十五師和九十九旅北援泰興。面對國軍多路攻勢，粟裕的策略很簡單——「管你幾路來，我只一路去」，蘇中解放軍主力迅速由泰興轉向東進，兩天急行軍一百多里，奔襲已進至如皋附近的整四十九師，解放軍如神兵天降的突襲，讓四十九師倉促之間由攻轉守，損失甚大。

自八日晚至九日晚，該師右路二十六旅被殲，師長王鐵漢率師直突圍而出，但左路七十九旅仍在堅守。此時，整六十五師與整八十三師相繼占領黃橋與薑堰，正向如皋推進，粟裕不再戀戰，於二十三日放棄如皋，向北撤退。

國軍占領如皋後的下一目標為海安，因為只要拿下海安，便可使己方在蘇中獲得完整的戰線，鞏固沿江占領區。李默庵以整六十五師、整八十三師，於七月三十日開始合擊海安。面對兵力居優的對手，粟裕避其鋒芒，令部隊於八月三日放棄海安。海安輕易攻占讓李默庵志得意滿，以為對手大勢已去，輕率的放鬆了警惕，殊不知華野主力正潛伏在附近的海安東北，準備給國軍致命一擊。八月十日，駐海安的新七旅和駐李堡的整四十九師一〇五旅換防，結果在李堡交接時突遭華野攻擊，各損失一個團。次日新七旅另一個團又在開赴李堡途中被殲。

遭受連番挫敗，對手又動向不明，李默庵決定調整部署，穩固防守。粟裕看準對手防線的薄弱處，率部南下迂迴到國軍側後，八月二十五日，粟部在如黃路上遭遇自黃橋增援如皋的整六十九師九十九旅和自如皋開出接應的整六十五師一八七旅，粟裕當即決定以六師攻九十九旅，以一師和二師五旅攻一八七旅，戰至二十七日，全殲這兩個旅，獲得開戰以來最大的一次勝利。三十一日，粟裕又乘勝攻占黃橋。李默庵不得不下令全線後撤，蘇中戰鬥暫告一段落。

國共兩軍蘇中作戰，國方重在收復失地，解除中共對江南的威脅；中共重在發揮內線優勢，消滅對手的全部力量。由於解放軍內線作戰，情報、後勤、部隊調動均有較大優勢，加上國軍指揮失誤，蘇中之戰粟裕打得非常順手。解放軍在蘇中以損失一．六萬餘人之代價，殲滅國軍方共五．四萬餘人，史稱「七戰七捷」。作為中共在蘇北戰場的主要軍事指揮員，粟裕在國共雙方力量對比懸殊的情況下，能夠抓住戰機，連續作戰，以較小的代價換取較大的戰果，表現確較其對手高出一籌。

淮南丟失，山野泗縣之敗

與蘇中相比，國軍在安徽淮南和淮北的作戰進程較為順利。

擔任淮南作戰的國軍盡為精銳，第五軍四十五師自右翼由六合攻天長，九十六師自左翼由來安攻盱眙，另以整七十四師五十八旅為預備隊，一九四六年七月十六日開始行動。守備淮南根據地的共軍淮南軍區只有八個團的兵力，兵力和裝備均遠不及對手，又企圖以分兵防禦保守地方，結果在國軍的優勢兵力攻擊下，處在完全被動的地位，最後在遭受重大損失後被迫轉移至蘇北，淮南根據地全部丟失。

擔任淮北作戰的國軍由第八綏區司令夏威指揮，其中南路第七軍由固鎮東攻靈璧、泗縣、五河，中路整五十八師由宿縣、蒙城北攻濉溪口，北路整六十九師由宿縣北之夾溝東攻朝陽集，目標是廓清淮北，然後向東進迫蘇北後路。中共方面，由陳毅指揮山東野戰軍七師、八師、二縱以及華野九縱共五萬餘人，於七月二十日自魯南越過隴海鐵路，出擊淮北，尋殲對手。七月十八日，國軍開始行動，至月底已先後進至預定進占地域，唯獨整六十九師於二十七日在朝陽集遇襲，九十二旅被殲。朝陽集之戰後陳毅信心大增，認為「現華中全境，蘇中敵勢已頹，淮南、淮北敵勢正旺」，因此「決心在淮北打一二好仗，即可改變局勢」。

具體作戰方向上，陳毅認為淮北的國軍部署密集，不易分割打擊，而桂系軍隊部署相對分散，因此選擇泗縣的桂系第七軍為打擊目標。但七軍有「鋼軍」之名，戰鬥力很強，華野和山野內部對陳毅的決策均有不同意見，但未能動搖陳毅的決心。

陳毅雖然信心很足，但是具體部署卻出了問題。他以八師和九縱攻擊泗縣，七師和二縱準備阻援——幾乎是平分兵力，一半攻城，一半阻援，用兵無重點導致攻城方向兵力不足。七日晚，擔任主攻的八師發起攻擊，次日晨攻入城內，但守城的國軍七軍一七二師戰鬥意志很強，不僅頑強抵抗，還屢屢反擊，八師傷亡嚴重，無力擴張戰果。而七軍增援的一七一師分兵繞開山野阻擊線，九日晚到達泗縣大小北門解放軍背後，並立刻展開攻擊。攻城部隊本已疲憊，又腹背受敵，不得已只得撤出戰鬥。但已經攻入城裡的部隊無法撤退，被國軍全殲。

泗縣一戰，山野損失近三千人，不僅攻城部隊損失慘重，而且對部隊士氣的影響更大。國軍借山野休整之機，迅速向東擴展，使中共在蘇北的狀況更加困難。

共軍軍史上最不成功的戰例典型——淮陰之戰

國軍攻占淮南、淮北大片土地，不僅解除解放軍對徐州的威脅，而且也漸漸逼近了中共華中根據地的中心區。

薛岳聲東擊西

一九四六年八月二十日，鄭州綏署主任薛岳開始籌畫進攻中共華中根據地的首府淮陰。為了加強進攻實力，薛岳徵得國防部同意後，調七十四師由南京浦口北運徐州東北的大廟集，七軍一七一師向泗縣開進，整二十六師四十一旅出淮南調到雙溝、古城集一帶，國軍在淮北津浦路東戰場上的兵力大為增加。而此時，位於淮北的解放軍山野主力，雖在淮北第一期作戰中遭到重創，可還保有相當實力，又利用幾天的休整，補充了大量兵員，戰鬥力基本恢復。**薛岳算了算陳毅**手裡有二十五個主力團，加上六旅、十三旅，共三十個團，**在兵力上超過國軍的進攻力量**。所以薛岳也格外小心，攻占淮陰這樣有重兵防守的要地，還得以巧取勝。

八月十九日，國軍參謀總長陳誠在徐州與薛岳召開軍事會議，專門商討進攻淮陰的作戰計畫。在會上，薛岳提出了自己的設想：命令國軍攻占宿遷、睢寧、洋河鎮等地，打開通往淮陰和沭陽的門戶，並**擺出一副進攻沭陽的架勢**。沭陽是解放軍由蘇北退往山東的必經之地，這樣的要地解放軍不能不爭，必須將主力部署於沭陽一帶，**待解放軍將注意力全部轉移於沭陽地區後，淮陰的防禦就空虛了**。國軍以主力由洋河鎮向淮陰突擊，同時以有力的一部掩護主攻部隊北面、阻擊解放軍主力南援。此外，為保證主攻方向的進展，位於蘇中的第一綏靖區和位於徐州東面的第三綏靖區必須牽制住當面解放軍，不使其向淮陰增援。這樣，淮陰唾手可得。

這個計畫周密細緻，得到了與會國軍將領的一致認同。於是，會議決定就照薛岳的意見制定作戰計畫。作戰方針定下來了，誰來擔任主攻呢？薛岳心中有數。

早在八月初，整七十四師師長張靈甫來徐州受領任務時，薛岳就向他講明，徐州綏靖公署的下一個作戰目標就是攻占淮陰，並指出：「這次我用『毒箭穿心』戰術以七十四師直取淮陰。」

這下整七十四師的立功機會又來了。張靈甫頓時心花怒放，連連點頭稱是。

會議結束第二天，薛岳還不放心，又把張靈甫找來，語重心長的囑咐道：「我的作戰計畫——挖心戰術，只有你師才能完成這個任務，你們進軍行動要神速，鑽到淮陰，出其不意，將共軍軍部所在地淮陰拿下來。沿途小股敵人，能吃掉的則吃掉，不能解決的派適量兵力把它監視起來，不可遲滯主力的行動。」八月二十一日，國軍新的進攻又開始了。

這時，在山野司令部，陳毅正焦頭爛額的接受著上上下下的一致指責，如同坐在火山口上。泗縣失利使他的聲望大跌，內部對其質疑聲音越來越多。他曾想調山野一縱等部作為後續部隊，由山東馳援淮北，可當一縱行進到臨沂時，留守山東的山東軍區副司令員張雲逸等人，以國軍有進攻臨沂的企圖為由，強留該部投入魯南戰場，給臨沂看大門。陳毅只好將這事擱置下來。

由於一縱等部無法南來，陳毅感到自己的兵力不足以遏制國軍的進攻，就一個勁向中央反映，部隊經過一個月作戰，相當疲勞，還需要一段時間休整。毛澤東知道他對戰局信心不足，便親自去電，一面給他打氣，一面嚴令他以積極的行動打擊當面國軍。陳毅無奈，只好硬著頭皮準備迎擊薛岳的進攻。

八月二十一日，七軍和整六十九、七十四師依計畫分由泗縣、雙溝、廟山圩、單集等地向睢寧合擊，很快占領了新集、大李集、朝陽集、魏莊、大王集、占山集、古邳鎮等地。這時，陳毅發現進占大王集的國軍是整六十九師一部，兵力薄弱，當即命令山野二縱與華中九縱強襲大王集，怎奈國軍齊頭並進，相互間距很小。而解放軍只有兩個縱隊，既無法分割大王集守軍，又無力阻援，只得停止進攻。

這一仗使陳毅認識到，在當前的態勢下，要殲滅國軍一部非常困難。於是，他命令華中九縱牽制遲滯當面國軍，掩護主力東撤休整待機。山野主力後撤，國軍的前進速度迅速加快。二十六日，國軍先後占領桃園、杜莊、楊圩等地，並向睢寧城猛攻。九縱節節抗擊，無奈寡不敵眾，只得逐次向魏集及睢寧東北撤退。二十七日下午二時，整六十九師攻占睢寧。而後，國軍又乘勝追擊，於二十九日占領埠子鎮，並攻抵宿遷城下。於是，整六十九師和整七十四師會攻宿遷，守軍抵抗了一下就向洋河鎮及運河以東退去了。七軍繼續尾追，於九月一日攻克洋河鎮。至此，國軍右翼兵團順利完成了戰役第一階段的作戰任務。解放軍方面，儘管主力未損，擔負掩護任務的華中九縱卻受到了一定的打擊，並在連續後撤中被弄得異常疲勞。

為了策應右翼兵團的進攻，國軍左翼兵團亦於八月二十一日開始進攻。由於這個方向上沒有解放軍主力部隊，國軍進展迅速。九月一日，國軍整五十九、七十七師在密集的炮火掩護下渡過運河，向台兒莊猛攻。守軍依據有利陣地與之對戰。雙方激戰到次日中午，守軍北撤。國軍遂克台兒莊及其北面的板橋、馬蘭屯。台兒莊丟了，解放軍重要的燃料生產基地棗莊就危險了。坐鎮臨沂的解放軍山東軍區副司令員張雲逸，在國軍軍事壓力下更不敢讓山野一縱南下支援陳毅保衛淮陰、沭陽了。不僅如此，毛澤東在張雲逸等人的強烈要求下，甚至電示陳毅，要將山野八師北調魯南，只因陳毅反對作罷。而在魯中，膠濟線上解放軍各部隊，正受到來自第二綏靖區的巨大壓力，更無力南援。因此，**解放軍山東戰場與華中戰場就被分離開了，這樣不利的局面一直持續到一九四六年底**。

陳毅判斷失誤，薛岳奇襲奏功

一九四六年九月初，國軍在完成了進攻兩淮的第一步作戰計畫後，薛岳出人意料的命令部隊停了下來。因為他發現解放軍主力並沒有受到真正的打擊。因其在逐步後撤的過程中得到了休整，實力非但沒有下降，反而有所增強。而在國軍方面，原計畫用於主攻淮陰的整七十四師主力尚在宿遷，作為戰役預備隊的整二十八師還在魯南，兵力分散，不利於發動新的進攻。

據此，他得出結論：現在就強攻淮陰不是一個明智的選擇，必須運用謀略，以智取勝。於是，他命令：整六十九師主力守備宿遷，並頻繁調動，擺出向沭陽進攻的架勢；七軍在洋河鎮附近泗河上架橋，作出要在泗陽與解放軍決戰的姿態；整七十四師從宿遷祕密南調，隱蔽於七軍後面。國軍各部遵命開始行動後，整六十九師和七軍的**動向為解放軍山野指揮部知悉**。

國軍的調動讓陳毅困惑不已：薛岳到底想攻哪裡呢？根據最近得到的情報，薛岳的進攻目標是淮陰。可為什麼在那裡只擺了個七軍呢？那支部隊可是桂系的起家部隊。他和桂系首領白崇禧又是冤家對頭，能信得過讓七軍打主攻嗎？

想來想去，陳毅越來越覺得薛岳要進攻淮陰的情報不可靠。於是，他把眼光轉向了北面的沭陽。那是從蘇北去山東的必經之地，如果丟了，在淮北和蘇中作戰的解放軍主力的退路和補給線就會被國軍切斷，後果不堪設想。而根據此前的戰場偵察，薛岳將國軍的頭號精銳整七十四師擺在宿遷。陳毅認為，這明擺著是要進攻沭陽。不過沒有可靠的情報，陳毅對自己的判斷也沒有十足的把握。

於是，山野司令部於九月四日致電中共中央，提出三個作戰方案：第一案，北移沭陽，迎擊東進之整七十四、六十九師，此案可保持魯南的聯繫，但只能留華中九縱守泗縣、眾興集，力量不夠；第二案，就地出擊洋河，攻擊七軍二個師，估計要拼消耗，不合算；第三案，留現地待機。在電文的最後，陳毅提出自己的意見：執行第一案。

毛澤東接到這份電報後，認為陳毅的分析有理，同意了他的意見。於是，陳毅於七日下達作戰命令：「本軍為便於新的機動，打擊可能由宿遷進犯沭陽之敵，或向南打擊可能由洋河進犯淮陰之敵，決以主力轉至泗（陽）、沭（陽）、宿（遷）縣屬地帶隱蔽待機。」實際上，陳毅將大部分主力用以對付沭陽方向之國軍，只留下久戰疲憊的華中九縱看守淮陰的門戶泗陽。這樣的部署正好中了薛岳的圈套。

九月六日，薛岳看到山野主力向沭陽方向運動，知道他的謀略要成功了，遂下達了攻擊淮陰的命令。

就在國軍按照薛岳的命令開始調動，準備進攻淮陰之時，解放軍內部還在為國軍的主攻方向爭論不休。以粟裕、譚震林為首的華中野戰軍首腦，根據從國軍內部獲得的情報判斷薛岳的進攻目標是淮陰。因此他們立即致電陳毅及中共中央，要求山野主力南下，保衛淮（陰）泗（陽）。而陳毅向中共中央呈明他的理由之後，得到了毛澤東的支持。

儘管如此，粟裕、譚震林仍堅持自己的觀點，並以強烈的語氣電告陳毅：「如軍長（即陳毅）仍堅欲北開，則我們堅決要求調二縱全部留下，由韋國清統一指揮，鉗制國軍，候蘇中主力北轉，以求阻擊南下之敵，否則華中局勢變化，責任難負。」陳毅收到這份電報後，沒有在意。根據幾天來的偵察，解放軍並沒有發現洋河鎮國軍增兵的跡象。這更堅定了他對國軍進攻方向的判斷。

因此陳毅於九日致電粟裕、譚震林及中共中央：「淮北敵情正在變化中，七軍已南移靈、泗、睢、宿地區，由蔣軍接替，現再看數日，如蔣軍由宿遷東進，我軍及時出擊，或在宿遷、沭陽、新安之間殲敵，或西攻睢、宿地區，保證可以改變戰局，如是，沭陽、兩淮及魯南均不致引起突變。」同時，他指示：「粟、譚部隊仍以打下海安，爭取休整，相機轉移為好。」毛澤東收到陳毅電報後，當即覆電，對陳毅的判斷深表贊許。同時指示粟裕所部主要任務是休整，打不打海安可按實際情況決定。

粟裕得到中共中央的命令後，也轉變態度，遂覆電陳毅並中共中央，提出「劉鄧軍大捷，軍長率部亦準備出擊，淮北戰局開始好轉，兩淮危險大減。因此我們仍決定繼續攻占海安，以爭取蘇中萬餘人參軍補充」，海安得手後，休整一段時間，再北移或西攻。粟裕的建議很快得到了中共中央的同意。這樣一來，山野主力轉移於沭陽、宿遷方向，而粟裕所部則在全力攻擊海安，泗陽、淮陰的防務就變得薄弱了。

十日，薛岳偵知解放軍山野主力北移，立即抓住戰機，急令七軍提前一天發動進攻。當日即攻占了倉集。華中九縱司令員張震，立即將此消息上報山野司令部。陳毅得知後大吃一驚。國軍進攻淮陰的企圖已明。陳毅知道華中九縱的戰鬥力薄弱，在靈璧連一七二師都頂不住，更不要說七軍全軍了。泗陽一丟，淮陰就危險了。然而，如果山野主力增援泗陽、淮陰的話，一旦國軍向沭陽進攻，山野主力將腹背受敵，局面將不可收拾。

而此時，山野一部已於九日根據他的命令渡過六塘河以北，準備迎擊宿遷東進之國軍了。根據此態勢，陳毅決定改變原計畫，命令山野主力移到六塘河以北，準備繞道進攻古邳鎮、雙溝、睢寧，企圖搶在七軍主力到達淮陰之前占領這些地區，威脅國軍側後翼及補給線，以迫使七軍後撤。不料，華中九縱在泗陽一帶構築的工事不夠堅固，沒法擋住國軍的猛烈攻擊。因此七軍進展很快。

十一日拂曉，國軍以猛烈的炮火向王二胡莊解放軍九縱七十五團陣地轟擊，步兵隨即發起進攻。解放軍防炮經驗不足，幹部傷亡大半，部隊失去指揮。在國軍的連續衝擊下，陣地被突破，臨河集、大興莊、胡莊、徐大莊相繼失守。九縱被迫轉移到二線陣地，泗陽告急。陳毅這才發現自己對戰局的預測過於樂觀，乃急令向六塘河以北轉移的山野主力迅速南返，以全力於眾興集、漁溝間分批殲滅當面國軍。同時，毛澤東亦命令粟裕放棄海安，北援淮安。可命令才下達到各部隊，九縱的二線陣地又被突破。

十二日下午，泗陽失守。九縱被迫撤退到李口、徐莊、袁莊一帶。到這時，儘管戰場形勢已趨不利，遠在延安的中共中央仍然因泗陽地區只發現七軍的番號，因而認為進攻淮陰的國軍是孤軍突進，對戰局自然也出奇的樂觀。當天，毛澤東致電陳毅，提出圍殲七軍的意見：「你們此次殲擊南下之敵，務期必勝，首先只打一個旅，以期速決盡殲，得手後再打一個旅，絕不可同時打兩個旅……」可到了第二天，陳毅才發現他們的判斷是何等的錯誤。

七十四師奔襲淮陰

九月十三日，七軍以一七一師渡過運河，向東進攻眾興集之山野七師二十旅陣地。再乘勝追擊，一舉占領來安，進到包家河右岸，與解放軍隔河對峙。爾後，七軍在來安一帶構築工事，準備抵禦解放軍的反攻，確保進攻淮陰的側後安全。與此同時，七十四師於十三日投入戰鬥，趁解放軍擔任淮陰方面防守的華中九縱連戰受挫，實力受到很大削弱之機，越過泗陽，向南進攻九縱七十五團防守之李口、徐莊、袁莊、五裡莊一帶之第二道防線。七十五團寡不敵眾，陣地很快被突破，李口、吳家集等地相繼失守。

得知整七十四師參戰，陳毅方才恍然大悟——上薛岳的當了。儘管十分懊惱，陳毅此時此刻還是非常冷靜：當前的首要是保衛淮陰，既然在與薛岳的初戰對弈中先失一著，戰役布局已落後於對手，若後面再有閃失，則戰局將不可收拾。於是，他以山野司令部的名義下達命令：由華東野戰軍政委譚震林統一指揮九縱、五旅、十三旅、六旅十八團和淮寶各地方部隊，擔任保衛兩淮（即淮陰和淮安）的任務。同時，他作出部署：山野主力「擬殲眾興犯來安之國軍」，而「九縱、十八團應固守碼頭、楊莊一線」，「為防萬一，請準備隨時能炸破淮陰北大橋」。

譚震林領命後，一面從蘇中、高郵急調五旅、十三旅及淮南軍分區各部隊馳援兩淮，一面命令九縱及駐守南新集的十八團竭力遲滯整七十四師前進。可援軍各部尚未到達，整七十四師就突破了十八團的陣地，於十四日黃昏攻占南新集。十五日凌晨二時，國軍以五十八旅和五十一旅並列分別由陳家集和楊莊強渡運河。因運河東岸河堤高於西岸，地形對守軍極為不利，而且九縱已經經過六日苦戰，彈藥告罄，哪裡抵擋得住在飛機和猛烈的炮火掩護下的國軍頭號主力的進攻？於是，九縱陣地連連丟失。當夜，碼頭、楊莊地區的解放軍被迫轉到運河東岸。

這時，譚震林失去了信心，致電陳毅說反擊和堅守均難完成任務。華中軍區司令員張鼎丞也感到形勢危急，向陳毅建議：山野除以一部阻止眾興之國軍東進外，主力回淮陰，以穩定兩淮戰局。這些意見不得不讓陳毅重新斟酌先前作戰計畫的可行性。不過，他畢竟沒有與整七十四師交過手，還不知道該部戰鬥力有多強。在他看來，兩淮地區已雲集了九縱、十三旅和六旅等部隊，五旅也會很快趕到淮陰，加上淮陰附近的地方部隊，**兵力上並不居於劣勢**，如果部署得當，**應該能夠拖住整七十四師**。

而這時，**粟裕所部已由蘇中兼程來援**，將於二十日左右到達。到那時，解放軍再在淮陰方面組織反攻，**有望擊潰甚至全殲整七十四師**。那樣的話，整個華東的被動局面將徹底改觀。經慎重考慮，他決定仍按原計畫行動，遂一面命令山野主力加緊向漁溝附近集結，一面電示譚震林：「請考慮退守淮陰城垣，即令不幸敵突入淮陰，我能固守淮安，待蘇中主力趕到，局面仍可開展。」

可**淮陰守軍數量雖多，但戰鬥力與國軍頭號主力整七十四師相比，還有很大的差距**，沒過兩天整七十四師就兵臨淮陰城下了。十六日，整七十四師繼續向運河東岸猛攻。譚震林眼看部隊在淮陰週邊支援不住了，即電告陳毅：「十三旅昨日攻擊未奏效，敵現攻擊很猛。為確保淮陰，決定把城西、城南變為水鄉，部隊以水設防，城北大橋是否破壞，要看水的程度，部隊下午五時左右可以轉移完畢。」當天，十三旅即受命扒開運河大堤。一時間，淮陰城內盡成澤國。

然而，譚震林的這些措施並沒有能阻止國軍的前進。十七日晨，整七十四師師長張靈甫命令五十一旅和五十八旅為左右翼，五十七旅為預備隊，向淮陰攻擊，並懸賞二百萬法幣，以獎勵先攻進淮陰之部隊。

右翼五十八旅旅長盧醒為搶頭功，親赴先頭部隊督戰。在他的鼓舞下，該旅官兵人人奮勇，個個爭先，向解放軍陣地猛衝，很快就突破了解放軍九縱七十五團防線，攻占武家墩鎮和石工頭，逼近淮陰城。由於一路上勢如破竹，盧醒得意洋洋，以為解放軍已被擊潰，淮陰已是自己的囊中之物，便一面督策一七三團速向淮陰挺進，一面迫不及待地給張靈甫打電話，聲言所部先頭部隊已進入淮陰。張靈甫得報，大喜，當即將賞金悉數發給五十八旅。

可他們高興得太早了。將近中午時，一七三團推進到高興橋南方約一百米處時，突然遭到於解放軍五旅的伏擊，一七三團損失很大。一七三團前衛營營長朱性命當場陣亡，攻勢頓挫。這個突如其來的挫折使盧醒惱羞成怒。他即令前衛本旅先頭營對高興橋攻擊，並以炮兵火力掩護。可由於五旅是新到的生力軍，士氣旺盛，裝備齊整，且工事偽裝得當，國軍付出了很大代價，到下午五點仍未能前進一步。這時，天降大雨，盧醒只好命令部隊停止攻擊，並向張靈甫報告了當天的戰鬥經過，並將謊報軍情的責任推給了諜報人員。張靈甫獲悉該旅謊報軍情，火冒三丈，當即命令盧醒，限其次日占領淮陰，並將此事轉報南京，請求懲處有關人員。

是日，左翼五十一旅的攻擊也不順利。該旅於早晨由碼頭、楊莊向東攻擊，由於戰地溝渠河流密布，加以解放軍奮力反擊，該旅前進十分遲緩，到日落時分才占領李莊——高頭一線。

十八日拂曉，國軍五十八旅一部冒雨偷襲解放軍五旅十五團大王莊陣地，一舉突破該團陣地前沿，當天的激戰就此展開。為了加強五十八旅的火力，張靈甫將五十七旅炮兵營加強給了五十八旅，進攻胡莊、高興橋、道士莊等地，但由於天雨雲低，視線極差，國軍不能充分發揮炮火優勢，而解放軍利用其近戰優勢，與國軍展開白刃戰，雙方傷亡都很大。至夜，雙方仍僵持於村落內。是日，五十一旅的進攻也受到解放軍十三旅的頑強抵抗，到下午六時，五十一旅仍被阻於李家莊——城隍廟一線。

陳毅天真誤事，劉昉以守為攻

就在解放軍華中部隊與整七十四師相持於淮陰週邊的時候，陳毅指揮的山野主力到達漁溝附近。薛岳擔心其繼續南下支援淮陰附近作戰，急令位於來安的七軍向漁溝進攻，以牽制住該部。

一九四六年九月十七日拂曉，七軍一七一師強渡鮑河，向漁溝方向突擊。陳毅得知此訊，大喜。他已領教過七軍的防禦能力，深知要在攻堅戰中殲滅和擊潰該部都不現實。自來安易手以來，七軍停滯於鮑河東岸，修築了大量工事。山野主力若是貿然出擊，一定會碰得頭破血流。現在該部脫離既設陣地，正好在野戰中圍殲之。

於是，他立即集中山野八師全部及二縱兩個團、七師二十旅一個團向漁溝以西出擊，當天即將一七一師包圍於漁溝以西趙莊一帶。一七一師師長劉昉見解放軍來勢洶洶，知道寡不敵眾，一舉衝破解放軍的包圍，退回鮑河左岸。解放軍追之不及，僅截殲少數掩護部隊。陳毅見一七一師退回，知道殲擊七軍的希望已十分渺茫，遂於次日凌晨命令二縱司令員韋國清率四、九旅全部輕裝，務必於晚上趕到淮陰。

坐鎮淮陰的譚震林得知山野二縱即將趕到，非常振奮。此時，他已接到粟裕通報，獲知華中六師先頭十八旅已接近淮陰，認為危機即將過去，便致電陳毅及中共中央：「我們明晚即可轉入反攻，首先殲滅敵之一個旅，爾後再殲滅其餘部。」可他高興得太早了，還沒等二縱開始行動，七軍又出動了。當天一早，七軍一七一師三個團以迅猛的動作直撲漁溝，先後攻占了漁溝西南及以西之西園莊、汪莊、王家。守備漁溝的二十一旅六十一團連連向陳毅告急。陳毅連忙電令二縱停止南調，協同八師及七師一部殲滅進犯漁溝之國軍。一七一師表劉昉查知解放軍的行動後，立即命令部隊收縮於西園莊、王家、汪莊等地，依託村莊修築工事，就地固守。

解放軍集中兵力將該部國軍包圍。但由於泗縣攻堅失利的前車之鑑就在眼前，他們不敢貿然發起總攻，先作了幾次試探性衝鋒，均遭國軍火力阻擊，被打了回來。雙方遂形成暫時對峙。

但這時，淮陰方面再度告急。陳毅不得已從漁溝前線抽調部分兵力南援。劉昉獲悉當面解放軍兵力減少，當即率主力突出重圍，向來安方向退去，只留下少數掩護部隊依託村落內的部分民房與解放軍相持。陳毅見圍殲一七一師的計畫完全落空，而二縱又被國軍掩護部隊拖住，無法脫身，只得命令十九旅五十六團速向淮陰馳援。但是，這個決心下得實在太晚了，由於得不到及時的增援，淮陰方面的戰局急轉直下。

七十四師化裝奇襲淮陰失守

一九四六年九月十八日夜，譚震林並不知道漁溝方面的戰局已發生變化，仍根據先前得到的消息，決定調整部署，一面加強正面防禦，一面派出部隊轉至整七十四師側後，準備於十九日晚協同山野二縱和華中六師向攻城國軍發起反擊。不料，次日凌晨陳毅來電稱：四、九旅無兵去兩淮。譚震林頓時緊張起來，前線各部正在調整部署，處於攻擊準備狀態。二縱不來，防線就出現了空檔。一旦整七十四師發動進攻，後果不堪設想。

果不其然，還沒等譚震林對淮陰防備作出新的指示，國軍攻入淮陰的消息就傳來了。原來，當天入夜後，五十八旅俘獲了一名共軍下級幹部，經審問，俘虜供出了解放軍在淮陰南面的防禦部署，並稱解放軍山野二縱當晚即來換防。同時，國軍還從俘虜口中得到了解放軍當夜口令。盧醒得到報告後，當即命令一七四團三營抽調兩個連，換著解放軍服裝，偽裝成山野二縱的部隊，混進淮陰城，乘夜攻占南門。

十九日凌晨一時左右，偽裝成解放軍的國軍兩個連，由高興橋以東的康家莊附近偷偷越過解放軍華中九縱和五旅的結合部。渡過護城河後，該部又騙過城門崗哨，混入南門。拂曉前，進入南門的國軍突然向守軍發動進攻。守軍措手不及，南門失守。國軍突擊營控制南門以後，又搶占了南街部分民房，並以迫擊炮對城內射擊，城中頓時大亂。

正在南門附近指揮所內的五旅旅長成鈞得知國軍已攻入城內，驚慌失措，在沒有查明敵情的情況下，擅自率旅指揮所向東轉移，並令所部向東南方向退卻。這樣一來，護城河以南的解放軍防禦立即陷於混亂。張靈甫抓住戰機，果斷命令五十八旅向淮陰攻擊前進。盧醒得令後，當即指揮部隊向孫老莊、大王莊猛攻。五旅各部與旅指揮所失去聯繫，群龍無首，紛紛盲目向城內和城東板閘鎮退卻。五十八旅趁機強渡護城河，於清晨攻入城內，與守軍展開巷戰。

為了扭轉不利的局面，譚震林相繼調九縱預備隊和皮旅支援五旅，均未能扭轉局勢。這時，粟裕已趕到淮陰，見情況嚴重，感到再打下去只能消耗解放軍力量，不可能改變局面，就與譚震林下令放棄淮陰。

整七十四師攻占淮陰大大打擊了解放軍的士氣。薛岳乘勢命令七軍迅速攻占漁溝，以保障整七十四師的側翼。二十日晨，一七一師奉命再次向漁溝發動進攻。此時，陳毅已率山野主力向王營、西壩地區轉進，漁溝防禦力量受到削弱。因此，國軍沒費什麼勁就占領了漁溝。

淮安失陷

淮陰、漁溝的失守，使中共中央意識到以淮北方面的作戰力量，無法在短時間內擊潰國軍主力，中共中央乃於一九四六年九月二十日指示陳毅、粟裕、譚震林等人：「我放棄淮陰後各部主力撤至距國軍較遠地區休整，以一部擾擊國軍，待一、六師到達之後，待國軍分散有機可乘之時，各個殲滅國軍。」據此，陳毅和粟裕相繼發出休整命令，並準備撤出淮安。於是，淮安附近的解放軍主力開始撤退，只留下六旅和淮南軍區部分地方武裝擔負掩護任務。

解放軍將從淮安撤退的消息很快被張靈甫獲知。他當即決定派五十七旅由淮陰向淮安方向追擊。二十一日拂曉，五十七旅分為左右兩翼向淮安進攻。右翼經百子堂、百子山、楊家圩直撲板閘鎮。解放軍六旅依據既設陣地頑強抵抗。國軍在飛機和猛烈的炮火支援下，狂攻半日，幾乎將解放軍的工事夷為平地。六旅這才放棄板閘鎮，向淮安退卻。

與此同時，國軍左翼強渡鹽河，並攻占了河下鎮。傍晚，國軍左右翼於淮安城下會合，而後分別由北面和西面猛攻淮安城。戰到二十二日上午，解放軍為避免更大的傷亡，不得不棄城向漣水方向退去。至此，共軍華中根據地中心城市——淮陰、淮安相繼失守。十二月，七十四師占領漣水，至此整個華中解放區全部淪陷。

淮陰戰役與張家口戰役一樣被認為是共軍失敗戰役的典範。因為既沒有殲滅國軍，又丟失重要城市。戰役失敗的原因主要是山野與華中野戰軍指揮上的分歧。由於指揮不統一，導致兩個野戰軍作戰時更注重所屬根據地的利益。各唱各的調，各吹各的號，結果被國軍各個擊破。

而國軍指揮官薛岳頗見功力，其在作戰情報洩露後，卻能通過一系列佯動誤導華野指揮員的判斷，最後反而取得出其不意的作戰效果。

一九四六年戰事綜述

一九四六年內戰爆發之初，國軍取得了較大的勝利。在東北，四平戰役的勝利讓國軍占據了東北最精華的地區。在華北，傅作義經過集寧、張家口戰役將晉察冀根據地切成兩塊，獲得了戰爭主動權。在華中，因為兩淮、漣水戰役失利，淮南、蘇北等解放區先後丟失。

雖然國軍在戰略上取得很大的勝利，解放軍戰略縱深被大大壓縮。但在解放軍機動靈活的戰術打擊下，國軍也付出了很大的代價。截至一九四七年初，國軍先後被殲滅正規軍六十六個旅（師），加上地方部隊共被殲滅七十一萬人。

雖然這些損失還能迅速彌補，但是**隨著戰線的拉長、占領區的擴大，國軍發現各個戰區都陷入兵力不足的困境**——特別是分兵把守新占領的解放區後，一線機動作戰兵力越來越不足。加上**一九四七年後方爆發經濟危機**，國府財政即使拚命印鈔，也只能維持一百萬人規模的軍隊前線作戰。這讓國民黨高層不得不考慮做戰略上的重大調整——與其分散兵力全面攻擊，不如收緊拳頭集中一兩個方向，給予解放軍以致命一擊。

而對於解放軍而言，固然可以在輿論上宣稱放棄大片解放區是為了更進一步消滅國軍。但是，隨著解放區被壓縮，支撐戰爭的人力、物力、財力也面臨日益枯竭的危險。所以，解放軍並不甘心被動防禦，也在尋求國軍的破綻，爭取反攻來逆轉戰局。

第二十四章　一九四七：解放軍差點被趕到海裡，但蔣介石……

一九四七年初，通過一九四六年全面進攻，國民黨軍隊取得了相當的勝利，雖然自身承受了很大的損失。但是其戰略意圖基本達成，解放區被極度壓縮，解放軍迴旋餘地越來越小。

反之，一九四七年各個解放區的戰略態勢都非常不利。

在東北，解放區被分割成南滿、北滿兩個互不相連的根據地。北滿還好一點，多少還有一些戰略縱深；南滿則只有四個縣的地盤，如果沒有朝鮮這個後路，也許國民黨軍隊一次進攻，解放區就要面臨滅頂之災。

在華北，因為張家口失守，中共不僅丟失了通過外蒙與蘇俄聯繫的通道，而且晉察冀根據地被從中切開，割裂成數塊，國民黨軍隊隨時可以張家口為基地，向晉察冀根據地腹地發動攻勢，中共形勢極為不利。

在華中，因為兩淮丟失，華中野戰軍不僅失去了收入頗豐的稅源，而且整個蘇北根據地全面淪陷。華中野戰軍被迫與山野聯合，雖然依靠山東解放區以及東北的物資支援，還能保持著相當的實力，但是戰略縱深已經大大縮小。

在晉冀魯豫解放區，因為張鳳集戰役失利，丟掉了魯西南所有根據地，晉冀魯豫根據地變成了晉冀豫根據地，解放區少了很大一塊。

在陝北邊區，西野被西安胡宗南、西北兩馬、山西閻錫山團團圍住，無戰略縱深，而且陝北地瘠民窮，西野發展受到很大的制約。

國軍向哪裡出擊，共軍就死定了？偏偏……

雖然國軍軍事態勢上非常有利，但是後方爆發經濟危機，前線又因為占領大片地區後而頗感兵力不足，繼續發動全面進攻不論是財政還是軍力都不現實，只能收緊拳頭瞄準一兩個重要方向出擊。那麼，到底往哪個方向用兵，才能贏得戰爭的勝利？

蔣介石的設想是：中共在關內有三個重要根據地，即以延安為政治根據地，以沂蒙山區為軍事根據地，以膠東為交通供應根據地，因為兵力不足，蔣介石認為在現階段「最要注意的是分清主戰場與支戰場。我們在全國各剿匪區域中，應先劃定匪軍主力所在的區域為主戰場，集中我們部隊的力量，首先加以清剿，然後再及其餘戰場。同時在這個主戰場中，又要先尋找匪軍兵力最強大的縱隊進攻，予以徹底的殲滅」。所以，蔣介石以山東作為國共兩軍的主戰場，認為「照現在的戰局來觀察，匪軍的主力集中在山東，同時山東地當衝要，交通便利，有海口運輸，我們如能消滅山東境內匪的主力，則其他戰場的匪部就容易肅清了。所以目前山東是匪我兩軍的主戰場，而其他皆是支戰場。在主戰場決戰的時期，其他支戰場惟有忍痛一時，縮小防區，集中兵力，以期固守」。

在蔣介石心中，最重要的三個目標，即延安、沂蒙山區、膠東，因為後兩個根據地都在山東，所以將山東作為重點進攻的方向。那麼，這個戰略選擇是否正確？

我們先看看結果。一九四七年三月十九日，胡宗南占領延安，陝北根據地基本全部淪陷。七月三十日，沂蒙山區根據地全部丟失。九月，膠東解放區也被國民黨軍占領。**蔣介石三大戰略目標全部實現！那麼，國民黨軍事形勢是否更加有利呢？**

事實恰恰相反。

因為國民黨兩翼張開（進攻延安時向西打，進攻山東是向東打），恰恰在中腹露出破綻，結果劉鄧率領中野千里躍進大別山，國民黨整個中原防禦體系面臨很大危機。在解放軍軍事壓力下國民黨軍隊變成救火隊，被中野、華野來回調動，不僅戰爭主動權全部丟失，戰局也急轉而下。

那麼，**國民黨在一九四七年正確的戰略方向，如果改成東北呢？**

東北工業基礎冠絕全國。中國現代史基本就是誰拿到東北，誰就可以拿到半個中國。毛澤東就說過，哪怕關內根據地全部丟失，拿到東北也可以與國民黨周旋。更何況東北背靠蘇俄，中共立足東北就可以從蘇俄那裡源源不斷的獲得援助。

一九四七年共軍在東北的基礎並不牢固。南滿根據地局限於區區四個縣的地盤，北滿土改剛剛推行，在農村遇到很大的阻力，加上土匪活躍，不得不抽調大量部隊在後方剿匪。梁思文《戰爭動員》中指出：「**到一九四七年中期，共產黨在北滿許多地方的權力基礎仍是極不穩固的**，一支稍有良好組織和良好領導的對手就至少可以戰鬥到使共產黨在那一地區停滯不前。」

反觀蔣介石心中的三大目標。延安只有政治意義，軍事價值與經濟價值幾乎為零。陝北地瘠民窮，就算國民黨不管不問，西野也很難獲得很大的發展。事實上到一九四八年，西野總兵力不過七萬、八萬人，實力與林彪一個縱隊相當，甚至不能獨立負責一個方向的作戰。即使西野實力如此弱小，貧瘠的陝北解放區也無力供養西野部隊與政府機關人員，還得靠晉綏解放區。沂蒙山區不過是解放軍一個普通的根據地，經濟價值與人口規模都不大。膠東半島倒有一定的價值，這是東北

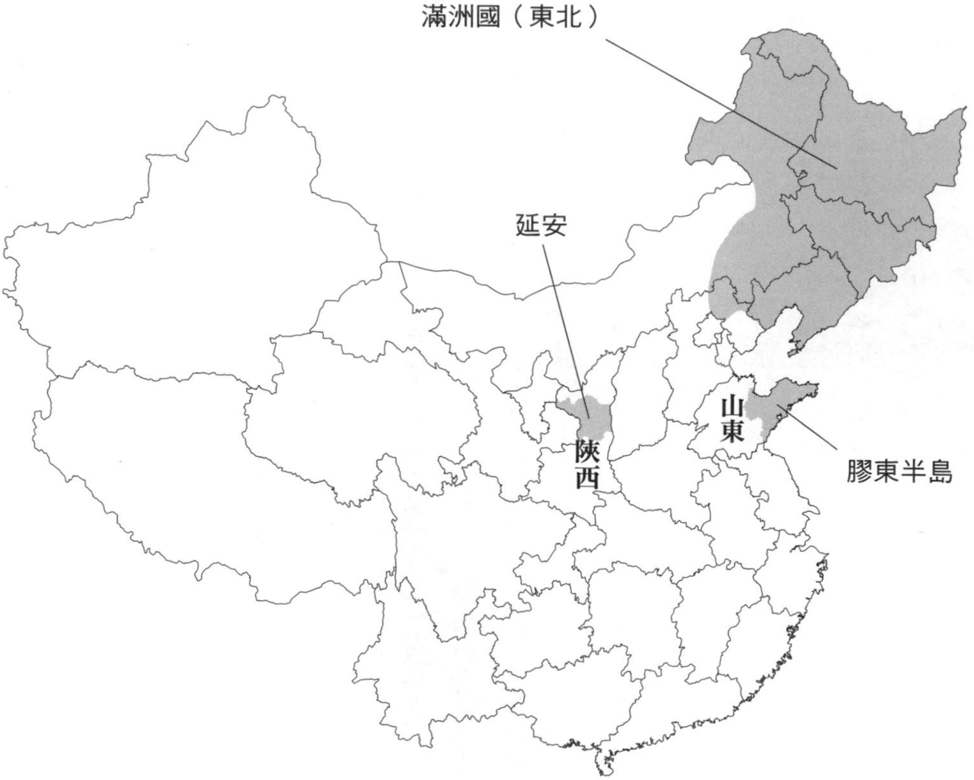

▲蔣介石的三大戰略目標

向關內輸血的主要交通線。但是，膠東解放區頂多算一根血管，而東北卻是造血的心臟！

因為戰略選擇的失誤，國民黨將機動兵力投入到陝北、山東等價值有限的戰區，而最應該投放重兵的東北，反而面臨兵力嚴重不足的困境，將四平戰役後獲得的戰略主動權，拱手讓給民主聯軍。

一九四七年，東北國軍指揮官杜聿明雖然制定了「先南後北」的戰略，奈何兵力不足，只得「拆東牆，補西牆」，拼湊幾個師的機動兵力進攻南滿。而林彪則針鋒相對，北滿不支，南滿出擊，南滿困難，北滿出擊。四報臨江，三下江南，又拉又打，讓東北國民黨軍隊首尾不能相顧。

當時民主聯軍有一首快板詩《篩豆子》生動的描繪了東北國民黨軍隊兵力不足的困境。

國民黨，兵力少，南北滿，來回跑。北滿打了它的頭，南滿打了它的腰，讓他來回跑幾趟，一笸豆子篩完了。

假設有人從太空上鳥瞰一九四七年的中國，他會看到這樣一幅畫面。在東北，杜聿明東拼西湊的幾萬國軍，被民主聯軍愉快的在南北滿之間「篩豆子」；而在陝北，胡宗南幾十萬國軍正被西野牽著鼻子做「武裝大遊行」——最重要的方向無兵可用，而在最不重要的方向，偏偏投入重兵去鑽山溝。蔣介石的戰略失誤一目瞭然。

國民黨的戰略方向為何會犯下大錯？

那麼，為什麼國民黨不選擇東北作為重點進攻方向？蔣介石自己也說過：「國民黨的命運在東北，蓋東北之礦產、鐵路、物產均甲冠全國，如東北為共產黨所有，則華北不保。」沒有選擇東北作為重點進攻方向，大致有兩個原因。

其一，輕敵大意。蔣介石高估了四平戰役的影響力。據《蘇俄在中國》記載，他對四平戰役曾有過這樣的評價：「激戰一星期，林彪所率匪部號稱三十萬大軍，被我國軍總指揮杜聿明部徹底擊敗，傷亡過半，其他殘部潰不成軍，分途向中東鐵路、哈爾濱綏芬河一帶崩潰。杜總指揮即於五月二十三日由四平街進占長春，並令其所部以哈爾濱為目標，沿長春鐵路線向北追擊，勢如破竹，匪軍毫無抵抗行動。此一剿共戰役，可說是繼二十三年（一九三四）在贛南五次圍剿以後，又是最大一次決定性的勝利。而其共匪當時潰敗的情況，及其狼狽的程度，實與其在贛南突圍逃竄的慘狀，只有過之而無不及。」他已經將四平戰役後的民主聯軍錯誤等同於放棄根據地的紅軍，所以得出了這樣的結論，「綜核前方報告，都認為『共匪』經過此次致命懲創之後，如不受國際特殊的影響，絕無再起可能」。

而所謂的「國際特殊的影響」，無非是擔心蘇俄會繼續援助中共。

四平戰役後，蘇俄的態度也在發生變化。史達林慣於玩弄兩面外交，看見民主聯軍在四平會戰中節節敗退，認為東北戰爭國民黨一定會取得勝利，乃於一九四六年五月六日邀請蔣介石訪蘇。國軍進占長春後，蘇俄態度轉變更大，向國民政府示好，表明不會支援解放軍了。

一九四六年五月二十五日，蔣介石在致宋子文函中寫道：「自中正到此以後，某國（指蘇俄）不斷作間接表示，絕不對共方袒助，阻礙我統一，過去如此，今後亦必如此，惟望中國能早日和平，並探詢有否需要其盡力之處，此為其在共軍進入長春後所表示之姿態，餘尚未作答覆，但據前後各方報告，最近某方態度確已與前大不相同。」

結合蘇俄的態度，蔣介石認為，東北解放軍已經「絕無再起可能」。這就是他戰略方向選擇失誤的第一個因素。

其二，財政上的因素。由於國民黨東北主政的熊式輝過於無能，國民黨雖然占據東北最精華地區，但是基層政權組織並沒有建立起來，**東北國統區生產恢復、物資組織仍處於癱瘓狀態，以至於東北國民黨政權機關人員與軍隊的物資供應，都需要從關內國民黨統治較穩定的南方地區調運**。但由於物資運送數量巨大加路途遙遠，使東北地區成為財政沉重的負擔。

一九四八年，新任財政部長王雲五就曾經提到：軍事開支所占比重極大，僅東北軍費已占財政支出總額四〇%。東北維持現有的軍事力量已經要花費財政支出的四〇%，如果再增加幾十萬軍隊，財政上很難承受。

國民黨作戰部署的缺陷

一九四七年，國民黨軍在山東戰場總的戰略意圖就是：壓迫華東野戰軍至膠東狹窄地區實施主力決戰，並消滅之，或驅逐華東野戰軍北渡黃河退到華北，占領山東解放區。在陝北攻占延安，打擊中共中央首腦機關，以鼓舞軍心士氣；在其重點進攻得手後，再進攻華北、東北，達到將解放軍各個擊破的目的。

在此方針指導下，國民黨軍集中了九十四個旅的兵力於陝北和山東兩戰場，其兵力約占進攻解放區總兵力的四三％。同時，國民黨軍還實施了蓄謀已久的所謂「黃河戰略」，即於一九四七年三月十五日堵住了黃河花園口缺口，強使黃河回歸故道，構成了從山西風陵渡至山東濟寧南約一千公里的正面黃河防線，以切斷晉冀魯豫解放區和華東解放區兩個主要戰場的聯繫，阻止晉冀魯豫解放軍南下支援山東戰場，並保證從晉冀魯豫戰場抽調兵力用於東西兩翼，在南線形成中間防禦、兩翼進攻的「啞鈴形」戰略態勢。

這個部署粗看很有可行性，實際上卻有重大缺陷。首先，山東解放區當時兵力雄厚，超過進攻的國軍。一九四七年華東野戰軍剛剛完成改組，根據中共中央指示，中共華中局併入華東局，蘇皖邊區政府取消；新四軍軍部改為華東軍區機關，取消原有的山東、華中兩個野戰軍的番號，正式成立華東野戰軍，以陳毅為華東軍區司令員、華東野戰軍司令員兼政治委員，饒漱石為華東軍區政治委員，粟裕為華東野戰軍副司令員，譚震林為華東野戰軍副政治委員。華東野戰軍，野戰軍總兵力超約三十三萬人，另外華東軍區部隊約有三十萬人。合計六十三萬人，已經超過進攻山東的國軍五十三個旅的四十五萬人。

其次，按照這個部署，國民黨在北方兵力分布，呈現兩頭大，中間小的啞鈴形戰略態勢，中央留下一個巨大的破綻。

針對國民黨軍戰略的改變，中共中央分析了戰爭的形勢，認為國民黨軍的重點進攻，雖然給陝北、山東解放區帶來了更大壓力，但是國民黨軍從東北、華北抽兵，又削弱了這些戰場的兵力，有利於這些地區的解放軍進攻。為此，中共中央決定，解放軍繼續實施積極防禦的戰略方針，集中兵力在內線作戰。**命令陝北、山東兩戰場的解放軍實行誘敵深入**，集中優勢兵力，抓住戰機，逐次消滅進攻之國軍的方針，打破國民黨軍的重點進攻；命令豫北、晉南、晉察冀、東北等戰場的解放軍展開對國民黨軍的進攻，大量消滅國民黨軍的力量，收復失地，配合陝北、山東兩戰場作戰。

由此可見，在一九四七年初，隨著國共戰略方針的調整，雙方都在山東地區集結重兵，決定戰爭勝敗的戰役即將在山東戰場展開。

國軍進攻山東，萊蕪大戰賠上李仙洲

這場戰役因為國民黨第二綏靖區司令長官王耀武一句名言：「（我軍）五萬多人，三天就被消滅光，就是放五萬頭豬，叫共產黨抓，三天也抓不完。」而聞名於世。其實真正的戰役過程可謂千鈞一髮又陰錯陽差，遠非王耀武所言——比抓豬還容易。

一九四七年一月，國軍在蔣介石部署下制訂了「魯南會戰」計畫，以二十三個整編師共五十三個旅，以徐州和濟南為基地採取南北對進的部署，企圖與華東野戰軍決戰於臨沂地區。同時，從冀南、豫北抽調四個整編師集結於魯西南地區，以便阻止華東野戰軍西進或晉冀魯豫野戰軍東援。為了協調徐州與濟南兩個方向的指揮，國軍參謀總長陳誠親自坐鎮徐州督戰。

這是一個風險很大的作戰計畫。首先，國民黨軍兵力遠遜於華野。國民黨軍隊向山東進攻出動總兵力約四十五萬人。而華野能夠集中使用的野戰軍主力約二十七萬人，另外華東軍區部隊約有三十萬人。所以，華野的實力是五十七萬人。四十五萬人對五十七萬人看上去實力相差不大，實際上國民黨軍進入山東後，因為分兵把守城市要點與交通線，能夠集中的機動部隊大約只有二十五萬人，不到華野總兵力的四〇％。**以劣勢兵力在情報不明的情況下作戰**，這個計畫一開始就很危險。

其次，**國民黨將戰役主要目標設定為華東解放區首府臨沂——這不過是華東中共機關駐紮地**。城市本身既無工業基礎，也無多大的軍事價值，是一個可以隨時放棄的小城市。而國民黨卻一廂情願的認為解放軍必將拼死保衛臨沂，所有的計畫都圍繞華野保衛臨沂而制定。

一九四七年一月底，由整編第十九軍軍長歐震指揮的八個整編師（共約二十萬人）為主要突擊集團，分三路由台兒莊、新安鎮（今新沂）、城頭一線向臨沂攻擊前進，第二綏靖區副司令長官李仙洲指揮的第七十三軍、第十二軍、四十六軍（共約六萬人），為輔助突擊集團。

分進合擊戰術有一個基本的原則，就是主力先行，待抓住敵人主力後，偏師才出動，在後方或側翼給予敵人致命一擊。

國民黨國防部制定的計畫偏要反其道而行之，主力歐震兵團穩紮穩打向臨沂推進，而偏師李仙洲兵團卻要揮軍急進！以五萬軍隊向華野三十萬主力撞去會有什麼結果，小學生都能想明白，但是國民黨高層偏偏不明白。

華野佈陣難敵薛岳妙算

華野因為兵力雄厚，最初準備打臨沂保衛戰。擬定了在臨沂及其以南作戰的三個方案。

第一方案：於國軍占郯（城）碼（頭）後，首殲國軍右路兵團第二十五師及第六十五師一部於郯城以東、東海以西地區。該國軍戰鬥力較弱，側翼較暴露。

第二方案：如左路之國軍前進較快，則首殲國軍左路兵團第十一師於沂河以西蒼山地區。該國軍側翼雖不暴露，但較薄弱，容易打。

協力方案：如國軍兩翼均遲滯前進，而中路突出時，則首殲國軍中路兵團第七十四師於沂河以東、沭河以西地區。該國軍戰鬥力較強，但當其沿郯（城）臨（沂）公路北進與兩翼距離較遠時，可能被殲滅。

三個方案都有一個基本前提，國軍左中右三路要形成空檔，這樣華野才有分割殲滅的機會。為了促使國民黨軍兩翼突出，華野將三縱放在正面抗擊中路之國軍，希望拉開國民黨軍中間與兩翼的距離，製造兩翼殲滅國軍的機會。然而，歐震兵團十分謹慎，即使中路軍所受攻擊壓力變大，兩翼仍採取穩紮穩打、步步為營的戰法，並不冒進。

無奈之下，華野再次變招。以二縱向東南挺進，迅速殲滅叛軍郝鵬舉部；同時虛張聲勢，宣稱華野主力將東去攻擊海州。並設計了兩套方案。

其一，吸引國軍右路主力第二十五師、第六十五師或第七十四師東援，華野則以三、四縱配合二縱設下口袋，在運動中殲滅東援之國軍。

其二，如國軍主力不增援海州，而以左、中兩路迅速向臨沂挺進，華野則集中全力，在沂河以西地區吃掉第十一師。

但是，徐州綏署主任薛岳用兵機敏果敢，並沒有被華野一系列動作迷惑，反而識破華野意圖，並作出部署。雖然二縱殲滅郝鵬舉部聲勢很大，但左、中兩路國軍沒有如預期中迅速向臨沂挺進，而是停止前進，擺出防守的態勢。右路國軍不僅不前進，反倒向後退縮，三路國軍在沂河以東、沭河以西寬約三四十裡的正面蝟集一團，讓華野很難找到殲敵機會。

打不打？華野犯了難。如果打，國軍主力集中，找不到分割殲滅的機會，那就是在臨沂與國軍作主力會戰，一旦華野主力與歐震兵團打成一團，關鍵時刻李仙洲再向華野後背插上一刀，那就非常危險了；不打，那就得放棄華東解放區首府臨沂，不僅政治影響很壞，而且根據地人心也會不穩。

送上門的煮熟鴨子要飛了？

正在華野兩難的時候，國軍自己給華野解決了難題。

南線歐震兵團收縮防守的時候，北線李仙洲兵團卻揮軍急進，一九四七年二月四日占領萊蕪、顏莊，八日占領新泰，並有繼續南下進攻蒙陰的態勢。

送上門的肥肉，華野斷無不吃的道理。

二月十日，華野又得知李仙洲兵團的所有部署。華野立刻決定留兩個縱隊在臨沂抗擊南線國民黨軍隊，其餘六個縱隊北上圍殲李仙洲兵團。

十五日，當華野各部剛進抵指定集結地區時，情況突然發生變化。在臨沂防守的二、三縱只堅持了三天就丟掉臨沂，比華野要求堅守的時間（十八日）提前了整整四日。

臨沂失守，而華野主力卻去向不明，王耀武立刻聞到危險的氣息。十六日，他下令李仙洲兵團全線收縮。於是第四十六軍自新泰撤至顏莊地區；李仙洲總部及第七十三軍的第十五師、第一九三師自顏莊撤至萊蕪地區。

到嘴的肥肉要飛了，華野上下有了急躁情緒。雖然很多部隊還沒部署到位，但是有人還是建議以右路軍包抄，左路軍向萊蕪挺進。即使不能將國軍全部殲滅，也可以吃掉它的「尾巴」。

這個建議被陳粟二人否決了，華野付出了這麼大的代價，如果只能吃掉李仙洲兵團一個尾巴，無論如何都不能甘心。

李仙洲再次鑽進口袋

很快，國民黨自己再次解決了華野的難題。

李仙洲兵團一收縮，國防部參謀總長陳誠出來干涉了。陳誠的判斷是，華野放棄臨沂，是由於魯南戰役傷亡巨大，不堪再戰，並稱劉鄧部隊未能打下民權，因此估計華野可能放棄山東，退向黃河以北。所以，強令李仙洲兵團必須確保新泰、萊蕪，並派有力一部插向大汶口以南地區，斷華野退路。於是，收縮的國軍再次南下，占領新泰。

萊蕪戰役出現了最戲劇性場面——十五日華野剛剛張開口袋，李仙洲就溜走了，二天後，因為陳誠的命令，李仙洲又乖乖鑽回華野的口袋。

陳誠的判斷顯然是重大失誤，也是國民黨軍隊在萊蕪戰役失敗的關鍵。但是，判斷形勢需要準確的情報。沒有情報，即使是百戰名帥也無法準確判斷。

華野主力北上，僅野戰部隊就有二十萬人，加上五十萬支前民工，**七十多萬人集中在臨沂到萊蕪一百多公里的地區活動**。七十萬人啊！人吃馬嚼是多大的動靜？吃喝拉撒又是多大的痕跡？

國民黨情治系統稍微有作用一點的話，能捕捉不到解放軍主力的動向嗎？如果發現解放軍主力向萊蕪周圍運動，那麼，還會命令李仙洲兵團往華野的口袋裡鑽嗎？

正是因為國民黨情治系統的無能，以及前線部隊虛報戰績，讓國民黨高層對解放軍實力常常出現嚴重誤判。

比如，蔣介石發動對山東解放區的重點進攻，估計解放軍實力不超過三十萬人。實際上當時山東解放軍在各個解放區實力最雄厚，野戰軍加軍區部隊超過六十萬人！以四十五萬人國軍——分兵把守城市要點與交通線後，**機動兵力不過二十五萬人，計畫實在是過於冒險**。偏偏國民黨高層還一直以為自己的兵力居於優勢。

一九四七年二月十七日，王耀武執行國防部命令，第四十六軍重占新泰，李仙洲總部率第七十三軍第十五師仍在萊蕪，第七十三軍軍部率第一九三師重返顏莊，只有第十二軍仍守備膠濟線。

因為李仙洲又鑽回口袋，華野準備仍按原定作戰方針，以左、右兩路軍先殲滅第七十三軍，中路軍切斷第四十六軍和第七十三軍的聯繫。計畫攻擊時間為二月二十日。

共產黨地下黨員立大功

一九四七年二月十九日，情況又發生變化。華野右路軍幾個國民黨俘虜趁機逃跑，向國軍報告了華野的計畫。二十日，王耀武立刻命令新泰和萊蕪的四十六軍、七十三軍軍部和一九三師從新泰、顏莊迅速北撤，七十三軍七十七師從張店經博山南下歸還建制。但是四十六軍的軍長韓練成卻是中共地下，他一看華野的攻擊還沒開始呢，國軍就要跑了，於是就不顧王耀武撤退命令，執意要執行國防部命令繼續從新泰南下，以拖延時間。而國民黨指揮體系偏偏又是繁雜眾多——國防部、綏署、綏靖區、兵團、軍、師等，綏靖區下令撤退，前線部隊要執行國防部南下的命令——這麼幾級機構相互爭論下來，時間就浪費掉了。

於是華野在國軍內部爭執時，根據韓練成提供的情報，再次從容調整部署：以一縱攻萊蕪國軍第十五師及李仙洲總部；如第一九三師向萊蕪靠攏，即以四縱及八縱一個師協助一縱殲滅萊蕪之國軍；以八縱和九縱於博山以南殲滅南下歸建的第七十七師；以七縱切斷顏莊第四十六軍與萊蕪第七十三軍之聯繫，待二縱趕到後，即由該縱隊接替七縱的任務，抽出七縱作總預備隊；其他各部任務不變。

二十日中午一點，準備歸建的國軍七十三軍第七十七師路過博山附近的和莊，在那裡埋伏多時的華野的八、九縱突然開始攻擊。國軍指揮所發現七十七師中了埋伏，立刻命令四十六軍放棄顏莊前去增援。七十三軍一九三師也要北上接應。於是華野迅速改變部署，以四、七縱阻擊四十六軍。四十六軍在韓練成指揮下當然不會拚命增援，七十七師也就註定了覆滅的命運。在八、九縱居高臨下的衝擊下，七十七師先是二三一團團長劉宗雄重傷，部隊也垮了。隨後二二九團崩潰，二十二日拂曉參謀長劉劍雄陣亡。最後第七十七師師長田君健自殺，七十七師只打了兩天就全軍覆沒。

七十七師覆滅，但四、七縱也沒完成分割四十六軍的任務，而讓四十六軍與七十三軍會合。

兩軍會合後，實力大漲的國軍立刻向先趕到萊蕪的一縱發動攻擊。雙方激戰至二十二日，雖然打成膠著，但是解放軍越打越多，二十二日華野一、四、六、七、八縱十幾萬大軍雲集萊蕪，將這個小縣城圍得水泄不通，國軍只能收縮退守。

堅守還是突圍撤退？李仙洲兵團面臨兩難。守，萊蕪巴掌大的地方，幾萬國軍擠在這裡，解放軍一顆炮彈下來就要死幾十上百人；撤，十幾萬解放軍在旁虎視眈眈，國軍一不小心就是總崩潰的結局。

一九四七年二月二十一日晚，李仙洲召集軍官開會。會上李仙洲出示王耀武撤退命令，徵詢部下意見。雖然李仙洲力主堅守，但是七十三軍軍長韓浚與四十六軍軍長韓練成都贊成突圍。李仙洲無奈，只得同意撤退方案。撤退時間又出現分歧，李仙洲與韓浚都認為越快越好，最好二十二日開始撤退。而韓練成為了拖延時間，讓華野完成合圍部署，以部隊搜攏需要時間為由，堅持要二十三日撤退，最後還是決定二十三日撤退。韓練成再次為華野爭取了一天寶貴的時間。

李仙洲兵團突圍方向是十五公里外的口鎮。當時口鎮還在國軍十二軍三十六師手中。口鎮比萊蕪大幾倍，是李仙洲兵團兵站基地，儲備了一百噸彈藥以及大批糧食。李仙洲兵團如果能趕到口鎮，華野殲滅李仙洲兵團的計畫就會遇到很大的麻煩。雖然對於這個要點，華野安排了六縱爭奪，但是口鎮防禦堅固，六縱兩次攻擊都未得手。

五萬國軍全軍覆沒

一九四七年二月二十三日拂曉六時，國軍在預定突圍時間，突然發現四十六軍軍長韓練成失蹤了！反覆搜尋無果後已經耽誤兩個多小時。八時，李仙洲無奈下令突圍。國軍衝出萊蕪，向十五公里外的口鎮進發。六縱立刻一面調動主力十六、十七師對口鎮進行第三次總攻擊，一面指揮第十八師在鎮外三公里開始構築阻擊陣地。

口鎮外，六縱第十八師在阻擊陣地上，未戰已經感受到沉重的壓力。鋪天蓋地的國民黨軍隊向口鎮壓來——四十六軍在右，七十三軍在左，李仙州總部和輜重在中間。左右兩邊則是十多萬華野主力——華野一、七縱隊在左，四、八縱隊在右，也同時包抄追擊上來。十二點的時候四縱占領了萊蕪，國軍被四面包圍，已經沒有退路。

十點，國軍開始前仆後繼、不顧一切的衝擊十八師陣地，想拼死突破十八師阻擊，進入口鎮。十八師五十三、五十四團集中近二百把機槍用最高射速拚命射擊。成千上萬發子彈掀起一陣陣金屬風暴，對著國軍衝鋒部隊籠罩過來。解放軍同時把成束的手榴彈扔出去，陣地前彈片橫飛，大片大片國民黨士兵像割麥子一樣倒下，受傷士兵的慘叫聲甚至蓋過爆炸聲。但是國軍打垮一批又衝上來一批，十八師師長饒守坤命令五十二、五十三、五十四團各種火炮、迫擊炮、機槍、步槍，全部用最高速度發射！陣地上火海沖騰，國軍雖然攻勢兇猛，但解放軍頑強抵抗，拼死不退。

下午三點，在華野的一面防禦，三面攻擊下，被圍在方圓二十里狹小地域的國軍開始混亂了。華野二十萬人大軍同時發起了排山倒海般的衝擊，從四面壓迫國軍。附近十幾個縣的民兵，四十多個民兵團也全部投入戰鬥。

四十六軍由於沒人指揮，率先崩潰。在解放軍猛烈的炮火轟擊下，四十六軍潰兵衝向七十三軍，結果七十三軍建制也亂了，兩軍交錯，國軍亂成一團，軍官已經無法掌握部隊，士兵們沒人指揮，東一群，西一堆的到處亂跑，完全失去了戰鬥能力。下午三點，七十三軍副參謀長邱和生、一九三師團長張海鳴等陣亡，七十三軍第一九三師師長蕭重光和十五師副師長徐業雄都受了傷，李仙洲和四十六軍的甘成城也受了傷。

七十三軍軍長韓浚在混亂中聚攏了幾千人的部隊，指派了一些營連長分頭指揮，雖然已經成了驚弓之鳥，但是畢竟是國軍主力部隊，還有些戰鬥勇氣。在韓浚親自指揮下，七十三軍殘部再次拚命向口鎮攻擊，終於突破了十八師的陣地，不料口鎮新三十六師趁著解放軍都忙著圍殲四十六和七十三軍時，已經偷偷跑了。結果好不容易突圍出來的國軍，剛到口鎮就被六縱的二個師迎頭痛擊，後面追兵攆著屁股也上來了，只能又往博山跑。這個時候只三、四千人還有勇氣跟著跑，到了夜裡，在雪後的青石關——一個距離博山僅僅二十里的地方，饑寒交迫的國軍殘部一千多人被華野包圍在山下，信號彈四起。國軍殘部喪失了抵抗的勇氣，七十三軍軍長韓浚只好帶領部下投降。

至此，李仙洲部七十三軍和四十六軍近五萬人部隊全軍覆沒，其中陣亡六千四百人，解放軍則傷亡六千人。

萊蕪戰役大勝，華野立刻乘勝追擊，收復了縣城十三座、重鎮數十處，控制鐵路線五百餘里。國軍集全國之力花了半年才打通的膠濟線，不得不棄於一旦。國軍大量物資無法運走，僅周村一地即留下三個滿儲彈藥的倉庫和上百萬斤糧食。

萊蕪戰役在當時造成很大的影響。

歐震兵團攻占臨沂後，曾大肆宣傳殲滅華野主力十四個旅，但不到十天，解放軍即予以殲滅其五個師的嚴重打擊。對此，美國官方報紙也不得不承認：「國軍占領臨沂未及十日，解放軍又包圍濟南。」新聞記者訪問國民黨宣傳部長彭學沛，質問魯中形勢時，彭學沛答：「你們勿輕信共方宣傳，只要看國軍在各戰場始終是前進的，即可知道。」記者又問：「解放軍既被消滅十幾個旅，又有何力量包圍濟南？」彭學沛啞口無言。

因為萊蕪戰役慘敗，徐州綏署撤銷，薛岳被撤職，由顧祝同率陸軍總部移駐徐州，統一指揮徐、鄭兩綏署部隊。薛岳在國軍中用兵機敏果斷，在蘇北戰事中曾取得兩淮、漣水等重大戰役勝利。而顧祝同則歷來是共軍手下的敗將，這無異於以庸才代替幹才，臨陣換帥直接導致國軍在萊蕪戰役後，孟良崮戰役再次慘敗。

孟良崮戰役——悲壯七十四師，國共歷史為何不提？

長期以來，一般人通常都認為，孟良崮戰役前，國共雙方力量對比懸殊較大。中國央視熱播的紀錄片《孟良崮》中就這樣解說：「從兵力上講，我方是二十七萬；國軍方是四十五萬；兵力對比幾乎是一：二。從裝備上看，我方還基本是小米加步槍；國軍方已是清一色的美式裝備，雙方幾乎沒有可比性。」

就連國民黨一方也認為自己在軍事上是占優勢的。當整七十四師被殲的噩耗傳來，蔣介石哀嘆：「以我絕對優勢之革命武力，竟為劣勢烏合之匪所陷害。真是空前大的損失，能不令人哀痛！」

那麼，雙方在戰前的真實對比，究竟是怎樣的呢？

國共雙方力量對比，國軍兵力才一半

首先，從人數看，國軍並不占優勢。萊蕪戰役後，國民黨急調王敬久兵團加入山東戰場，所以，當時國軍用於山東戰場的機動兵團共有三個，即湯恩伯第一兵團，王敬久第二兵團，歐震第三兵團，共十七個整編師、四十三個旅、二十五萬人；另以七個整編師十七個旅二十萬人配置在徐州和濟南擔任守備和策應任務，總兵力共計二十四個整編師、四十五萬餘人。

而這時候的華野以及華東軍區，藉由收編國民黨戰俘及補充新兵，總兵力已達六十四萬人，大幅超過山東國軍。

這裡所說的雙方人數，均出自於《粟裕戰爭回憶錄》、《第三野戰軍征戰日誌》。《華東野戰軍征戰錄》也提到：「國軍以七個整編師二十萬人守備重點線，以十七個整編師二十五萬人組成三個機動兵團。」

而在以孟良崮為核心的戰場周邊，從萊蕪到河陽，百餘公里內，國軍雖有八個整編師，但只有十三．五萬人，而共軍方面不計地方部隊，僅野戰軍主力就有步兵九個縱隊和特種兵一個縱隊，約二十七萬餘人。國共雙方兵力人數對比是一：二。

這是個力量對比非常關鍵。正因為華野實力雄厚，所以孟良崮戰役打響後，毗鄰七十四師最近的八十三師、二十五師，不是立即派兵接應七十四師突圍，而是收縮防守，後期在蔣介石、顧祝同的嚴令下，雖然勉強出兵增援，但是並未用上全力，而是將主力擺在出發基地嚴密防守。

原因**不僅僅是國民黨內部派系矛盾，而且戰區內華野優勢太大了**，別說二、三個整編師加入孟良崮戰場，完全無法改變雙方力量對比，就算是戰區內八個整編師全趕到，與華野的兵力對比還是一：二。所以，八十三師與二十五師如果增援過猛，很可能把自己也賠進去。事實上，華野在五月十二日發布戰役命令時，殲滅目標除七十四師外，還包括二十五師。只是二十五師縮得太快，才挽救了自己的命運。

從武器上看，華野因為收繳日偽武器，加上戰場繳獲以及東北的軍火援助，其野戰部隊武器裝備並不遜於國軍主力。

以八縱為例：下轄三個師，炮兵團、新兵團各一個；六十九團的三個步兵營中，一個全日械，一個捷克式裝備，一個全美式裝備；每連九挺輕機槍，每營一個機炮連，三門迫擊炮，六挺重機槍。團有迫擊炮連四～六門炮，師有炮兵營（山炮九門）。火力與國軍主力不相上下。所以陳毅才會信心十足的宣稱：**「現在共軍的武器裝備並不比國民黨差，也不比抗戰時期日寇差。」**

在重武器方面，一九四七年二月一日，華野已經有了特縱（軍一級）編制，下轄炮兵四個團以及坦克、汽車等大量技術裝備。

而國軍，以裝備最好的五大主力為例。

整十一師有榴彈炮營，旅有山炮營，團有一百餘把輕、重機槍，三百餘支衝鋒槍，六十二門八二、六〇迫擊炮以及戰防炮四門，火箭筒六個，火焰噴射器四部。

第五軍共約三．五萬人，一個師一．三萬人，一個步兵團三千二百人，按三師九團制計算，全軍有榴彈炮一個營（十二門），山炮三個營（共三十六門）；戰防炮九個連（每連六門，共五十四門），迫擊炮九個連（每連八門，共七十二門）。此外，每個步兵連還有四門六〇炮，全軍八十一個連共三百二十四門，總計各類火炮四百九十八門，火箭筒四十五具、火焰噴射器二十四具。

整七十四師作為頭號主力，除官兵待遇高、編制大、擁有戰車一個連以及衝鋒槍和小炮數量較多以外，榴彈炮、山炮、迫擊炮、戰防炮以及輕重機槍的數量並不突出。

重武器方面，國軍最大編制不過炮兵團，其實力僅相當於華野特縱的六分之一。

了解了雙方實力對比，能幫助我們更容易理解戰役，下面回顧戰役經過。

萊蕪戰役後，共軍北上圍泰（安）打援，國軍之守軍呼救數日，但其他各路國軍始終按兵不動，共軍遂於二十六日攻克泰安，殲滅了整七十二師主力。二十八日，湯恩伯兵團進占河陽、青駝寺、垛莊、桃墟、蒙陰等地，共軍以四個縱隊向桃墟、青駝寺地段之國軍出擊，擬殲滅其一部，國軍一經接觸即後縮。五月三日，進占新泰之國軍整編第十一師立足未穩，共軍以四個縱隊達成對新泰的包圍。王敬久兵團主力急忙來援，根據當時情況，不易速決取勝，於是共軍主動撤圍。

急躁的蔣介石——國軍露出破綻

一九四七年四月到五月，除整七十二師孤軍深入，被華野殲滅外，一個月來，華野並沒有找到大的戰機。因為萊蕪戰役的失敗，國軍吸取教訓，採取了穩紮穩打、齊頭並進的戰法，部隊前進非常謹慎，一天推進不足十公里，最慢的時候，一天只推進兩三公里。

戰場上雙方都沒機會時，比的就是耐心。解放軍因為才取得勝利，根據地穩定，自然不會著急。而國民黨支撐山東作戰財政壓力很大，耐心就差多了。

五月二日，蔣介石嫌國軍行動緩慢，遲遲沒有進展，而火冒三丈的在電話裡質問前線總指揮顧祝同：「敵人到了，你不知道，敵人退了，你也不知道？打仗無計畫，浪費時間，不知你打的什麼仗！限定二十五日以前攻下莒城、沂水！」隨後，顧祝同急令各部迅速出擊，又因整編十一師遭華野主力圍攻而手忙腳亂。

五月二日晚，參謀總長陳誠、國防部次長劉斐、主管情報的第二廳廳長侯騰以及國防部主管作戰的第三廳廳長郭汝瑰來到蔣介石官邸，彙報和研究山東戰局。最後，蔣介石指示：以湯恩伯兵團攻莒城、沂水，以歐震兵團攻南麻，王敬久兵團攻博山。三日，徐州陸總接到命令後，認為須先攻占坦埠，再進攻沂水，這個意見取得蔣介石的同意後。

五月十日，顧祝同發出電令：「（一）匪主力退據莒縣、沂水、坦埠、南麻、淄博，其一部流竄大店鎮以東及太平邑。（二）國軍決跟蹤追剿，進出於莒縣、沂水、悅莊、淄博之線。（三）第一兵團應以主力於明日開始進剿，以一部控制於後方各要地，掃蕩殘匪。」湯恩伯根據這份命令，於當日下午作出五月十一日進攻坦埠的計畫。

情報洩露，華野獲得千載難逢的戰機

按照國防部的計畫，國軍三個兵團協調行動，但是攻擊範圍太大。湯恩伯兵團在整個坦埠地區形成孤軍深入的態勢，相鄰國軍與湯恩伯兵團最近距離也有一百公里。這還不是最嚴重的，更致命的是，國防部制定作戰計畫的劉斐、郭汝瑰是中共地下黨員。**國民黨國防部絕密計畫很快就被洩露出去**。中共地下黨再次為共軍創造了一個千載難逢的戰機。

五月十日，湯恩伯兵團第七軍和整四十八師從河陽出動，準備進占苗家區、界湖，華野遂於第二天發出首殲該國軍並伺機打援的作戰命令。而就在這天夜晚，高度機密的湯恩伯兵團作戰部署送到粟裕的案頭：國軍以整七十四師為中心，第二十五師、第八十三師分別為其左右翼；又以第六十五師保障第二十五翼側；第七軍和第四十八師保障第八十三師翼側，限於十二日（後又改為十四日）攻占坦埠。

由於整七十四師擔任中央突破，華野兵力無需作較大調整即可形成五：一的合圍優勢；七十四師雖為美械裝備，但受地形限制難以發揮作用，因此，粟裕果斷更改計畫，決定以第一、第四、第六、第八、第九共五個縱隊，將整七十四師圍殲於坦埠以南、孟良崮以北地區，並以第二、第三、第七、第十共四個縱隊擔任阻援任務。

這份情報為華野創造了很好的戰機，因為它不僅洩露了國軍的部署，而且精確指出七十四師與友鄰各部的確切位置和結合部位置。於是，華野根據這份情報作出了針對性部署。

一縱以一個師攻占曹莊，阻國軍六十五師，主力從國軍七十四師與二十五師結合部楔入，割斷兩師聯繫；八縱從國軍七十四師與八十三師結合部楔入，割斷兩師聯繫；四縱首先控制北樓以北山地，阻國軍進攻坦埠，爾後搶占孟良崮，協同友鄰向蘆山突擊，從正面攻殲國軍七十四師；隱伏在魯南國軍後的六縱，斷國軍退路，爾後協同友鄰攻殲國軍七十四師。

如果把華野指揮員比成庖丁，那麼湯恩伯兵團就是那頭牛——不但牛的外形一目暸然，甚至連肌理、骨骼都被華野看得清清楚楚。華野作戰部署自然遊刃有餘。

湯恩伯斷送七十四師生機

而此時七十四師還茫然不知，正按照已經洩密的作戰計畫，一步步踏進華野的口袋。

這裡再囉唆幾句，關於孟良崮戰役主角——七十四師師長張靈甫。後世文學把張靈甫描述成一個妄自尊大、驕橫跋扈的人物，**把孟良崮戰役的失敗歸結為張靈甫因為狂妄自大、求功心切，擅自脫離友軍掩護，孤軍深入結果被華野團團圍住。這樣的描述既不符合史實**，也過於將國民黨將領臉譜化。

內戰爆發後，國軍因為孤軍深入而頻頻受挫的戰例屢見不鮮。血的教訓擺在面前，張靈甫不是無能之輩，豈能無動於衷？特別是萊蕪戰役後，李仙洲因為孤軍突進結果被華野全部吃掉，這對國軍一線將領刺激很大。

▲張靈甫

孟良崮戰役前，張靈甫對進攻坦埠的任務非常不情願。國防部在制定進攻坦埠的方案時，張靈甫多次以情況、目標、地形等問題向上陳述困難，並建議將主力控制在平原地區，先以小部隊搜查敵情後再主力推進，但都被陳誠否決。據時任湯恩伯兵團第二處處長毛森的回憶，張靈甫在戰前曾很氣憤的對他說：「我是重裝備部隊，如在平原作戰，炮火能發揮威力，陳毅二三十萬人都來打我，我也能應付；**現在迫我進入山區作**

戰，等於牽大水牛上石頭山。有人跟我過不去，一定要我死，我就死給他們看吧！」

從張靈甫戰前態度可以看出，對進攻坦埠的計畫，張靈甫不僅不看好，甚至有很悲觀的預期，在這樣的背景下，張靈甫怎麼可能狂妄自大，擅自脫離友軍掩護呢？

七十四師孤軍深入的態勢形成，源於友軍的畏縮

五月十一日，整二十五師和整七十四師，兩個整編師的占位大體平行，並不存在「甩開兩翼掩護部隊，孤軍深入」的問題。五月十二日，整七十四師以五十一旅和五十八旅為左右兩路越過汶河，向坦埠推進，但左翼整二十五師主力仍停滯不前，右翼整八十三師也只有一個團在孤山附近遊動，使得整七十四師的位置突出友軍約五公里遠。

五月十三日，整七十四師全軍投入戰鬥，在猛烈衝擊之下，相繼攻克大箭、馬山和佛山，距坦埠不到六公里。然而，兩翼友軍依然沒有積極行動，七十四師在戰場上孤軍突出的態勢越來越明顯。

張靈甫連電湯恩伯，請求督促友軍前進，協同進攻，但都無濟於事。為避免自己的位置過於突出，整七十四師入夜後遂放棄好不容易打下的前沿陣地，主動後撤，以收縮戰線，向友軍靠攏。與此同時，一張大網也悄然張開，華野的一縱、六縱和八縱開始向預定目標分別進擊。

當晚（五月十三日）二十一時，湯恩伯下發補充指令：第三縱隊寒日（五月十四日）向埠前莊、魯家莊及以西山地搜剿，策應整七十四師；整八十三占領黃石山、牧虎山、孟良崮各要點，掩護整七十四師右翼；整七十四師務於寒午前占領坦埠。湯恩伯紙上談兵，以為一紙命令就可以恢復國軍齊頭並進的態勢，實際上當晚戰局已經發生重大變化。

十三日半夜時分，綜合各方戰況，張靈甫發現形勢嚴峻：首先，當面之敵人遠不止兩三個縱隊。據俘虜交代，華野在馬牧池東北有二十萬人，在岸堤以北有十萬人——這至少是九個縱隊的實力。其次，入夜後華野有向整七十四師兩側迂迴包圍的跡象，而國軍整八十三和二十五師甚至分別放棄盤龍山和黃鬥頂山、堯山，導致左右兩側空檔越來越大。

張靈甫再次向上反映情況，但都答覆沒有此事。湯恩伯和國防部都不相信整七十四師有遭攻擊的危險，要七十四師繼續推進，湯司令還在電話中安慰張靈甫說：「副司令官李延年明天就來前線，有關友軍協同問題，定可順利解決，望安心勿躁。」

湯恩伯的解釋讓張靈甫終於可以安心睡覺，他不知道，自己與七十四師最後可以避免覆滅的機會，已經被湯恩伯以及國防部官僚們白白斷送了。

七十四師華野被合圍

五月十四日，天剛破曉，華野發起強大攻勢，而整七十四師左右兩側又被解放軍大縱深插入，張靈甫遂於九時許下令全線後撤，並將自己的處置電告湯恩伯：但湯恩伯還不知道前方事態的嚴重性，當即指示張靈甫：要在轉移的同時與整二十五師協力向西夾擊入侵之敵，並與該師會合。而原計畫來前線督戰的李延年到達垛莊，接到張靈甫的電話，得知情況有變，叮囑了一句「站穩腳跟，沉著應戰」後返回臨沂。

一個小時後，整七十四師各部開始向汶河以南且戰且退，中午時分，當七十四師師部走到孟良崮西北的面梨溝時，通往垛莊的二八五高地被截斷，孟良崮北面山頭也被解放軍占領，張靈甫見形勢危急，急令五十八旅搶占蘆山、雕窩、孟良崮等核心高地，以五十一旅和五十七旅分別搶占孟良崮周邊的旺崖、大腿山、連埠峪和石旺圈、風門、當陽等村落要地。就這樣，七十四師被迫占領以孟良崮為中心的山區負隅頑抗。

國軍「中間開花」的騙小孩戰略

七十四師形勢危急，國民黨國防部竟然一片喧嘩，以為是「千載難逢殲滅共軍主力的良機」。

一九四七年五月十四日，湯恩伯來電：「匪來犯我，實難得之殲匪良機。我中軍即由界湖附近向西，王、胡兩師由常路經蒙陰向東，求匪夾擊。貴師為全域之樞紐，務希激勵全體將士，堅強沈毅，固守孟良崮，並以一部占領垛莊，協同友軍，予匪痛擊，以收預期之偉大戰績。」

入夜後，徐州陸總也電令張靈甫固守兩天，以待外線兵團實現反包圍；接著，蔣介石發給顧祝同的電報，也轉發給了整七十四師。電文如下：「今已得知靈甫之七十四師被圍孟良崮，甚驚又甚喜。其驚之因，是靈甫被困隨時都有危險發生；其喜之因，是靈甫給國軍尋找了一個殲解放軍陳粟部於孟良崮的大好機會。現令七十四師靈甫部堅守陣地，吸引解放軍主力，再調十個師之兵力，增援七十四師，以圖裡應外合、中心開花，夾擊解放軍，決戰一場。」

鑑於整七十四師各部均已搶占孟良崮周圍有利地形，雖然垛莊被攻占，糧彈無法補給，但張靈甫還是給部下打氣：「依此有利地形，只要友軍來得快，有可能打好。」

那麼，他的這句話，到底有沒有可行性呢？

從地形上看，孟良崮主峰海拔近六百米，北陡南緩，向北一面，正面對華野來襲方向，近似斷壁，的確險峻，加之四周都是平地，一覽無餘。占住這個制高點，華野不管從哪個方向來，都將遭到整七十四師的火力阻擊。

當然，有一利必有一弊。**孟良崮上水源不足，且石質堅硬，無法做掩體**，因而事後來看，多數人都認為不應該守山。如原整七十四師五十七旅旅長陳嘘雲在《整編第七十四師孟良崮就殲親歷記》中所說：「像孟良崮這樣缺水無柴的險惡荒山，最為兵家所忌，張靈甫既沒有考慮及此，副參謀長李運良卻極力主張屯兵堅守，以致遭到全軍覆滅之命運。」

但在解放軍圍攻的緊急關頭，附近無一理想地形，只有這麼一個怪石嶙峋的孤山。七十四師不少人都覺得上孟良崮是安全的。例如，張靈甫將師部和五十八旅全部撤上主峰，而將孟良崮以西陣地交給五十一旅，旅長陳傳鈞對別人發牢騷道：「只管他們上高山去保險了。」即使是共軍將領，也認為孟良崮是有利於防守的。如《粟裕戰爭回憶錄》寫道：「孟良崮及其周圍山地，山峰陡峭，主峰海拔在五百米以上，岩石累累，**土質堅硬，易守難攻**。」正因為如此，陳毅才在五月十六日上午八時命令葉飛放國軍下山，以主力殲七十四師於山溝內。

佔領孟良崮的另一大原因，是此地如被對方占領，整七十四師的處境將更為不利，一是全師將被壓縮於孟良崮與天馬山之間的狹長地帶，一舉一動都將暴露在槍口下而可能遭遇滅頂之災，連構築工事的時間都沒有；二是因華野居高臨下，友軍如來援，則又會被迫仰攻，進一步加大增援的難度。

尤其需要強調的是，張靈甫最初的部署並非全在光禿禿的孟良崮上，而是一個旅守主峰，兩個旅守周邊的山腳和村莊，師直位於業家溝、楊家莊、大山場一線，山下當然是有水有柴草的，也是可以構築工事的。那種整七十四師全師一開始就上了孟良崮，而將車輛、輜重扔在山下的說法，顯然是以訛傳訛。

國軍友軍位置也非常有利，左邊的黃百韜整二十五師位於界牌以西，右邊的李天霞整八十三師位於青駝以北，距孟良崮都在十公里以內；地形也不是很複雜，從界牌到孟良崮，僅隔一座海拔三百二十八米、面積一平方公里的天馬山；從青駝到孟良崮，中間雖有幾座山，但可繞道，走一馬平川的臨蒙公路到垛莊。再遠一點，還有駐蒙陰的整六十五師和駐河陽的國軍七軍等部，頂多一天路程，「來得快」是完全可行的。

當然，有人認為，張靈甫事先沒想到友軍都不來增援，這是他的失算。不過，根據他在戰前寫給蔣介石的信，痛訴彼此之間「多存觀望，難得合作，各自為謀，同床異夢」的這段話，足以證明他對國軍內部的一盤散沙是非常清醒的。但七十四師已經深陷重圍，友軍來援是七十四師唯一的希望。這個時候也只有指望在蔣介石、顧祝同等督戰下，友軍能創造奇蹟了。

苦苦掙扎的七十四師與盼不來的援軍

五月十四日夜，華野攻勢如排山倒海，未稍停止，孟良崮周邊的垛莊、萬泉山、老貓窩、葉家溝、後封門等要地相繼失守。

五月十五日，戰鬥空前激烈，共軍攻勢極其旺盛，炮火猶如大雨傾盆，國軍防線四面被突破。據七十四師一五一團團長王奎昌戰後回臨沂報告：「十五日拂曉前，匪軍陸續增加，不斷撲犯，槍炮如雨，火光觸天，發射燒夷彈極多。我軍所據村落工事，盡皆著火燃燒，戰鬥慘烈，素未所見。匪我死傷枕藉，致射擊孔為之堵塞。」

上午八時，五十一旅方面大腿山制高點和孟良崮東北相繼失守，張靈甫在師指揮所感到威脅太大，與旅長陳傳鈞研究，使用預備隊實施反衝擊，並以全師山炮火力支援，衝殺數次，始將陣地奪回，但損失相當大。此後，整七十四師因兵力和彈藥都有限，只能在關鍵要點投入兵力火力，其他陣地一旦無法堅持就只好放棄。

七十四師形勢越來越不妙，那麼，友軍在做什麼呢？

五月十五日上午，準備來垛莊親自指揮戰鬥的湯恩伯，半路上遇見從前線逃回的李延年。兩人一見面，李延年首先為整七十四師鳴不平，說他們孤軍奮戰四晝夜，現在很艱苦，接著又說，前方不能去了，垛莊失守了。湯恩伯調頭回到臨沂，命令第三縱隊司令張淦統一指揮第七軍、整四十八師和整八十三師，以主力迅速進出孤山、磊石山之線，與黃百韜縱隊協力解圍。

但這一命令，各部均未執行。張淦的理由是當時情況緊張，部隊受到敵軍牽制，不能調動。而黃百韜除派一〇八旅一部與華野保持接觸外，主力徘徊不前，當張靈甫催得緊急時，他讓炮兵向孟良崮方向射擊一通，然後敷衍道：「不用急，我的部隊已接近你的邊緣了。」

與張靈甫素來不和的李天霞，也玩弄了一套老手法：當整七十四師攻擊坦埠時，勉強派一個團守備孟良崮部分要點；整七十四師退守孟良崮後，師主力即向沂水以東收縮，僅以小部隊冒充一個旅的番號在沂水西岸活動，以應付上級。

據整八十三師十九旅五十七團團長羅文浪後來的回憶：李天霞先是令他派兵一個連、攜帶報話機，冒充旅部番號，在孟良崮東側敷衍了事，後來才令他率全團進至桃花山老貓窩，掩護整七十四師。五月十四日上午，與旅部的聯絡還一切正常，旅部稱：已奉命令進擊解圍，望安心固守，聽好消息云云，但到傍晚，報話機要加上天線才能和旅部通話，主力的位置顯然更遠了。

五十七團是在蘇中戰役被殲後重建的，內有偽軍一個營，編制和裝備都不齊全，戰鬥力薄弱。這也就是說，李天霞壓根都沒服從湯恩伯關於「應以主力占領黃石山、牧虎山、孟良崮各要點」的部署。

七十四師全軍覆沒

援軍觀望延宕，七十四師也就註定了覆滅的命運。

一九四七年五月十五日正午時分，大碾莊、馮家莊、橫山以及五二〇、五二七高地相繼失守，大腿山也再次失守。戰至黃昏，情勢越發嚴重，整七十四師先後向東、西、南三個方向的突圍都未成功，無奈之下張靈甫只能死守待援。隨後，五十八旅全部收縮到主峰，五十一旅接替五十八旅五二〇至五四〇之間的高地，一部防守山腳要點，五十七旅也於當天深夜撤至孟良崮。由於防守地域縮小，再加上山勢陡峭，空投下來的補給品大都飄向華野陣地或落進峽谷裡，七十四師自此斷水斷炊，彈藥也所剩無幾。

十五日夜裡二十二時許，陳毅在電話中向一縱司令員葉飛通報了國軍整九師、十一師已靠近蒙陰，第五軍已到新泰，整六十四師已到青駝寺，如明天拂曉前拿不下孟良崮就會遭到反包圍的嚴重敵情後，授權葉飛統一指揮前線各部，總攻孟良崮，無論如何要在十六日拂曉前拿下孟良崮，消滅整七十四師，哪怕拼掉兩個縱隊，也要完成任務。

十六日零時，總攻開始，無數發炮彈劃破夜空，激烈的槍聲、爆炸聲和嘶啞的喊叫聲、呻吟聲響成一起，驚天動地，火光和硝煙不斷。由於整七十四師人馬、車輛大都暴露在外，一發炮彈落地，彈片和炸起的碎石便火光四射，血肉橫飛，傷亡迅速增加。

在傷無醫、饑無食、渴無水的絕境中，整七十四師以傷亡七千人的代價，終於在天亮之前守住孟良崮，而陳毅所擔心的反包圍局面卻並未出現。

十六日上午八時，蔣介石下達手令：「山東共匪主力今向我傾巢出犯，此為我軍殲滅共匪完成革命唯一之良機。凡我全體將士應竭盡全力，把握此一戰機，萬眾一心，共同一致，密切聯繫，協力邁進，齊向當面解放軍猛攻，務期殲滅共匪，以告慰總理及陣亡將士在天之靈。如有萎靡猶豫，逡巡不前或赴援不力，中途停頓，以致友軍危亡，致共匪漏網逃脫，定必以畏匪避戰，縱匪害國延誤戰局，嚴究論罪不貸！希望奮勉勿誤。」

十時左右，整十一師攻破大小方山，但華野三縱預備隊隨即趕到，又堵住缺口。此時此刻，唯一拚命救援的十一師距整七十四師仍有五十多公里。

與此同時，張靈甫接到作戰科長的報告，說攜帶彈藥已經用光，空投下來的糧彈都落在包圍圈外面，根本收不到。

到十一時，整七十四師被進一步壓縮到孟良崮、大崮頂及六一〇、東西五四〇高地等少數幾個山頭上。大崮頂西側的驚魂谷中，屍體重疊達七層之多，五十七旅旅長陳嘘雲也在懸崖邊上被擊中左肩胛，張靈甫遂指定明燦為代理旅長指揮戰鬥。

十六日中午時分，痛哭流涕的整七十四師參謀長魏振鉞通過電臺苦苦求援，要整二十五師看在黨國的份上，伸出手來，拉兄弟一把，而對方參謀長李世鏡則要整七十四師向他們靠攏。此時，東西五四〇兩個高地又告失守，五十一旅旅長陳傳鈞被俘，情形已是萬分危殆。張靈甫接過電臺話筒說：「本人張某，我有一份電報給湯司令，請即轉接。」

這是整七十四師向湯恩伯發去的最後一電，電文大意如下：「戰況惡化，鈞座與黃百韜、李天霞應負全責。彈藥不必再投，速令空軍轟炸孟良崮六〇〇高地以西周圍陣地。」

隨後不久，蘆山和孟良崮主峰又告失守。

孟良崮山地群峰相連，煙霧迷茫，儘管P51戰鬥機、B25轟炸機頻頻出動，傾盡全力進行空中掩護，但終因戰區狹小、能見度差和遭受地面高炮、高射機槍的猛烈射擊而很難奏效。

十六日下午三時，再三嚴令之下，國軍整二十五師以一個旅加一個團的兵力再度攻擊天馬山、覆浮山、蛤蟆山一線，並終於拿下界牌，孟良崮就在五公里外。

此時此刻，距整七十四師覆滅僅兩個小時。

如果，黃百韜傾全師之力繼續猛攻；如果，李天霞也在孟良崮另一邊積極配合，也許還能救出七十四師一些殘部。然而，就是這短短五公里的一馬平川，卻比登天還難。黃百韜拿起望遠鏡，看了看被籠罩在一片戰火與霧靄之中的孟良崮最後一眼，再次停滯不前；而李天霞更有過之而無不及，在既不敢、又不願解圍的心態驅使下，無視命令、不顧大局，帶著整八十三師繼續在孟良崮以東的大官莊、埡子莊、張莊集之間遲滯不前……

五月十六日下午五時，七十四師全軍覆滅，除張靈甫、蔡仁傑、盧醒等自殺外，華野共擊斃國軍七千餘人，俘獲一．五萬人。

華野攻占孟良崮主峰後，本來認為戰役已經結束。但是華野指揮部電臺監聽到孟良崮地區還有國軍電臺活動，判斷七十四師還有殘部沒有解決，粟裕隨即嚴令各部清查斃傷俘虜戰果，發現所報數字與七十四師編制數目尚有數千的差距，馬上命令各部加強搜索，果然在孟良崮、雕窩之間的山谷中發現七十四師七千多人殘部。華野第四、第八、第九縱隨即組織兜剿，這七千人槍膛裡幾乎已沒有子彈，所以基本沒有抵抗，很快就被全殲。

華野在戰役後還能從容組織搜剿七十四師殘部，由此可見，直到七十四師覆滅，國軍的援軍並沒有給華野造成實質性的軍事壓力。

孟良崮戰役簡析

繼萊蕪戰役後，孟良崮戰役再一次證明了國民黨軍事戰略的嚴重錯誤。以劣勢兵力深入解放區尋求與解放軍主力會戰，這本身就是極大的軍事冒險。加上絕對劣勢的情報，讓國民黨軍隊處於非常不利的態勢。

首先，華野可以自由選擇最有利的預設戰場作戰。萊蕪戰役的預設戰場是萊蕪小城，既無堅固工事，也無糧彈儲備，讓李仙洲部無法堅守，只得選擇最危險的敵前撤退，最後被華野在野外殲滅。孟良崮戰役，預設戰場是孟良崮山區，讓重裝備七十四師無法發揮裝備優勢（孟良崮戰役前，因山路崎嶇，整七十四師還將戰車和榴彈炮撤回臨沂，並未參戰），加上孟良崮缺水、無法構築工事，讓華野在最有利的形勢下殲滅了這個國軍頭號主力。

反之，在預設戰場並不十分有利的情況下，華野並不戀戰。孟良崮戰役前，華野在新泰圍住整十一師，但是新泰周圍地勢開闊，整十一師易於展開火力，所以，當王敬久兵團一靠近，華野立刻撤圍離去。

其次，當國軍一部被解放軍抓住後，周圍友鄰部隊很難全力增援——**因為兵力上的絕對優勢，華野可以在「圍點」與「打援」中任意選擇**，援軍不增援就吃掉「圍點」國軍；援軍增援過猛就掉頭「打援」。實際上在孟良崮戰役前，泰安戰役已見徵兆，華野圍住泰安七十二師一開始準備「圍點打援」，但是，國軍懾於華野的雄厚實力，沒敢增援，結果只能眼睜睜地看著七十二師被白白吃掉。

在當時的態勢下，國軍最好的策略是收縮防禦。若以有力部隊堅守若干要點，吸引解放軍前來圍攻，就能掌握預設戰場的主動權。因為是有備防守，解放軍進攻時很難輕易殲滅國軍，再集中強大的機動部隊，待解放軍攻擊不利時，即可投放戰場以贏得戰役的勝利。

華野分兵，解放軍由勝轉敗

七月分兵，是一九四七年華野的一次重大戰略行動。也是中共中央根據對全國形勢的判斷，所做重大戰略調整中的一個部分。

後世對這次分兵爭議很大。支持者認為，華野七月分兵有力支援了劉鄧挺進中原作戰；反對者認為，華野七月分兵讓孟良崮戰役後的有利形勢逆轉，不僅外線出擊兵團屢屢受挫，內線作戰也節節敗退，不僅丟掉沂蒙山根據地，還直接導致最重要的膠東解放區淪陷，七月分兵後讓華野進入最黑暗、最艱苦時期。

功過姑且不論，讓我們先看看華野七月分兵的時代背景。

毛澤東的黃河戰略

國民黨策畫重點進攻，中共當然要考慮反擊。而反擊最好的方向是國民黨防禦的弱點——「啞鈴」的中間。毛澤東就明確提出：「蔣介石搞了個黃河戰略，一個拳頭打山東，一個拳頭打陝北，想迫使我們在華北與他決戰。可他沒想到，自己的兩個拳頭這麼一伸，他的胸膛就露出來了。所以，我們呢，給他來個針鋒相對，也還他一個黃河戰略：緊緊拖住他這兩個拳頭，然後對準他的胸膛插上一刀！」扮演刀子角色的就是劉鄧的中野（中原野戰軍）。

早在孟良崮戰役發起以前，中央軍委就在致劉伯承、鄧小平、陳毅、粟裕的電報中指示，劉鄧軍於一九四七年六月一日以前休整完畢，六月十日以前南渡黃河，第二步向中原進擊；「陳粟軍在巳灰（即六月十日）以前應集結全力（二十七個旅）尋求與創造殲敵機會，並準備於巳灰以後配合劉鄧軍大舉出擊」。這個指示還只是籠統要求華野「配合」劉鄧出擊。

孟良崮戰役後，中共上下都相當樂觀。所以，軍委對之前的部署作了大幅調整，指出山東仍是主要戰場，但是目標已經大大提高。中央軍委一九四七年五月二十二日的電報指出：「在現地區作戰，是於我最為有利，於敵最為不利。現在全國各戰場除山東外均已採取攻勢，但這一切攻勢的意義，均是幫助主要戰場山東打破敵人進攻。蔣管區日益擴大的人民鬥爭，其作用也是如此，劉鄧下月出擊作用也是如此。而山東方面的作戰方法，是集中全部主力於濟南、臨沂、海州之線以北地區，準備用六七個月時間（五月起）、六七萬人傷亡，各個殲滅該線之敵。該線擊破之日，即是全域大勝之時，爾後一切作戰均將較為順利。」

這個指示要求華野在「六七個月時間全殲濟南、臨沂、海州之線」之敵——也就是山東國軍大部，以**獲得「全域大勝」。按照這個指示，華野無異於要提前打一場徐蚌會戰規模的戰役，才能達到中央軍委的要求，這顯然已經大大超過了華野的能力**。

一九四七年六月二十二日，中央軍委的電報進一步指出：「山東戰事仍為全域關鍵。你們作戰方針，仍以確有勝利把握然後出擊為宜。只要有勝利把握，則不論打主要敵人，或打次要敵人均可，否則寧可暫時忍耐，不要打無把握之仗。」這個電報還是把華野是否外線出擊建立在「有勝利把握」的基礎上。

六月二十九日，毛澤東為中央軍委起草致陳毅、粟裕、譚震林並告劉伯承、鄧小平的電報，出現重大變化：「蔣軍毫無出路，被迫採取胡宗南在陝北之戰術，集中六個師於不及百里之正面向我前進。此種戰術除避免殲滅及騷擾居民外，毫無作用，而其缺點則是兩翼及後路異常空虛，給我以放手殲擊之機會。你們應**以兩個至三個縱隊出魯南**，先攻費縣，再攻鄒（縣）、滕（縣）、臨（城）、棗（莊），**縱橫進擊，完全機動，每次以殲敵一個旅為目的**。以殲敵為主，不以斷其接濟為主，臨蒙段無須控制，空費兵力。此外，你們還要準備於適當時機，**以兩個縱隊經吐絲口攻占泰安**，掃蕩泰安以西、以南各地，亦以往來機動殲敵有生力量為目的，**正面留四個縱隊**監視該敵，使外出兩路易於得手。以上方針，是因為敵正面既然絕對集中兵力，我軍便不應再繼續採取集中兵力方針，而應改取分路出擊其遠後方之方針。」

這個電報不僅放棄了一周前要求外線出擊建立在「有勝利把握」的基礎之上的立場，而且明確提出出擊方向與使用部隊規模。

華野分兵尋找戰機

中央軍委明確做出了分兵的指示，那麼華野面臨怎樣的形勢呢？

孟良崮戰役後，國民黨調整了策略。經過多次會議，檢討戰局，研究戰法，提出「並進不如重疊，分進不如合進，以三四個師重疊交互前進」的新戰術。按照這個策略，國軍在萊蕪至蒙陰不足一百里處，布置九個師二十五個旅，形成一個方陣，抱成一團，步步為營，平行直推，向魯中山區推進。與此同時，駐青島的第五十四軍進犯膠縣，濰縣的第八軍南犯臨朐（唸「渠」），駐濟南的九十六軍進犯明水。國軍的目標就是利用華野在孟良崮戰役中傷亡過大，逼迫擠壓，以求與華野決戰或將華野趕出魯中。

面對國軍蝟集一團的擠壓戰術，華野一時找不到分割殲滅國軍的機會。因此也**希望由分兵出擊分化國民黨的重兵集團，製造殲敵的良機**。

於是華野改變堅持內線作戰的部署，決定分兵出擊、外線作戰。具體部署是，由陳士榘、唐亮率領第三、第八、第十共三個縱隊向魯西挺進，由葉飛、陶勇率領第一、第四共二個縱隊向魯南出擊，陳毅、粟裕、譚震林直接指揮第二、第六、第七、第九共四個縱隊和特種兵縱隊在沂水地區待機出擊。這一部署於一九四七年六月三十日上報中央軍委，同時命令各部隊七月一日開始執行。中央軍委七月二日覆電，認為「布置甚好」，並指出：「我軍必須在七天或十天內，以神速動作攻取泰安南北及其西方、西南方地區，打開與劉、鄧會師之道路，如動作遲緩，則來不及。」

共軍成了麵包西瓜

雖然中央軍委對形勢很樂觀，認為劉鄧躍進中原，加上華野最強的五個縱隊外線出擊，可使

全國局勢迅速改觀。但是，現實卻恰恰相反，劉鄧為了躍進大別山付出慘重代價——重武器全丟掉，部隊損失慘重，在白崇禧圍攻下無法建立穩固的根據地，直到一九四八年三月中野撤出大別山，進入中原腹地才改變困境。

華野外線出擊兵團更不順利。

深入魯南的葉飛兵團首先陷入困境。第一、第四縱隊進入魯南後，在圍攻沂北南麻、魯村之國軍時，天降大雨，山洪暴發，彈藥均被淋濕，不得不撤出戰鬥。其後又攻打滕縣四晝夜未下，第一、第四縱隊分別減員五千餘人，每個師所轄實際兵力只有一個團。戰局如同棋局，一著失利，全盤陷入被動。轉眼間，第一、第四縱隊陷入了國民黨五個整編師的重兵包圍之中。國民黨部隊得意忘形，通話根本不

▲ 劉鄧大軍千躍進大別山

用密碼，直接稱葉飛部為「麵包」，稱陶勇為「西瓜」，把兩位將軍氣得半死：「老子打了半輩子仗，竟然打成含在別人嘴裡的麵包和西瓜了。」葉飛、陶勇只得冒死突圍，損失慘重。

挺進魯西南的陳唐兵團同樣處境艱難。部隊天天行軍，時時打仗，差不多每天都要走七八十里。一到宿營地，連休息、吃飯都顧不上，就要頂風冒雨修工事。常常是工事還沒有修好，就響起尾追國軍的槍炮聲，接著就是一場激戰。稍一接戰，馬上就要轉移……在這些日子裡，行軍成了人們注意的中心。連營幹部到團部來，開始還打聽：「有什麼任務？」慢慢地改成了：「今天走不走？」後來連這話也改了，一見面就是：「今天走多少？」

行軍也不能痛痛快快的走。這時正值雨季，這年雨水又特別多，而解放軍行動的地區正處於運河兩岸、獨山湖畔的低畦地帶，遍地是水，大小道路全被淹沒，淺處沒脛，深處及腰。部隊整天在陰雨亂泥中跋涉，下半身全泡在泥水裡，上半身衣服被汗水和雨水浸透，不能更換，不能洗曬。連續的行動，疲勞、艱苦，加上頻繁的戰鬥，傷病員和非戰鬥減員與日俱增。經過三十八天的無後方轉戰，陳唐兵團被拖垮了，傷亡最小的第十縱隊也損失了二千餘人，許多縱隊實際兵力只有一個師。

一九四七年八月一日，葉飛兵團終於與陳唐兵團會合，相見時情景令人心酸。老戰士王昊回憶道：「見面時疲勞程度是無法形容的。戰士們倒在路邊的泥坑裡睡著了，炮彈和炸彈的交替爆炸也喚不醒他們。女同志就更為艱苦，政治部的、後勤部的、加上野政文工團的，為數不少，一個個憔悴不堪，面黃肌瘦，披頭散髮，令人目不忍睹。」

客觀的評價，**一九四七年解放軍尚不具備外線進攻的實力。脫離根據地後，解放軍後勤補**

充、**傷病安置都成為無法解決的問題，運動能力也大幅度下降。更為重要的是，外線作戰中，由於缺乏民眾基礎，解放軍喪失情報優勢**，國軍可以輕易掌握解放軍動向，從而讓外線作戰的解放軍處於非常不利的形勢。

外線出擊不順利，內線作戰更不順利。七月分兵後，留在解放區的華野僅五個縱隊，約十五萬人，實力下降一半。此消彼長之下，小心翼翼的國民黨軍隊變得大膽起來。

因為要分兵堵截華野外線出擊部隊，國軍在與華野對峙的前線僅僅留下四個整編師，其中整編十一師態勢最為突出，其在沂蒙山根據地中心南麻大肆修建工事，一副準備長期固守的態勢。為了策應外線出擊兵團，華野決定集中內線五個縱隊，**發起南麻戰役，企圖一舉殲滅孤懸在外的整編十一師**。

華野受挫之南麻臨朐戰役

國軍戰術調整[100]

國軍自對山東發起重點進攻後，先後經歷了萊蕪、孟良崮等重大失敗。國民黨也進行多次會議檢討教訓。雖然其在山東總的作戰指導方針依然是壓迫華野在狹小的地域內決戰，妄想一舉消滅華東野戰軍主力部隊，但是作戰策略已經做出重大調整。即一改過去只注重攻城掠地、長驅直入的戰法，放棄了對面的占領，**轉而採取守點以吸引華野進攻，進而謀求與華野進行主力決戰**。正是在這樣策略指導下，整編十一師占領南麻後，擺出一幅長期固守的姿態。

據《國民革命軍戰役史》記載，南麻戰役國軍的企圖是：「國軍統帥部為徹底摧毀沂河上游匪軍巢穴，有利於分別追剿，並參照過去之經驗教訓，一反以往外線會攻或兩翼包圍的方式，而以主力集中在一處，實施中央突破，期一舉深入匪軍心臟，迫匪放棄其根據地後造成分散，再行追剿。」

為貫徹這一新的戰術，胡璉指揮整編十一師迅速攻占南麻地區。據《胡璉評傳》記載，國軍具體部署為「這次國軍迸剿，選定以南麻周邊為決戰的戰場，並配合全盤外線部隊的戰略，遵奉先總統『誘敵作戰，逼敵會戰』的『搗匪巢穴』戰略指導，以誘敵決戰為目的。乃先以戰力強大的整編第十一師為錐端，鍥入南麻，其他進剿部隊，則遠離南麻，把整十一師變成孤立的誘餌，誘使陳毅主力回頭反撲，待其發起攻擊形成膠著時，外線各部隊即迅速向南麻合圍，迫國軍敵決戰而殲滅之。」

由此可見，國軍這次的作戰方針即是以整編十一師為誘餌，孤軍突入南麻地區，吸引華野主力圍攻，依靠堅固的工事和整十一師頑強的戰鬥力，消耗華野的力量，等華野筋疲力盡之時將其包圍，於沂蒙山地區一舉消滅華野主力，解決山東戰事。

華野輕敵大意

國民黨在檢討策略、調整部署，而華東野戰軍上下自孟良崮戰役後產生了自大心理，認為華野戰鬥力已經達到能和任何一支國民黨軍王牌部隊作戰且獲勝的水準。這種輕敵自大的心理，直接導致華野在戰役中偵查不周、戰役目的貪大等失誤，最終導致作戰失利。

一九四七年七月十四日，華野發給中央軍委的電報中寫道：「我決心乘敵未全部後撤前，先殲南麻十一師五個團。得手後，即以一部向西，攻占魯村；一部圍殲大張莊之六十四師之一個

100 本部分內容引自黃春鋒《解放戰爭時期南麻臨朐戰役及其探討》。

旅。主力則切斷第九師、六十五師、六十四師及十一師之十八旅退路。此時葉（飛）陶（勇）向東北前進，至蒙陰、新泰問會合，求殲滅二十五、六十五等師。」

實際上孟良崮戰役華野集中十個縱隊的主力，才殲滅七十四師，現在內線只有五個縱隊，卻企圖吃掉三個國軍整編師，徹底打破國民黨軍的重點進攻，戰役目標未免設定太大。

依據戰役目標，華野很快作出了南麻戰役的部署，將手中的四個縱隊主力用於攻擊國軍整編十一師，而承擔南線阻援任務的只有第七縱隊，要阻擊國民黨軍整編二十五師、整編六十四師等部隊，根據孟良崮戰役的經驗，以一個縱隊抗擊二個整編師進攻應該很輕鬆。從部署中也可看出，雖然華野實力只有孟良崮戰役的一半，但是華野指揮員依然對取得戰役勝利充滿信心。

南麻（現山東省淄博市沂源縣境內）位於當時的沂蒙山根據地的腹地，抗戰以來就是中國共產黨創建的沂蒙山根據地的首府。蔣介石曾經明確說過：「共匪在長江以北，只有兩個老巢，一個是政治的老巢——陝北的延安，一個是軍事的老巢——魯中的南麻。」

抗戰開始後，中國共產黨即在沂蒙山區發動群眾抗日，展開游擊戰爭，經過長期的經營，逐漸形成了以南麻為中心的沂蒙山抗日革命根據地。解放戰爭開始後，山東野戰軍和後來的華東野戰軍，將南麻地區作為作戰的大後方和人員物資的集散地。南麻踞在一高地上，地形較易防守，北西南三面是山地，東面通向悅莊的是小丘陵地帶，北面高地有一隘通向博山，南靠沂河。

國軍整編十一師占領南麻地區後，除以一部挺進占領南麻周邊高地擴大觀測射界外，主力利用村落構成據點陣地。以整編十一旅、整編一一八旅共四個團駐守於南麻地區，南面憑藉沂河占領陣地，並派出一個加強連占領沂河南岸的一個小圍寨，作為前沿陣地。

國民黨軍在通往博山的隘口高地配備一個加強營防守，封鎖住隘口，阻止北面來的華東野戰軍向南麻地區移動。西面通過山地就是魯村，通往南麻的公路蜿蜒在山腳下，進入南麻平地不遠處有一個叫高莊的小村子，由高莊到南麻大約有四公里，靠近高莊有一個獨立的小高地，國軍以整編第十八旅所屬兩個團占領高莊，橫跨沂河兩岸防守，並以獨立高地為依託，封鎖公路交通。

南麻血戰

一九四七年七月十七日晚，南麻戰役打響。戰役一開始就非常不順手，華野面對的不是普通的村落防禦工事，而是國軍新發明的子母堡防禦體系。

子母堡是國軍整編十一師在長期作戰中的一項發明，專門防禦解放軍的人海戰術。這一戰術的核心是構築一個堅固大碉堡，即母堡，周圍配以數量不等的小型地堡，即子堡。母堡中一般駐有一個班的戰鬥人員，子堡中有二至三人不等，子堡如同觸角一樣分散在母堡周圍，戰鬥中，可迫使對手不得不在到達母堡前提前，展開兵力，無法突然攻擊。同時堅固的母堡也給予子堡強大火力支援，兩者配合，形成一個完整有效的火力據點。如果數個子母堡緊密相連，那就形成子母堡群，對手很難在短時間內攻克。

整編十一師在南麻及其附近地區修築了大量的子母堡。六月底，整編十一師占領南麻後，胡璉即以南麻為中心，利用其所控制的村莊及大小山頭，構築了大大小小一千二百多個地堡，每五個大堡和二十或三十多個小堡構成一組子母堡。堡體多是依山貼崖、順溝就坑而築，堅固而隱蔽，堡群週邊都設置了鐵絲網、鹿寨等障礙物，堡堡相連，縱橫交錯，形成密集的地堡群。

面對烏龜殼一樣的防禦陣地，華野打得十分艱難。

經過十八日一天的戰鬥，華野三個縱隊占領了整十一師大部分週邊警戒陣地。因大雨不停，華野彈藥淋濕，炸藥包等爆炸物大多失效，且因山洪暴發，道路泥濘，重炮拉不上前線，嚴重影響了華野的攻擊行動。而整十一師則占據有利地形，以少量兵力堅守堅固堡壘，多次出動部隊反擊。華野常以重大代價攻占一個地堡群，僅取得殲滅整十一師一個班或一個排的戰績。

從十九日開始，華野各縱隊對整編十一師開始發起全面進攻：西線第九縱隊、南線第六縱隊、東線第二縱隊同步發起猛烈攻擊。

防守南麻西線的是整編十一師第十八旅覃道善部，其實從十七日開始，華野戰第九縱隊便展開了對此地同步整十一師的猛烈進攻。國軍以一個團據守沂河南岸據點，並依靠北岸炮火支援，頑強抵抗華東野戰軍，這成為整個戰場的一個熱點地區。

西線另一個爭奪的要點，是高莊西北的一個孤立高地。此高地四周地勢開闊，易守難攻，是國軍陣地的一個主要支撐點。整編十八旅旅長覃道善以為此地有險可憑，忽略了它的戰術重要性，僅僅派了該旅工兵營擔任守備。該工兵營主要裝備為工兵器材，戰鬥武器少，也沒有什麼戰鬥經驗。當華野九縱部隊開始攻擊後，該營前兩天還能勉強抗擊華野的攻擊。後來華野加大了攻擊強度，很快攻上高地，國軍工兵營長驚慌失措，在沒有動用預備隊進行反擊的情況下，便迅速逃下山，其餘士兵也隨之潰逃，華野隨即占領此高地。但是這一逃跑的營長被胡璉槍決以肅軍紀。鑑於此陣地的重要性，整編十一師很快組織反擊，並將陣地奪回。

南線華野第六縱隊及第七縱隊一部，冒雨向沂河岸邊攻進，準備強渡東西橫貫的沂河，進攻南麻。第六縱隊第十八師被據守河南岸柴糧山的國軍十八旅五十三團第三營（欠一個連）所阻，雖遭重大傷亡但無進展。第七縱隊第五十七團用繩索牽引強渡沂河，但繩索被浪頭沖斷，大部人馬被洪水捲走。

第六縱隊第十七師第五十一團則在彭團長、張政委率領下繞道，連夜翻過險峻的燕崖南山。於十九日凌晨二時抵達沂河南岸南劉家莊，並乘隙強渡寬一千米的沂河，攻占北岸的北劉家莊山嶺制高點，控制了一里縱深、一里半寬的陣地，切斷了南麻十一師師部與高莊第十八旅旅部的聯繫。國軍隨即以十一旅和十八旅在空中掩護下，從兩面向五十一團反擊。雙方各自傷亡四五百人，戰至當夜，第五十一團因後援不繼、傷亡太大，被迫突圍撤回河南岸，沂河防線一度被打開的缺口，又被國軍封閉。

華野第六縱隊的十六師四十六團主攻馬頭崮連冒山。該處僅由十一師的一個搜索連、一個便衣隊和一個火器排據守，總共只有二百多人。但該處地勢險要，三面是陡坡，北面靠沂河，為南麻整編十一師師部南面的屏障。四十六團進攻兩日，竟無進展。為加強攻擊火力，該團調來剛剛繳獲的兩門重炮參戰，一時找不到炮手，即在俘虜裡找了四名。俘虜有意不打山頂，專打山腰的華野突擊部隊，結果被當場處決一名。二十一日晨，四十六團動用兩個營，以一部佯攻、一部攀岩偷襲，攻上了崮頂。戰鬥中國軍因副營長陣亡，失去指揮，陣地丟失。這是南麻攻堅戰中，華野唯一占領的並得以鞏固的國軍陣地。

這樣，經過三天四夜的血戰，至七月二十日，進展不大而傷亡不小。

連續作戰的國軍方面也很困難，第十八、第一一八旅彈藥消耗將盡，每天空投的彈藥還不夠夜裡二個小時戰鬥的消耗，不但師的儲備彈藥用完，就是守南麻城的第十一旅的儲備彈藥也都發光。無奈之下，胡璉下令第十一旅旅長楊伯濤將其全部彈藥除留少量彈藥外，其餘全部補充給第十八、第一一八旅，這天才堅持了下來。在戰鬥最緊張的二十日，胡璉更為焦慮，他又下令將師直屬部隊和師司令部傳令兵的彈藥搜集起來，送往前線，並通知第十八、第一一八旅兩旅長，按同樣辦法盡量把彈藥補充到第一線。

至二十一日，隨著南面來援的三個整編師的靠近，胡璉改採主動，下令全線反擊。整十一師的反擊打亂了華野原計畫於二十一日晚進行的總攻擊。此時整編第二十五、第六十四師突破華野阻援陣地右翼；整編第九師攻至高莊附近；萊蕪第五軍也逼近南麻；濰縣的整編第八師也正向臨朐開進中，威脅華野後方。由於國軍各部援軍已近，而南麻週邊的陣地尚未全部攻占。華野指揮員粟裕於二十一日黃昏下令撤圍，各縱隊分別向臨朐縣以南及西南地區轉移。二十二日，整十一師開始追擊，至悅莊以西之北張良、北石臼之線，和北援的整編第九師會合。

華野阻援失利

南麻之戰剛剛打響，蔣介石便急令整編第二十五師黃百韜、整編第六十四師黃國梁、整編第九師王淩雲、整編第七十五師沈澄年、第五軍邱清泉，迅速向南麻攻擊前進，對華野實施反包圍；同時命令在濰縣的整編第八師李彌，星夜趕往臨朐，以截斷華東野戰軍向東北方向的退路。

這正是以整編十一師為誘餌，**將華野內線主力吸引到南麻地區並一舉殲滅的作戰計畫**。當時蔣介石命令極為嚴厲，稱整編第十一師如像整編七十四師一般被解放軍消滅，將對以上各師主官按革命軍人連坐法嚴懲不貸。所以這次解圍的各國民黨軍部隊比孟良崮戰役時更為賣力。

國軍的三個整編師解圍路線及華野的阻援部署如下。

整編第六十四師第一三一、第一五六旅，攻擊南馬頭崮以西至於家崮一線；第一五九旅掩護師側的安全。整編第二十五師攻擊馬頭崮及以東至蓮花山一線。整編第九師除留第七六旅第二三八團守衛沂水城外，其餘全部出動，沿東里店、石橋北攻。而華野第七縱隊及渤海軍區武裝三個團從東罩店以北地區，由東向西楔入，在牛心崮、於家崮、南馬頭崮、牛欄、蓮花山一線設下阻援陣地。

七月十八日黃昏，國軍整編第六十四師第一三一旅第三九一團占領牛心崮，第一五六旅占領牛心崮以西、南馬頭崮以南高地。華東野戰軍為奪占要點牛心崮，於當晚發起攻擊，激戰一夜，傷亡慘重。七月十九日晨，華野第七縱隊第十九師集結一個團的兵力，向崮頂國民黨守軍再次發起強攻，終於攻占崮頂，消滅守軍兩個排，從而占據了有利的地勢。當日，整六十四師對牛心崮的七縱一個團發動數次反擊，均未成功，雙方傷亡慘重。七縱另一部渡過沂河，向一三一旅守備之高崖項攻擊，雙方爭奪終日。

二十日拂曉，國軍第一三一旅，主力向胡莊、河東攻擊；第一五六旅向柳樹峪、胡莊、於家崮、南馬頭崮攻擊；第一五九旅進攻門子頂，以掩護師主力左側。九時，一三一旅占領胡莊，繼續向牛心崮進攻；不久，整編第二十五師先頭一團超越六十四師，加入對牛心崮的攻擊，雙方爭奪至夜。國軍一五六旅移兵進攻於家崮，攻擊數次，至當夜九時方克。

二十一日凌晨三時，華野七縱集中第二十師五十九團發動夜戰突襲，再次克復於家崮。拂曉後，一五六旅在強大火力支援下進行反擊，並以四六八團三營，威脅於家崮側後。中午十二時左右，華野被迫放棄於家崮後撤。

進攻於家崮以西牛心崮的第一三二旅和進攻於家崮北面南馬頭崮的整編第二十五師，激戰兩日，進展不大但傷亡重大。整六十四師遂責令取得進展的劉鎮湘第一五六旅迅速向南麻插進應援。第一五六旅繞開阻援解放軍，於七月二十二日拂曉進至中馬頭崮，與整十一師會師，此時華野七縱奉命放棄陣地，撤出了戰鬥。

沂水的整編第九師方向。七月十九日夜，該師除以二三八團守衛沂水城外，其餘向南麻增援，前鋒為第九旅旅長陳克非部。沿途擊退華野地方部隊的阻擊，二十日晨，該旅攻占東罣店，爾後繼續向悅莊以南地區進擊。二十一日下午，整九師在悅莊以南一帶遭七縱一部阻擊。當晚華野全線撤退，整編第九師先頭部隊占領悅莊，次日與南麻整編第十一師會合。

攻城不克，阻援陣地又被國軍突破，華野面臨被國民黨軍反包圍的危險境地，且陰雨連綿，道路沖毀，華野如不盡快撤出戰鬥，將出現殲國軍不成反被殲的狀況。

七月二十二日，華野指揮部給中央軍委發出了關於結束南麻戰役的電報：「對南麻作戰，從十八號早晨開始攻擊，經過三天三晚惡戰，只把包圍圈縮小到縱橫十里……因此，如再打下去的時間，最多只有兩天，否則就必須增加打援兵力，我們手中已無預備隊。為了不被迫後撤，決定於今晚停止攻擊，把部隊撤至臨朐以南、東南、西南地區，休整補充，再尋機作戰。」就這樣，二十二日晚，華東野戰軍主動撤出戰鬥，南麻戰役結束。

臨朐戰役，華東野戰軍團從此瓦解

當華東野戰軍內線部隊在南麻地區圍攻整編十一師時，駐昌樂、濰縣地區的國民黨軍整編第八師（欠第十二旅）及保安第一師等部，共約九個團的兵力，趁機攻占了臨朐，威脅華東野戰軍的後方安全，策應南麻整編十一師。

臨朐（現山東省濰坊市臨朐縣，「朐」唸做渠）位於魯中解放區和渤海解放區中間的咽喉要道，位置相當重要。北鄰膠濟鐵路，西面山路隘口是通往沂蒙山根據地的必經之地，是連接黃河以北解放區和沂蒙山解放區的重要樞紐。所以華東野戰軍不顧南麻戰鬥傷亡和大雨遍地的不利條件，決心收復臨朐，打開通往華野後方的通道。

一九四七年七月二十五日，粟裕、陳毅與譚震林聯名發出致中央軍委並華東局的電報：「敵因我攻南麻未克，乘我疲勞未復，傷亡未補前，以十一、二十五、六十四、九師等約八個旅以上的兵力，向臨朐增援。我對臨朐之戰，要本晚才能正式開始，求得在明結束戰鬥。」報告臨朐戰役將於當晚開始，爭取於二十七日結束戰鬥。

國軍整編第八師占領臨朐後，隨即構築防禦工事，部署兵力把守，其部署與整編十一師在南麻的部署如出一轍，即以臨朐城為核心，構築大量的子母堡陣地，並占領四周高地。整編第八師師長李彌，親率五個團駐在城裡，師部設在城東門以北的外城隍廟，南關和北關派以重兵防守，城外粟山、龍山、尼姑山、朐山等山頭制高點，各派了一個營的兵力。

七月二十四日下午，華東野戰軍第二、第六、第七、第九縱隊和特種兵縱隊，以及渤海軍區部隊，冒雨行軍，開赴臨朐，對攻占臨朐的整編第八師合圍。

此戰，華東野戰軍的作戰部署是：第二縱隊以一個師，並由該師指揮第七縱隊的兩個團，阻擊由南來的增援之國軍；主力攻擊城南和城西。特種兵縱隊的一個加強野炮團，配合第二縱隊主力部隊主攻。第七縱隊除一個師，協同第二縱隊打援以外，其餘兵力進至冶源以東的南流一帶待命。第六縱隊負責斷國軍後路，並配屬警備四團和警備五團由東向西突擊。第九縱隊的一個師在城西和城北與第六縱隊會合，形成對國軍合圍之勢，然後由北向南攻城。渤海軍區部隊三個團，在臨朐城東董家崖頭一帶，準備切斷整八師的後路。

逆天的攻擊行動，怎麼贏？

完成對整編第八師的包圍後，華野指揮員隨即命令部隊展開攻擊，本以為整八師占領臨朐不久，防禦沒有完善，很容易突破。誰知道整八師搶占臨朐後立刻開始修築子母堡，一個班平均四個小時就修好一個地堡。華野展開攻擊時，整八師已經修建好幾百個地堡，構成一個完整的防禦體系。再加上攻擊時暴雨仍未停止，大雨嚴重影響華野部隊的展開，攻擊很不順利。

一九四七年二十四日晚，第二縱隊迫近臨朐城，對南關守軍發起攻擊。但因彌河河水漫溢，圍牆外壕溝及南關周圍一片汪洋，平地水深過膝，華野攻擊行動受阻。九縱隊主力二十五日拂曉發起攻擊，突入北關。二縱隊在九縱第二十七師的配合下，向龍崗村、尼姑山守軍攻擊，殲滅該地國民黨守軍兩個營，切斷了整編第八師向濰縣方向的退路。渤海軍區部隊在二十四日黃昏開始攻擊。在攻占鄭母、龍崗時，整編第八師週邊一個營企圖向昌樂撤退，被華野特務團截擊，被殲百餘人，華野繳獲六〇炮二門、重機槍二把、輕機槍十四把、衝鋒槍十四支。

二十五日，仍大雨滂沱。華野查明整編第八師主力已集中臨朐城後，命令第二、第九縱隊冒雨攻城。具體部署為，以第九縱隊攻殲臨朐東北週邊之國軍，並準備殲擊可能由昌樂西援的國軍。以第七縱一個師向朐山攻擊，第九縱二十五師以兩個團向北關發起攻擊。華野特縱榴炮團之炮兵連配屬九縱，在城北赤澗一帶，先對南北大街進行七千米遠距離急襲，繼而壓制北門附近國軍炮兵陣地。

在炮火支援下，華野九縱二十五師七十四、七十五兩個團向南推進，因城關的國軍未被肅清，故未能發起對城區的攻擊。九縱二十七師東渡彌河，出北向南配合六縱殲滅河東之國軍，首取寨虎山，殲滅國軍一部。二十五日夜，華野第七縱隊十九師五十六團對朐山守軍冒雨攻擊數次，都因國軍居高臨下，火力太猛，華野遭受很大損失，被迫於天明退下來，返回郎家窪村進行休整。

二十六日，華野第九縱隊第二十七師配合第六縱隊，冒著傾盆大雨包圍了臨朐城東北的盤龍山。山頂上的國軍憑藉著有利地形負隅頑抗。但在華野的猛攻下，山頂一個營的守軍很快被殲滅。拿下盤龍山後，華野又轉攻粟山的國民黨軍。粟山的國民黨軍因盤龍山已被華野攻克，附近又無援兵，與華野交火後，無心戀戰，其營長率餘部撤往城裡，向師長李彌求援。李彌為嚴肅戰場紀律，當即將粟山守軍營長槍決。

在炮火掩護下，華野第二縱隊第五師十四團副團長宋延年率領七個連的兵力，冒著整八師密集的炮火，從城西突入城內，但因突破口很快被國軍火力封鎖，接著兩翼被國軍封閉，攻入城裡的部隊反倒被國軍合圍。西門內是一個大空場，周圍全是國民黨軍修築的梅花式子母堡。地堡暗道構成一個完整的防禦體系。宋延年部雖然突入城內，但遭到國軍立體火力的交叉覆蓋，經過頑強戰鬥後因後援不繼，全部犧牲。

此時，南邊國民黨援軍第六十四師、第九師等也已向華野阻援陣地展開猛烈攻擊，進達銀礦峪、豹頭崮東西一線。華野即增調第七縱一部加強阻援力量，以渤海軍區部隊對濰縣警戒，調第六縱隊主力西渡彌河參加攻城。當時，彌河水漲兩岸且無橋無舟，華野士兵將兩岸扯上粗繩，或把裹腿接起來，沿繩攀扯而過。但水流湍急，衝力很大，一次渡過人數太多，繩超負荷，繩索扯斷，許多士兵被洪水捲走犧牲。最後，華野轉到彌河上游繞過兩條小河，從孔村到了彌河西的冶源鎮，至二十八日夜才到達城西衣家莊子村。

二十六日十九時，華野九縱二十六師七十六團從城西北角發起攻擊，在一夜的激戰中，均因炸藥潮濕，連送數次均未爆炸，攻擊未成。

二十七日上午十時，夜間退回城裡的國軍組織反撲。並和朐山之守軍形成夾擊之勢，國軍憑藉有利地形，用日式迫擊炮、手榴彈、輕重機槍向華野南關陣地猛烈射擊，並呼叫飛機配合轟炸掃射。南關陣地大量房屋被炸倒，共軍傷亡很大，被迫又撤出南關。

為集中兵力殲滅北關之國軍，華野第九縱隊二十六師兩個團及二十五師之七十四團，統歸二十六師指揮，繼續攻擊。連日大雨給攻城帶來極大困難。北關的南面是高大的城牆，其他三面全是高達四五米的土圍牆。土圍牆被雨水整天泡著，土成了泥巴，土圍子也泡塌，無法架設梯子，爬不上去。即使爬上土圍子，腿插進沒膝蓋的稠泥裡拔不出來，也無法行動，這使華野的攻城受到了極大的影響，在付出巨大代價後，仍未能占領北關。

華野和整編第八師在臨朐城下打成膠著，一時誰也難以贏得優勢。戰役的重心自然就轉為阻援戰鬥。

合圍不成，阻援失利，華野大敗

臨朐戰役開始，國軍統帥部急令整編第九師並指揮整編第六十四師及整編第十一師一部北援臨朐。國軍整編五十四師則向膠縣、高密進攻；國軍山東第十四區保安司令張景月部向壽光進攻。華野第二縱隊派出第四師並指揮第七縱隊兩個團在三岔店以東，第七縱隊一個師在銅陵關、大諸葛一線阻擊國民黨軍援兵，臨朐戰役南線打援戰鬥就此展開。

從一九四七年七月二十四日開始，國軍整編第九、第六十四師四個旅沿著三岔店寬達四十里的戰線上猛烈進攻，華野以第二縱隊第四師及七縱兩個團的兵力冒雨頑強抗擊，將國民黨援軍阻止在三岔店一線無法北援，並付出了慘重代價。

華野四師所處陣地三岔店地區在沂源縣境內，位於南麻、臨朐之間，南臨公路南北貫通，是通往臨朐的要道，也是**國民黨援軍的必經之地**。七月二十四日夜，華野四師冒雨進入防禦陣地，經勘察地形後，隨即利用有利地形，有重點的組織梯次防禦，逐次使用兵力，以堅決而有彈性的阻擊來挫敗國軍的北援計畫。當國軍整編第六十四師、第九師沿著南（麻）臨（朐）公路北上增援，進至三岔店一帶時，華野進行了阻擊。

二十五日拂曉，華野四師前沿警戒部隊和國軍首先接觸，整編六十四師在猛烈炮火掩護下，向公路兩側高地猛烈進攻，欲一舉突破四師阻擊陣地，直搗臨朐。華野四師以一個師抗擊國民黨軍兩個整編師（實則兩個軍）的兵力，又是在雨水中戰鬥，十分艱苦。

國軍整編二十五師於二十八日全部投入對華野四師的戰鬥，在華野四師不到三公里的防禦正面上，以密集炮火和整團整營的兵力發起猛烈攻擊。華野四師十團二營守在南橫嶺南側無名高地，抗擊國軍一個團兵力的輪番攻擊。子彈打光了，戰士們就用石頭砸，用槍托砸。雙方都認明白南線戰鬥對整個戰役的重要性，所以都全力去爭奪，使這一戰場的戰鬥尤為激烈。

由於華野四師的頑強阻擊，國軍久攻不克，遂改變戰術，繞開解放軍阻擊正面，向縱深穿插。在華野四師十一團正面，由於各營間隙較大，三岔店一線陣地部分被國軍突破，十團二營被迫轉守松山，十二團轉守金葫蘆山及鐵寨北側無名高地，十一團主力退至橋頭村南高地。

三十日，暴雨過後，臨朐地區天氣晴朗，給國民黨空軍支援臨朐守軍創造了良好的條件。十餘架國民黨軍飛機飛臨戰場上空，與地面國民黨軍炮火一起協同掩護步兵向華野阻擊部隊進攻。南麻戰役和臨朐戰役中，國民黨軍的空軍部隊發揮了很大的作用，尤其是在臨朐戰役的後期，由於天氣條件轉好，國民黨的空軍拚命支援臨朐守軍，不僅空投了大量的彈藥物資，還大大增加了守軍的士氣。

華野四師十團與國軍展開激戰，奮勇衝殺，始終堅守松山陣地；十二團在金葫蘆山與國軍整編二十五師兩團的兵力激戰終日，在三十日十六時華野指揮部下令四師撤出陣地之前，抗擊了國軍整編第九、第十一、第二十五、第六十四師七個旅的兵力長達六晝夜。中國軍史對於華野二縱四師的三岔店阻擊戰這樣評價：「在與國軍打成平手的臨朐戰役中，打得最苦、守得最好、完成任務最出色的當數三岔店阻擊戰中的二縱四師。」

華野南線的頑強阻擊，為華野的撤退贏得了時間。

擔負南線阻擊國民黨援軍任務的華野七縱二十和二十一師，頑強的阻擊了國民黨軍整編第九師和整編十一師的北進。整編十一師因在南麻戰役中消耗過大，並沒有派出主力參與北援臨朐的戰鬥，整編第九師聯合整編第十一師一部猛烈向華野阻擊陣地進攻，雖多次進攻，但均被擊退。

截至一九四七年七月二十九日，在華野不斷猛烈攻擊下，城內的國軍第八師傷亡慘重。華野在彌河以東及城區周圍共殲滅整八師一個多團，南關和北關大部為華野占領，整八師被壓縮在城內狹小地區，形勢一度對華野非常有利。

二十九日晚，華野以三個縱隊的兵力全力發起總攻，雖奮勇作戰，但仍未能突破城垣。由南而來的國軍援軍，以四個師（軍）的兵力向華野壓來。由於華野兵力不足，三岔店東西一線陣地被國軍突破。華野鑑於連續作戰，部隊十分疲勞，傷亡又大，同時受山洪暴發影響，糧食物資前運及傷患後運等均感困難，於是決定撤出戰鬥。

三十日晚，華野指揮部給中央軍委發出結束臨朐戰役的電報：「如再攻擊，尚須五天以上時間，而南線整九師、六十四師在蔣嚴令下，日夜猛攻，二十五師亦已由東暈店北進，昨晚敵先頭已占西井、楊樓、韓王、李家莊之線。因此，我們放棄臨朐。」

於是三十日晚，華野各部隊分別向膠濟鐵路以北及諸城地區轉移。戰役因華野主動撤圍而告結束。

南麻與臨朐戰役評述

從國民黨角度來看：

首先，**整編十一師和整編第八師整體戰力強大**是南麻、臨朐未被華野攻破的主要原因。據《國民革命軍戰役史》對這兩支部隊的評述：「部隊戰力較強，且均有對匪軍作戰經驗。整十一師及整八師均係國軍中能征慣戰部隊，戰力堅強，綏靖作戰以來，屢屢獲勝，故士氣高昂；在歷次攻勢作戰中，均擔任主要方面之任務，故各級幹部，均具有豐富之對匪軍作戰經驗。」

對於這兩支國民黨軍，中共中央也十分關注，**在《毛澤東軍事文集》中，有七篇電文是專門針對整編十一師及胡璉的**，一支國軍能夠引起中共中央如此頻繁的重視，足以說明胡璉及其整編十一師不同於國軍的其他部隊，是華野的強勁對手。而整編八師整體戰力雖不及整編十一師，但相差不大。

其次，**整十一師師長胡璉和整八師師長李彌的指揮才能出眾，是其獲勝的重要原因**。據《國民革命軍戰役史》評價：「整十一師師長胡璉將軍整八師師長李彌將軍，均係膽識具備，身經百戰，善於統禦指揮之將才，對於匪軍之各種行動，均有適當之對策，始終使匪軍無法得逞。」從胡璉、李彌兩人在後來戰爭中的表現也可以看出，這兩個人確實不同一般。胡璉是徐蚌會戰中唯一安全退回南京的高級將領，也是後來金門島戰役的指揮者；李彌是這次國共內戰後殘餘國民黨軍隊在中緬邊境作戰的主要指揮者，兩人對華野的戰略戰術有很深的研究，並不是人們印象中那些昏庸的國民黨軍指揮官。

▲胡璉

▲李彌

最後，**地理位置有利於國民黨軍的防禦，而不利於華野的進攻**——從這點可以看出，預設有利戰場對戰爭成敗有多麼重要。南麻、臨朐附近地形，有利於國軍大部隊之防禦作戰，且具有可利用的空間，具有長時間生存條件及作戰條件。胡璉之所以選擇南麻作為其駐地而不是魯村，也正是看好了南麻利於防禦的地形。南麻鎮較大，周圍分布著許多村落，建築物密集，適合防禦作戰，且南麻北有曆山、西有石錢山等高地，南有沂河，均可以作為其週邊的防禦支撐點。

臨朐也是同樣有利於防禦而不利於進攻，臨朐當時便是臨朐縣縣政府所在地，人口、房屋更為密集，城牆更為堅固，並且四周除粟山外幾乎都是平原，地勢開闊，有利於國民黨軍發揮火力優勢，這是華野人海戰術的一個致命剋星。此外，地勢平坦開闊，還有利於國民黨軍的空投，能夠得到空中源源不斷的物資補給，這也是為什麼**整八師在華野重重包圍下，不同於**

孟良崮戰役中整編七十四師那樣急於突圍的原因。

除此之外，整十一師和整八師防禦周密、戰術靈活、戰場紀律嚴明、解圍部隊得力，這些都是國軍獲勝的重要原因。

值得一提的是，國軍獨特的子母堡防禦體系，對抵禦攻擊非常有效。

子母堡防禦戰術源於「觸角碉堡」戰術的發展，城寨和村落防禦的「觸角碉堡」是國軍兩年來在實戰經驗中的創意。而後從觸角碉堡創新為「小而堅」的子母地堡群，一個子母堡群大致能容納一個排或者一個加強排的兵力，這種工事不僅易於展開火力，給攻擊方大量的殺傷，而且能給防禦方提供很好的掩護，讓攻擊雙方呈現一種不對稱交戰狀態，確實是攻擊方的噩夢。

所有參加南麻戰役的華東野戰軍部隊，都不曾想到子母堡竟如此難攻。戰後粟裕也對整編十一師的堡壘政策進行了總結：「敵人普遍構築子母堡，每連至少在十五個以上（每班一至兩個），採取菱形配置，各堡之間可互以火力支援，每個子堡僅以戰鬥小組（三至五人）守備，並配以輕機或手提。因其矮小，且數量太多，**非我炮兵火力所能摧毀**。而我步兵以過去之三猛作風，仍以密集隊形猛撲，傷亡甚大，仍未能攻克；即或攻克，均係以數十人甚至百人之傷亡，僅能殲敵一個戰鬥小組，至多殲國軍一個班。**此中損失，為我戰術笨拙所致**。直至戰役末期，才以爆破小組對付國軍之地堡，但所費時間甚多，如無足夠打援部隊，仍難有充分之時間，以攻克敵人數以千計之地堡群。此為攻擊之最大問題。」

整編十一師的防禦戰術很有特色，早在張鳳集戰役裡，整編十一師已經開始採用「大縱深彈性防禦」戰術，其特點就是加強本陣地周圍的移動警戒，通常以一個前哨連遊動不定，迷惑對手，使之撲空，一經接觸即迅速後撤。與之相應，村落防禦重點不在村外而在村內，又以村中心為核心，沿街構築無數地堡，核心陣地週邊鹿寨多至三層，不僅阻礙進攻，更主要的是誘使衝鋒部隊進至鹿寨前沿後，實行突然的火力殺傷。攻擊過猛時，守軍全部收回，在對方攻擊無效或攻擊乏力時，又可反彈回來。

針對解放軍村落城鎮巷戰特點（用炸藥包先爆破房屋，然後突擊組迅速衝鋒，一般國民黨軍不降亦跑），胡璉制定了特別反突擊的戰術，即解放軍爆破組將房屋炸開後，突擊組一擁而上，就遭到十一師守軍小集團有組織的射擊和反撲。一般小集團由兩三個人組成，全部配備衝鋒槍和卡賓槍，兩三個小組在爆破後同時出擊，從不同方向對準爆破口猛烈射擊，突擊小組幾乎無一倖免，大都死傷在突破口邊。

從華野的角度，**南麻、臨朐戰役失利有以下幾點原因**。

兵力不足。由於華野的「七月分兵」，造成主力分散。南麻、臨朐戰役中都是因為打援兵力不足，阻擊陣地被國軍突破，攻擊部隊不得不撤出戰鬥。粟裕在戰後總結：「七月分兵，失去重點。此間四個縱隊，雖較陳唐、葉陶兩兵團為多，但占整個華野不及九分之四；此次分兵之後，由於過分樂觀與輕敵所致，仍作殲敵一個師（南麻）與對付其援隊之打算，故兵力與要求不相稱，致不能取勝。」

因此，正是由於前面論及的「七月分兵」，造成了華野兵力的分散，在戰役當中，既不能集中兵力展開圍殲作戰，又沒有足夠兵力進行打援。

大意輕敵。華野分兵後，國民黨軍即調第五軍及歐震兵團尾追華野外線兵團，在沂蒙山區僅留下第十一師等少數部隊固守，華野指揮部即錯誤判斷國民黨軍已放棄了對山東的重點進攻，而大意疏忽。對此粟裕總結為：「但對當前戰局過分樂觀，而對蔣顧繼續維持其重點進攻之判斷錯誤。」而國軍方面對戰役的總結亦是如此：「檢討南麻戰鬥，由於匪軍自孟良崮得手後驕盈自滿，致戰略指導低估我軍。兵力使用，違背集中原則，致遭各個擊破。尤以南麻、臨朐之攻擊，均係逐次參加，未能集中使用，致攻擊難以奏效。」

偵察不力。南麻戰役發起前，華東野戰軍偵察認為南麻地區的整編十一師雖然築有工事，但是並不堅固。臨朐戰役前認為整編第八師因剛剛進駐臨朐，根本沒有修築工事，正是這種情報失誤，導致華野在未做充分準備的情況下，對國民黨軍堅固設防的堡壘陣地發起盲目進攻，付出了巨大代價。

情報不明。整編十一師進駐南麻以後，即將南麻地區的居民驅趕到陣地之外，對外嚴加封鎖消息，使華野很難偵察到國民黨軍布防的準確情報，給戰役失利埋下了隱患。

氣候不利。七八月份是沂蒙山區的雨季，一年中大部分的降水都集中在這個季節。整個南麻、臨朐戰役進行期間，大雨下個不停，華野都是冒雨進行行軍作戰，山洪沖毀道路，嚴重影響了部隊的展開，尤其是華野的炮兵縱隊由於道路的毀壞而無法參戰，對華野步兵的攻擊行動影響巨大。惡劣的天氣嚴重影響了華野的攻擊行動，使攻擊效果大打折扣。

南麻臨朐戰役的失利，後果十分嚴重。華野不僅丟掉了沂蒙山根據地，而且讓國民黨打開了進攻膠東解放區的通道。

膠東解放區的淪陷

膠東解放區是山東乃至整個華北，中共最重要的解放區。解放戰爭初期，山東這個全國最大的解放區很大部分人員、物資是經煙臺運到東北的。膠東半島是連接關內、關外最重要的跳板，又是共軍在山東的最後一塊根據地，醫院、傷患、兵工廠、後方機關（傷患和後勤機關人員超過五萬人）都集中在膠東。所以國軍確定的三大目標即為占領政治根據地延安、軍事根據地沂蒙山、交通供應根據地膠東及煙臺。

戰爭開始後，煙臺與蘇俄控制下的大連航運往來頻繁，東北共軍兵工廠製造的炮彈、炸藥、槍枝和藥品、布匹等物資，源源不斷的由海路運到煙臺，再由陸路運到山東和冀魯豫解放區，支持關內解放戰爭，華野從北朝鮮採購的軍火彈藥亦從大連轉運膠東半島，膠東已成為重要的交通要衝。

而且膠東還是抗戰時期就開始建立的老區，有良好的群眾基礎和革命傳統，華東和東北野戰軍中，有五個主力縱隊是膠東子弟兵組成的，膠東十幾萬民兵組成的地方武裝，是華野主要的後備兵源。加上膠東本身就設有十幾處兵工廠和被服廠，一九四七年八月，膠東為華野當時僅存的兵源、軍火、醫藥、電料及各種軍需器材補給地，膠東是華野的總後方，也是華東局機關所在地，**如膠東被占領或破壞，對華野影響簡直無法估量**。

因為南麻臨朐戰役連戰連敗，中共中央對華野指揮機關也日趨不滿。八月初，中共直接下達指示要求華野分兵兩個兵團。

西兵團，亦稱外線兵團，向魯西南和豫、皖、蘇邊區推進，配合大別山的劉鄧之軍執行外線作戰任務；**由陳毅、粟裕直接指揮**，沒有組織兵團機構與任命指揮員，通稱陳粟大軍。

東兵團，又稱內線兵團（後改稱山東兵團），**許世友任東兵團司令員，譚震林兼兵團政委**，任務是堅持山東內線作戰。

在解放戰爭時期，中央軍委通常只在戰略層面給予各個解放區指導，類似這樣直接干預部隊編制、畫分工作的情況十分罕見。作為華野的最高指揮者，陳粟在中央指示下卻只能指揮西兵團，相當於**變相剝奪了陳粟

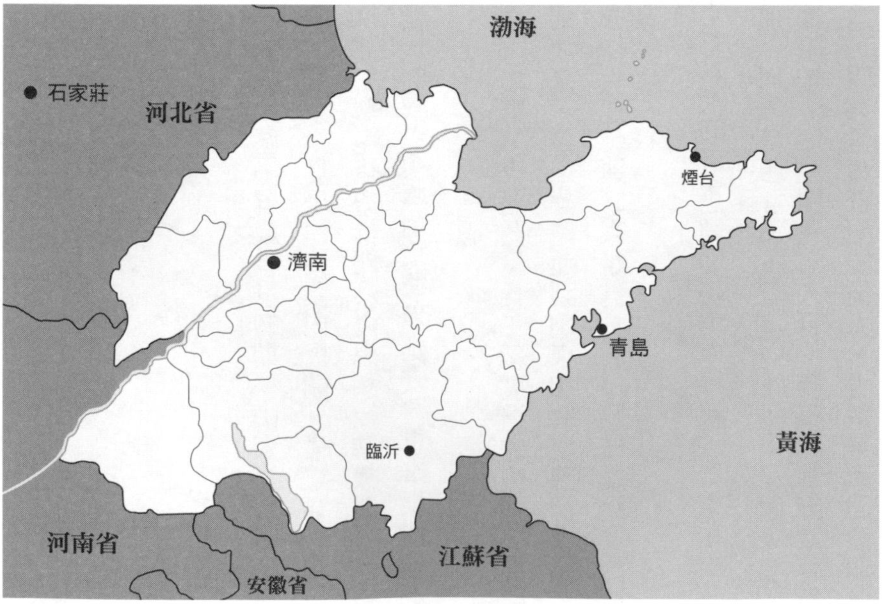

▲膠東半島位置

一半的兵權。

華東局大本營機關在饒漱石、黎玉、張雲逸、曾山等帶領下，隨許世友指揮的九縱先進入膠東，集結到平度、招遠間的郭家店、夏甸一帶。八月四日，譚震林率二縱、七縱、一縱獨立師和四縱十師（共二十二個團）向諸城方面轉移休整。

華野主力退出魯中地區後，國軍迅速打通濟南至青島的鐵路線，占領膠縣、高密、昌邑，完成對膠東半島的戰略包圍。蔣介石認為解放軍在山東大勢已去，急於結束戰事。八月十八日，蔣介石飛到青島，部署九月攻勢。為完成「統帥部的第三個目標——截斷解放軍國際交通線」，國軍決定以「占領膠東」為作戰目標，國民黨國防部調集整編第八、第九、第二十五、第四十五、第五十四、第六十四師及重建的七十四師五十七旅等部，共六個整編師二十個旅，並配屬重炮第十三團、工兵第二、第十五團、裝甲炮營、戰車營、憲兵第十七團及四個保安總隊，共五十一個團組成膠東兵團。

國軍膠東兵團由陸軍副總司令范漢傑兼司令官，採取所謂「錐形突進，分段攻擊；並在海、空軍有效支援下，囚中共主力於膠東半島尖端，予以殲滅」的戰術，**力爭一個月內結束膠東戰事**，消滅中共山東兵團，切斷山東與東北的海上聯繫，破壞膠東兵工基地，徹底摧毀關內解放軍的戰略大後方。

膠東解放區主力山東兵團雖然下轄二、七、九縱，與由膠東軍區部隊新組成的十三縱等四個縱隊以及八個團左右的地方部隊，但二、七、九縱遭南麻、臨朐戰役重創，部隊大傷元氣，戰鬥力一時難以恢復。

由於七月分兵後華野連戰連敗，加上作戰環境艱苦，生活條件非常困難。面對國軍強勢進攻，解放軍內部情緒低落，對能否保住膠東持懷疑態度。面對國軍的攻勢，山東兵團也沒有什麼好辦法，只能先安排十三縱和其他地方武裝節節阻擊，集結二、七、九縱主力，等待國軍露出破綻再伺機反攻。

一九四七年九月六日，國軍整編第二十五師、第九師進擊平度，第八師一部進至平度北昌邑配合作戰。激戰至八日，九師占領平度。九日，華野二、七縱隊發動諸城戰役，圍攻六十四師一五六旅，至十一日戰役失敗，不但自身傷亡慘重，也沒遏制國軍對膠東腹地的繼續推進。

九月十三日，整編第八師占領掖縣（現為萊州市），十五日，整編第五十四師占領靈山。十六日，五十四師一九八旅配合二十五師四十旅，向膠東中心城市、中共膠東軍區司令部所在地萊陽進攻，經二日激戰，十八日，整編第二十五師攻占萊陽……至此，國軍已經連續占領膠縣、高密、平度、昌邑、掖縣、靈山、招遠、諸城、萊陽等十五座縣城。在這種勢如破竹的攻勢下，范漢傑躊躇滿志，認為「膠東勝利」的時刻就要到來了。

膠東三面環海，形同牛角尖，越往東地域越狹窄。由於國軍步步推進，這時的中共膠東根據地，只剩下東西不到七十公里、南北不到四十公里的狹小地區。國軍的炮聲隱約於耳，解放軍已經失去戰略迴旋餘地。

在膠東最後的解放區聚集著中共華東局大本營，以及膠東軍區機關、部隊、傷病員、隨軍撤退的群眾和大量軍用物資，形勢危在旦夕。在嚴峻形勢下，部隊情緒出現波動，「反攻，反攻，反到膠東」、「被人趕下海餵魚」等言論四起，甚至不少幹部認為膠東會發生第二個「皖南事變」。

華東局開始組織突擊掩埋兵工廠機器設備和軍用物資，疏散安插部隊家屬和傷患，很多區縣的政權機關、部隊及家屬，已經開始經由海路向大連轉移。

在危急時刻，華野東兵團按中央軍委指示，決定留十三縱三十九師協同各軍分區獨立團等地方武裝，繼續堅持膠東抵抗（其實是等於徹底放棄這些部隊和膠東）；九縱、十三縱主力則放棄膠東，掩護華東局及機關單位向外突圍。最後，選擇從國軍整九師、八師的結合部夏甸、道頭一帶作為突破口。

九月二十二日晚，華野東兵團開始兵分兩路行動，在平度大澤山東北的道頭附近，整八師和九師差點合圍九縱及中共華東局，在十三縱頑強阻擊和九縱拼死衝鋒下，解放軍付出重大代價，一晝夜連撤一百八十公里才擺脫險境。突圍部隊轉到國軍後的大澤山區，十三縱留在大澤山繼續游擊，阻止、干擾國軍，九縱則繼續向西南推進，於十月一日與二縱、七縱會合。

范漢傑以整九師、六十四師分兩路尾追九縱、十三縱，其餘三個整編師繼續向膠東腹地攻擊前進。整編八師九月二十六日克龍口，二十七日占黃縣，三十日占蓬萊；整五十四師和二十五師齊頭並進，九月二十七日占領棲霞，二十九日占領福山，**十月一日攻占最終目標，即原膠東解放區最重要的城市——煙臺**。

自此，國軍徹底切斷了東北中共與山東中共的海上通道。煙臺是中共與東北的戰略物資轉運的最重要之樞紐。國軍攻占煙臺後，各類物資繳獲眾多。一九四七年十月二日，國軍攻占牟平。十月十三日，國軍二十五師一個團通過海路占領威海衛。

除殘存零星武裝抵抗之外，至此，中共膠東解放區已全面淪陷。華野進入最黑暗、最艱苦的時期，**國民黨達到其軍事勝利的頂點。**

華野被取消番號

華野連戰連敗，丟失沂蒙山根據地後，又丟掉最重要的膠東解放區。中共中央對華野的不滿也到達頂點。

一九四七年九月二十二日，在膠東保衛戰最緊張的時刻，中共中央軍委指示：華東解放區及渤海區重新劃分如下。

（一）陳粟西兵團改為冀魯豫野戰軍，受晉冀魯豫中央局領導，轄第一、三、四、六、八、十縱隊及王秉璋縱隊。

（二）渤海區暫劃歸晉冀魯豫中央局領導。

（三）陳毅、粟裕、張雲逸、鄧子恢加入晉冀魯豫中央局為委員，鄧小平仍為中原局書記兼晉冀魯豫中央局書記，薄一波為晉冀魯豫中央局第一副書記並代理書記，陳毅為第二副書記；陳、粟代表該局負責指導黃河以南、運河以西、平漢以東、淮河以北地區之黨政軍民工作；張、鄧代表該局指導渤海地區工作。

（四）晉冀魯豫中央局負責統籌劉鄧、陳粟兩野戰軍及陳謝兵團的後勤供給。

（五）華東野戰軍東兵團改為華東野戰兵團，由許世友、譚震林負責指揮，受華東局直接領導。

從中央這份電文中可知，軍委已確認要撤銷華東野戰軍番號，並對華東局及華東人民解放軍進行肢解。至此，成立僅僅八個多月的原華東野戰軍建制已不復存在。

但是，軍委的意圖遭到了華東局和華野的抵制，他們對外仍繼續使用華野名稱。一九四七年十月十五日，毛澤東致電陳粟，重新確認「東西兵團的指揮和建制等問題」。

陳粟：

（一）我們意見，許譚東兵團及其他華東部隊一切行動由華東局指揮，讓漱石學習戰爭指揮甚為必要。膠東此次防禦部署及反攻部署均甚適當，再過若干時期，漱石及黎玉均可在軍事指揮上鍛煉出來，你們有意見向饒、黎提出。你們則集中精力，指揮西兵團及規定區域一切武裝之作戰，該區一千萬人民群眾之發動，黨及政權之建立與發展，部隊給養之籌畫等事項。

（二）你們部隊對外仍稱華東野戰軍，對內則屬晉冀魯豫建制，以利部隊補給及地方工作之統籌。一切後方補給事宜及地方工作幹部之派遣等事，你們應尊重徐滕薄意見，向他們報告情況，請他們指示辦法。

（三）因膠東、渤海、魯中三區現在已可打通，渤海武裝應即向黃河以南發展，故將原決定改變，渤海仍歸華東局管轄，但該區對於你們的補給事宜，則仍歸邯鄲局統一籌畫，以免分歧。

（四）戰局可能發展得快，六個月內（十月至三月），你們各縱在河淮之間作戰，另準備以原淮南獨立旅恢復淮南。六個月後（約在明年四月），你們須準備以一個或兩個縱隊出皖浙贛（不是閩浙贛）邊區。那時擬由劉鄧方面派一個或兩個縱隊出湘鄂贛邊區。當你們派部出皖浙贛時，擬由許譚所部四個縱隊中抽出一個加強你們西兵團兵力，但此是預計，須待那時考慮方能決定，現時不要通知他們。

（五）我們發給你們電報中，有許多未接你們覆電，不知你們是否收到及是否同意。嗣後，你們收到我們電報，請覆電說明收到某日某時電，同時對該電內容哪些可以實行，哪些與情況不符不能實行，表示你們具體意見。

此時膠東、魯中南根據地皆入國軍手，而渤海區又給了晉冀魯豫中央局，中央軍委的意圖很明確，不僅華野的番號要裁撤，連華東局機關也不打算保留，只是為了照顧華東局以及華野領導人的情緒，允許其對外「仍稱華東野戰軍」，但在實際上則堅持「對內則屬晉冀魯豫建制」。

所以，從**一九四七年九月二十二日起**，原華東野戰軍就建制與指揮系統而言，實際已不復存在；從一九四七年十月十五日起，對外號稱華野的，只是隸屬晉冀魯豫建制的陳粟西兵團。

而許世友、譚震林指揮的東兵團，則改為「華東野戰兵團」。此時東、西兩部各自獨立，互不隸屬。陳粟管不著華東野戰兵團，等於是剝奪了陳粟對東兵團的指揮權。

一九四八年一月二十六日，中央計畫成立華中分局，由陳毅任書記、鄧子恢為副書記，華中分局隸屬華東局。中央實際意圖應是以此為後盾，為粟兵團（為一、四、六縱三個縱隊）進軍江南作準備。

同時，華東野戰兵團的七、九、十三縱三個縱隊組建成山東兵團，由原來負責保衛膠東根據地，改為全力解決山東問題。以華東野戰兵團的二縱加在蘇北的華東軍區十一縱、十二縱組建蘇北兵團，支援陳粟部隊下江南。

中央於二月二日確認在華東地區成立山東兵團和蘇北兵團（實際範圍仍在山東南部一帶），蘇北兵團由陳粟指揮，山東兵團受華東局節制。此次編制調整，主要是讓蘇北兵團策應粟兵團過江作戰。

但是，一九四八年三月，蘇北兵團組建完畢後，一直接受華東局、華東軍區直接指揮。而原計畫成立的華中分局也未能實現，原因是提前渡江的作戰設想最終未能實現。

一九四八年五月底，為加強中原地區作戰力量，中原局得以強化配置，陳毅到中原局任第二書記（鄧小平任第一書記）。粟裕代理了陳毅在西兵團的職務。同時成立中原軍區，劉伯承任中原軍區司令員。由於西兵團「對外號稱華野」，粟裕因此也就成了晉冀魯豫局建制（後屬中原局建制）下的華野代司令，同時兼任中原局下屬的豫皖蘇軍區司令員。

華東野戰軍被裁撤，實力最雄厚的華東野戰軍被肢解，這在中共歷史上是非常罕見的。解放戰爭中各個解放區不是沒打過敗仗——林彪在東北有四平戰役的失利，聶榮臻在華北有集寧、張家口戰役失利。但是都沒有華野先丟掉蘇北、再丟掉山東根據地，那麼刺激到中央軍委。**華野作為當時各個解放區中兵力最多（六十四萬人）、武器裝備最好、戰略縱深最大的野戰集團，卻在孟良崮戰役後屢戰屢敗，實在讓中央軍委無法接受。**

客觀的評價，七月分兵是山東戰場的重大轉捩點。孟良崮戰役後，華野上下高估自身實力，內線僅僅五個縱隊卻將戰役目標設定為殲滅三個整編師，南麻失利後還要接著打整編八師。外線出擊不過五個縱隊還要兵分兩路，兵力分散導致處處受挫。結果不僅沒能策應劉鄧，反而丟掉沂蒙山根據地以及膠東解放區，部隊損兵折將達六萬人，是華野最大的挫折。

因為華野外線出擊兵團被打殘，劉鄧身困大別山；陳唐成了掩護劉鄧的消防隊。**一九四七年下半年可謂中共形勢最嚴峻的時刻，正是在這個時期，連毛澤東也悲觀的預計，解放戰爭的勝利還有十幾年。**

魯西南戰役後，華野確實應該分兵，但不應該分得那麼碎，一半主力留山東，另一半五個縱隊集中南下魯南，從東北邊威脅徐州；中野更不必去貧瘠的大別山，而應當直出豫皖蘇，從西南邊威脅徐州。徐州是國民黨「重點進攻山東」的總後方，一旦有失，前方的部隊豈不是一下子成了浮棋？按照這樣的策略，則國民黨重點進攻山東將提前失敗，中野也不至於在大別山戰果寥寥卻損失過半了。

國民黨再次失誤與山東戰局逆轉

國民黨占領膠東解放區，實現了其重點進攻的戰略目標。其軍事勝利在一九四七年達到頂峰。但是，由於兵力不足，國軍占領膠東解放區後分兵把守，立刻陷入機動兵力不足的窘境。雪上加霜的是，**蔣介石為了加強圍攻大別山**中野的兵力，急調剛剛占領煙臺的整編二十五師經上海出兵大別山區，整編九師經濰縣空降中原。范漢傑兵團不過六個整編師，**一下子調走三分之一的兵力，國軍徹底喪失戰場主動權**，只能被動防禦，等待解放軍進攻。

蔣介石調走整編二十五師與九師，是又一次重大戰略失誤。大別山中野雖然從戰略層面有一定的威脅，但是剛剛進入大別山的中野還沒能立足，其重武器全部丟失，部隊也損失很大。由於實力不足，實際上對國民黨重要城市威脅並不大。為了圍攻中野，蔣介石不顧一切地從其他戰場大量調兵，代價實在過於昂貴。

首先是從魯西戰場調兵打中野。一九四七年八月一日，華野外線出擊部隊——葉陶兵團與陳唐兵團在山東加祥會師。但是由於長期在外線作戰，部隊已經極度疲勞，傷病無法安置、糧彈得不到補充，不僅部隊大量減員，實力只有出擊前的一半，而且經過長途奔波和反覆征戰，部隊的體力已經耗盡，解放軍最強的機動能力也大都喪失。甚至有人認為，**此時這五個縱隊的局面比長**

征時期更艱難。因為長征時紅軍還可以鑽進山溝裡躲藏休息。而這時華野外線部隊，上有空中打擊，下有地面追逐。部隊位置完全暴露，在湖泊河岔之間掙扎，已經接近崩潰的極限。

而國軍卻背靠徐州、鄭州、濟南等重要城市樞紐，憑藉津浦鐵路和隴海鐵路兩條大動脈，兵力雄厚、調動快捷，先後集中了十一個整編師，不僅切斷了魯西與外界的聯繫，並且殺到運河邊，壓迫包圍圈裡的葉陶陳唐兵團一步步退到黃河邊。

就在這個國軍軍事形勢十分有利，**華野外線兵團即將面臨滅頂之災時**，八月十三日中野突然突破隴海鐵路，向長江流域挺進。**蔣介石遂不顧一切從魯西戰場抽調兵力去圍攻中野，魯西包圍圈自動瓦解**，華野外線兵團不僅脫困，反而在豫皖蘇獲得巨大的發展。

其次是膠東戰場調兵。國民黨雖然占領膠東，但是解放軍實力猶存。**蔣介石不僅不利用占領膠東後的有利軍事形勢，集中兵力追殲**失去根據地的解放軍膠東部隊，**反而從膠東戰場調走三分之一的兵力**，將好不容易獲得的戰場主動權拱手讓出，坐等解放軍反攻。

膠東是什麼地方？它不僅是華野的兵員基地、兵工生產基地，更是從東北向關內解放軍輸血的大動脈。**國軍占領膠東，華野、中野不要說獲得發展，就是維持現有規模的部隊都有困難，更不要說發起濟南、淮海這樣規模的戰役了！**整編二十五師與九師不過四萬多人的部隊，加入到大別山戰場並沒有決定性作用，而留在膠東將發揮其他戰場二十個整編師都不能發揮的作用。

力量使用本末倒置，是國民黨軍事失敗的一個重要原因。

膠東解放軍反攻

國軍兵力不足，解放軍立刻反攻。

一九四七年十一月六日，奉命東調的整九師由高密進至丈嶺地區時，東兵團第七、第九縱隊突然出擊，雙方激戰數日。十三日，整九師回頭向大沽河以東撤退。東兵團發起追擊，先後收復高密、膠縣、平度等城鎮和廣大地區，使膠東、濱海、魯中三區再度連成一片。

膠高追擊戰後，范漢傑兵團被迫退守青島、龍口、蓬萊、福山、煙臺、威海等沿海點線；由於兵力不足，位於膠東腹地的重要樞紐萊陽縣城僅以整五十四師一部及保安部隊五千人困守。十二月四日，許世友兵團以第七縱隊發起萊陽戰役，至十日殲滅國民黨守軍大部，殘部被第十三縱隊第三十七師全殲，在此期間，第二、第九、第七縱隊以絕對優勢兵力擊退由青島出援的國民黨軍八個旅的援軍，萊陽攻克後，海陽國民黨守軍在第十三縱隊圍困打擊下，於十一日從海上逃跑，海陽遂為第十三縱隊收復。

膠東戰場如此窘境，蔣介石不但不增兵，反而在十二月中旬調五十四師主力赴援錦州，六十四師開赴蘇北戰場，范漢傑兵團只剩下二個師，勉強保持著煙臺、蓬萊、青島、即墨等城市要點，至此，國民黨在膠東獲得的全部戰果丟失殆盡。**解放軍大動脈被切斷僅僅二個月，又恢復暢通。**

如果不是蔣介石不合時機的撤兵，中共許世友兵團很可能被全殲，或者是被迫渡海遠撤遼東半島。失去了膠東半島，華東野戰軍就失去了最重要的後方保障，以後的濟南戰役和徐蚌會戰也將失去支撐。

膠東戰場國軍先勝後敗，是關內軍事形勢在一九四八年逆轉的關鍵。

第二十五章

一九四八：讓戰局急轉直下的「小三大」戰役

中野走出大別山，中原戰局逆轉

一九四八年三月，由於中野在大別山實在無法立足，被迫轉出大別山。**一九四八年五月九日**，中原軍區成立，晉冀魯豫野戰軍團正式改稱「中原野戰軍」。**這是解放戰爭真正的轉捩點。中野走出大別山，戰局立刻出現重大變化。**

首先華野外線兵團、陳謝兵團卸下了策應中野的包袱，可以充分發揮自己機動靈活的特點，任意選擇最有利的預選戰場作戰，重新掌握了戰爭主動權。

中野進入中原，徹底擺脫在大別山既無法立足又處處被圍攻的窘境，在下轄七大軍區三十一個軍分區的支援下，如魚得水。中野在中原縱橫馳騁，既獨立作戰，又與華野外線兵團、陳謝兵團相互呼應，中原棋路一下子走活了。

中野、華野外線兵團、陳謝兵團等三路大軍在中原圍點、打援、斷「線」，中原處處烽火，國民黨防禦體系被攪得稀爛。由於國民黨高層反應遲鈍，面對解放軍的反攻進退失據，處處被動挨打，用兵思路一變，整個國共內戰局勢就在短短幾個月發生顛覆性逆轉。

小三大戰決定：國軍命運

毫無疑問，一九四八年是解放戰爭決定性的一年。這一年裡國軍精銳部隊可謂喪失殆盡，國民黨失去大陸也成定局。但是，**關於解放戰爭的轉捩點，歷來有不少說法**。一九八〇到九〇年代**主流宣傳是「劉鄧大軍挺進大別山」，更多人認為是遼西、徐蚌和平津三大戰役**，當然也有一些少數人的看法，例如認為是三大戰役之前的濟南戰役，或者更早得多的孟良崮戰役等。這些觀點都經不起推敲，所謂轉捩點，當然是指戰場形勢出現關鍵和實質轉變的時間。既然稱為「轉捩點」，那麼在這個點之前，蔣介石應該仍有戰略上取勝的可能；而在這個點之後，國民黨就敗局已定，區別只是敗多敗少，敗早敗晚，敗得難不難看的問題了。

由是觀之，三大戰役之後，國民黨的確敗局已定，但這是智力正常的普通人都能一眼看出的事實，完全沒有技術含量。如果國軍將領都是這個時候才知道敗局已定，那他們就真的太飯桶，國共內戰也不用打四年，一年就夠了。

分析三大戰役的過程可以發現，不僅這三個大戰役，幾乎所有的小戰役和戰鬥都是由解放軍主動發起，積極求戰，國軍則是被動應戰，甚至消極避戰。這和**國共內戰前期和中期**的情況完全不同，**那時候解放軍是盡量避免主力決戰的，國軍也敢於主動進攻**，積極尋求決戰的機會。這就說明在三大戰役前，甚至在濟南戰役之前，這場戰爭就已經達到了轉捩點，大多數國軍將領和部隊也明顯感覺到了這個轉捩點，以及前途的陰暗和渺茫，失去了打贏的信心。當然，解放軍上下更能感覺到這個轉捩點，因而士氣高漲，信心爆棚。

雙方以這樣的狀態進行決戰，結果可想而知。因此在濟南戰役和三大戰役中，國軍絕大多數部隊，包括那些曾經戰功赫赫的部隊，表現簡直一團糟，不僅輸，而且輸得十分窩囊，投誠和「起義」（造反）的也數倍於前，只有黃百韜部等少數部隊還算打出了應有的水準。

濟南戰役很明顯就是解放軍主動求戰，國軍守軍被動應戰，援軍消極避戰，而就戰役規模和濟南的重要性來說，完全不應如此。那麼，顯然**真正的轉捩點肯定是在濟南戰役之前**。一九四八年八月是雙方休整和總結的時間，也就能推知**這個轉捩點是出現在一九四八年三到七月，主要由三個「小三大戰役」組成**。

所謂的「小三大戰役」分別是：四戰四平、臨汾—晉中戰役、豫東—兗州戰役，下面我們來回顧這些重大戰役的過程及其深遠影響。

轉捩點之一：四戰四平

在國共內戰期間，四平絕對是決定東北局勢的風向標。

一九四六年三月一戰四平，共軍消滅了國民黨收編的東北土匪，拿到了這個戰略要地。一九四六年四月二戰四平，共軍被杜聿明集團擊敗，國民黨奠定了在東北的優勢地位。一九四七年六月三戰四平，國軍七十一軍陳明仁血戰守住四平，讓共軍夏季攻勢提前終止，國軍在岌岌可危的情況下撐住了東北的局勢。

一九四八年三月，共軍在冬季攻勢中勢如破竹，先後占領彰武、鞍山、營口、法庫、開原等中小城市，累計殲滅國民黨軍五萬餘人，爭取一個師起義。在此情況下，林彪第二次決定攻打四平。一九四八年二月二十七日，林彪下達作戰命令，以一縱、七縱及三縱一部、獨立第二師、總部直屬炮兵團承擔攻城任務，由一縱司令員李天佑、政委萬毅統一指揮。

共軍此時在東北已經占據絕對優勢，東野已有十二個主力縱隊，加上地方部隊共有一百零五萬人，而**東北國軍不僅實力只有東野的一半，而且龜縮在若干個孤立城市據點裡**，態勢非常不利。一九四八年一月擔任東北剿總總司令的衛立煌親共，到任後基本無所作為，對國民黨任何軍隊或城市遭受攻擊一律不管不問，任其自生自滅（編按：衛後來投共，而之前往四平的陳明仁，遭到陳誠排擠，立功後反被撤半，四九年投共）。

當時的國民黨四平守軍，僅有在第三次四平爭奪戰中傷亡慘重，且仍未恢復元氣的第八十八師，以及第七十一軍和新一軍的留守人員、地方民團，共計一．九萬餘人。

外無必救之軍，內無必守之城。四戰四平也就沒有了懸念。

一九四八年三月四日，東野攻城部隊開始週邊戰鬥，集中力量掃清四平守軍的週邊支撐點。各部隊分頭進攻，到一九四八年三月十日，國民黨軍週邊支撐點全部被東北人民解放軍肅清。一九四八年三月十二日七時四十分，總攻開始。八時，三個縱隊相繼突破國民黨軍之防禦堡壘，攻入市內。激戰至深夜，國民黨部分殘兵縮到兩個據點。

守軍指揮官彭鍔倉皇間帶著一千餘人向北突圍而去，扔下了仍然堅持在陣地上的國民黨第八十八師大部分官兵。一九四八年三月十三日晨，東北人民解放軍經過重新組織和準備，對國民黨軍殘部發起最後猛攻。七時整，戰鬥全部結束。這次戰鬥共殲滅國民黨軍一．九萬餘人，其中生俘一．五十六萬餘人，斃傷三千七百八十人。

攻占四平意義甚大。

一九四八年三月之前，國軍在東北戰場上雖然形勢不利，但真正成為「死棋」卻是在四平陷落之後。因為在此之前，國軍要撤出東北，收縮到關內，所面臨的只有政治上的壓力，軍事上仍然是可行的——**因為國軍占據四平，就控制著長春到瀋陽的主要交通線**。

蔣介石在一九四八年初就有撤出東北的打算，只是還想觀望一段時間。由於東北事實上由國民政府管治的時間很短，東北的政治勢力在國民政府中的影響並不大，因而實質的政治壓力也不會很大，主要是面子問題。如果軍事上的確危急，面子還是會讓位於軍事的，蔣介石不會蠢到連輕重緩急也分不清。

但四平陷落後情況變得複雜了。**國軍在長春被斷了後路，而被包圍在長春的有整整十萬國軍**，裡面包括中央軍新七軍以及地方部隊六十軍。這麼多為「黨國」效忠的軍人如果撒手不管，必將讓其他國軍官兵為之心寒。軍心一散，後面的仗就更沒法打了。

因此一九四八年三月後，蔣介石對東北雖有撤退的想法，卻一直猶豫不決，沒有真正付諸行動，也就不難理解了。所以，解放軍**攻克四平對東北以至全域的意義，實際上比攻克錦州還要大**。

反觀衛立煌對解放軍攻擊四平不管不問，實在是陷東北國民黨軍隊於死地（按：衛立煌非黃埔出身，不受蔣介石信任，後來變得親共）。

轉捩點之二：臨汾——晉中戰役

臨汾血戰七十二日

一九四七年十二月，解放軍三打運城後終於攻陷，國軍防守部隊一．三萬餘人全軍覆沒，國民黨軍在晉南僅剩下臨汾孤城。

運城攻克以後，徐向前決心把攻占臨汾作為一九四八年春季的第一個戰役。奪取臨汾，可使晉冀魯豫和晉綏、呂梁地區連成一片，並可在下一步北上晉中，圍攻太原。徐向前指揮解放軍第八縱隊、第十三縱隊、太岳軍區八個團和呂梁部隊一部，發動臨汾戰役。

臨汾古稱平陽，位於晉南平原的汾河谷地，相傳是古帝堯王建都的地方，因此又有「堯都」之稱。它東扼太岳，西臨汾河，北接晉陽，南通豫陝，既是山西南北相通的咽喉，又是太岳和呂梁兩大山脈東西聯結的樞紐。城池依自然地形建在一個大土丘上，內高外低，牆高壕深，東關亦有城牆，規模僅次於古城。整個城郭狀似臥牛，易守難攻，古人稱之「臥牛城」。

日軍侵華期間，曾在這裡修築了堅固的工事，閻錫山在原日軍城防工事基礎上，又精心構築了防禦工事，構成了完整的防禦體系。

第一道防線是週邊警戒陣地，以城東、城南、城北二．五公里，城西七．四公里內的較大村鎮的據點和主要建築物的據點構成，各個據點都築有高碉、明暗火力點及外壕、劈坡、鹿寨、電網、雷區等障礙物，形成獨立的支撐點。

第二道防線是護城陣地（也叫環城陣地），以環城周圍的二十七組碉堡構成，每組三碉，品字形配備。每組又以一個以水泥、片石構築的較大的堅碉為主碉。此種據點，一般距城五十～八十米。每組碉堡的四周還有地堡和暗火力點，並挖有外壕，設有鐵絲網、鹿寨、雷區等副防禦物，有的還有暗道通向城內。

第三道防線是外壕和城牆陣地。外壕在舊護城壕基礎上挖成，深二十米，寬三十米，緊貼青磚砌成的城牆。城牆高十五米，上厚十米，基厚二十～三十米。城牆的上、中、下三層分別設置了火力點，可對不同距離、不同角度實施全天候火力控制。第一層叫上層陣地，即在城牆四角和四個城門樓上構成火炮、輕重機槍、步槍、火焰噴射器等多種火器聯合使用的據點工事；第二層叫伏射工事，即把城牆半腰挖空，構成輕機槍、步槍和火焰噴射器的暗掩體；第三層叫下層陣地，即在城牆根周圍向外挖出低矮的地堡，對城牆外只有射擊口，沒有出入口。

第四道防線是城內縱深陣地和地道工事。城牆之內有一道寬、深均為三～六米的內壕，壕內每隔十五米有一個伏地堡。城內沿街各要道和高大建築物上，築有十一個巷戰據點。對這樣堅固的設防，國軍守城總指揮梁培璜曾說：「八路軍作戰，向來是以多勝少，我們把臨汾城周工事，築成法國的馬其諾防線，來他個以少勝多。」

臨汾國軍最高指揮機關為「保衛臨汾總指揮部」，除總指揮閻錫山第六集團軍中將副司令、晉南武裝總指揮梁培璜外，副總指揮為閻錫山六十一軍副軍長婁福生、六十六師少將師長徐其昌、胡宗南部三十旅少將代旅長謝錫昌。

臨汾工事很堅固，守軍也頑強。臨汾攻擊戰整整打了七十二天，但是援軍卻連人影都沒看到。再堅固的城市，若沒有援軍，總有被攻克的時候。如此戰略要點，閻錫山居然沒有動用全部力量增援，其戰略眼光實在太差。

一九四八年二月二十一至二十三日，解放軍在翼城召開了營以上含工兵連排幹部動員大會。徐向前指出春季攻勢第一個戰役計畫，目標就是打臨汾。一場大仗、惡戰即將打響。

戰役第一階段是掃清週邊、形成三面攻城之勢。經過一周的激戰，解放軍奪取了城外主要陣地的大部。徐向前的指揮所隨即前移進駐東堡頭村。

國軍第六集團軍副總司令兼晉南武裝總指揮梁培璜，字太璞，河南光山縣人，保定軍校第三期畢業，歷任旅長、軍參謀長、副軍長、軍長等職，是王靖國系（閻錫山女婿）的骨幹成員，又是閻錫山的「鐵軍組織」的二十八宿之一。

面臨解放軍的鐵壁合圍，他憑藉堅固的工事和強大的火力堅守待援。在高級軍官的會上宣布「八殺」的命令：奉令進攻，遲延不進者——殺；奉令赴援，遲延不進者——殺；未奉令放棄守城者——殺；鄰陣被攻，有力不援者——殺；鄰陣被陷，不堅持本陣地者——殺；主官傷亡，次級不挺身而代行職務者——殺；濫行射擊，虛報彈藥，陣前無敵屍者——殺；謊報軍情，企圖卸責者——殺。

解放軍從東、南、北三個方向向城垣附近實施猛烈突擊，國軍依託集團工事組成密集的火力網，使其部隊前進受阻。於是解放軍決定改變原作戰方案，把城東與城北作為重點攻擊方向，終於破垣入城。

國軍六十六師師長徐其昌親到東關地道口督戰。炮群猛轟，援兵蜂擁而上。解放軍與國軍展開逐屋逐地爭奪。房塌牆倒，工事被打平了，國軍用彈藥箱裝土壘起來，繼續抗擊。血戰數日，解放軍終於在城垣上打開了一個缺口。敢死隊登上城頭，國軍拼死抵抗。解放軍後續部隊跟不上來，敢死隊被國軍壓下城頭。

四天後，三十八旅向東關發起第二次攻擊，城垣被炸開了，數支敢死隊衝向城頭。國軍憑藉交叉火力死命抵抗。在狹窄的缺口上，解放軍兵力施展不開，炮火支援不上，死傷者眾多，被逐下城垣。

與此同時，國軍在城北與解放軍反覆爭奪，雖失掉四號碉堡等陣地，但仍與解放軍形成對峙狀態。

激戰二十餘天，解放軍在傷亡巨大後，差不多攻占了所有臨汾週邊國軍之據點，但攻城卻在國軍的頑強反擊下未能實現。

戰鬥中，解放軍八縱二十四旅王墉旅長到城北看地形，被擊中陣亡。

三月三十一日，解放軍決定採用爆破方式炸開東關城門城垣，隨即安排兩個團進行此項隱蔽工程作業。具體的方法是：在控制外壕的同時，進行破關的坑道挖掘作業。坑道作業完成後，由工兵指導傳裝炸藥和安放雷管。爆破成功即並肩登城，將國軍六十六師殲滅。

二十三日及二十七日兩攻東關後，東關外東北角除了電燈公司的煙囪和殘缺不全的圍牆外，其他建築已成一片廢墟。該旅決定以電燈公司的斷牆為遮蔽，向東關牆底下挖掘坑道。為防備國軍破壞坑道，需挖掘四條。

夜裡，國軍為防備解放軍再攻東關，不停的發射照明彈，解放軍挖掘作業只得等國軍的照明彈滅時才挖，照明彈一亮就停下來。這樣，挖挖停停，停停挖挖，進度很慢。於是步兵在正面壘一道三十米長的隱蔽土牆，擋住國軍的視線。

四月八日，挖了七天後，破關坑道完工。

四月九日，裝炸藥，安放導火索和裝置炸藥雷管一．六萬斤。

四月十日，解放軍九十二門各種口徑的火炮同時開火，對國軍陣地射擊。一小時後，營連的各種火器同時射擊，火力持續兩小時，國軍東關陣地火光沖天，硝煙瀰漫。

接著，升起了兩顆信號彈，司號員吹響了一長兩短的號令——這是爆破城牆的信號。兩聲巨響，地動城搖，石塊、磚土鋪天蓋地而來，落在人們附近，一．六萬多斤炸藥把城牆突出部炸成了兩個不規則的大缺口。霎時間，解放軍在坑道爆炸後的煙塵下，分別從兩個爆破口向城頭衝鋒。在東關城樓東北角突擊部位置的解放軍三十名敢死隊員，由於隱蔽點離爆炸現場太近，除十人倖免外，其餘全部被炸死。解放軍敢死隊員躍上城牆和內壕，迅速搶占春牛巷，突擊成功。

當敢死隊員衝到東大街街口時，被國軍火力壓制住。這裡的碉堡四周挖有數米深的內壕。碉堡機槍與內壕邊沿的火力點組成交叉火力網。經過解放軍的爆破，碉堡被炸毀。當敢死隊員正要進碉堡取槍時，東大街的國軍忽然端著刺刀反衝鋒，雙方在街巷中近距離廝殺在一起。

夜間戰鬥，國共兩軍形同捉迷藏，誰也看不清誰。當解放軍從突破口衝向春牛巷時，擠在隊伍邊有一群人，抬著一挺重機槍，隨著飛速前進。一個戰士問：「哪部分的？」該隊中的一個人不耐煩的回答，「二營機炮連的！」解放軍都以為是兄弟部隊機炮連的，遂相安無事。當炸藥包燃燒升起的火光把東大街口照得和白天一樣明亮時，解放軍才發現和他們擠在一起那個重機槍班的人，左臂未纏白毛巾，穿的是灰軍衣，帽子上有洞，是國軍！

東大街口兩側是內壕，只留街口通道，是進入東大街的關口。大街上國軍修建大小碉堡幾十個，每碉配備機槍，構成既能夠互相策應，又能夠獨立守備的縱深防禦體系。

這些碉堡裡的國軍用機槍封鎖著大街口，一場艱苦的巷戰開始了。解放軍爆破組未到達目標就被打了回來，於是又重新組織火力爆破，院牆內掩體被炸垮，部隊衝了進去，占領了半條東大街。後又占領了國軍六十六師師部。

四月十五日，雙方攻守護城壕週邊據點的戰鬥開始。攻城部隊每一塊陣地都遭到進攻抵抗和反覆爭奪。

國軍想利用房屋進行抵抗，於是解放軍就用炸藥炸掉房子，國軍只好退到城牆下的三個大土堡陣地。五月上旬，解放軍攻城部隊已經挖掘好了十五條進攻坑道、

▲滿身炸藥的共軍敢死隊

四十餘條掩護坑道，除部分坑道被國軍發現並破壞以外，還有三條主坑道保存完好，碩大的爆破洞已經挖到城牆的牆基下。

國軍趕忙加強反坑道作戰，組織了由狙擊手和工兵構成的反坑道部隊，在城東、南、北三面沿城牆腳下及外壕外沿通通挖Y和T形反坑道，僅從東大門到東南城角六百三十米寬的區域就挖設了三十六條反坑道。

五月十六日，解放軍已經在坑道中安放了黑色炸藥十二．四萬斤，黃色炸藥六千斤。當晚十九時，臨汾城牆被炸出了兩處四十釐米寬的豁口，解放軍突擊營衝進豁口後，就步入了國軍設置的電發連環地雷區，沒過多時，突擊營就被炸倒了一半。但後續部隊的兵員滾滾的輪番進攻和爆破作業不久，就把國軍第二道防線——內壕和第三道防線——暗堡群給突破了。此時城內國軍已經失去控制，各自為戰，到凌晨二時左右，城防指揮部也被占領。到此，臨汾攻防戰基本結束了，解放軍為此傷亡二．五萬多人。

國軍第六集團軍副總司令兼晉南武裝總指揮梁培璜在五月十七日晚，率六名隨從人員從臨汾西門突圍到馬務村北後，十八日被俘。徐其昌、謝錫昌也在城內被俘。只有婁福生突圍成功，返回太原。

臨汾戰役歷時七十二天，解放軍總共斃傷俘國民黨軍二．五萬餘人，俘梁培璜（被關到一九六四年，獲中共特赦）。至此，晉南地區全部被解放軍占領，呂梁、太岳兩解放區連成一片。第八縱隊第二十三旅戰功卓著，晉冀魯豫軍區前指授予其「臨汾旅」稱號。

晉中戰役，國軍敗走太原，挨餓

晉中戰役可以說是山西版的「萊蕪戰役」。

一九四八年五月，在人民解放軍攻克晉南軍事重鎮臨汾後，國民黨軍太原綏靖公署主任閻錫山調整部署，以五個軍部、十四個師、三個暫編總隊，以及二十二個保安團、二十一個保警大隊等，總兵力約十三萬人，布防於北起忻縣、南到靈石、東至榆次、西至孝義、汾陽等十五座城市的狹長地區，構成以太原為中心，以同蒲鐵路（大同至風陵渡）為骨幹的晉中防禦地帶，並以其第三十四、第四十三、第六十一軍各一部，及閻錫山「親訓師」、「親訓炮兵團」共十三個團組成「閃擊兵團」，進行機動作戰。由於控制區日益減少，糧食成了大問題，所以，「閃擊兵團」一個重要任務就是搶掠小麥。

華北軍區為保衛晉中麥收，削弱國民黨軍閻錫山部的力量，創造奪取太原的有利條件，以四十九個團六萬餘人，由華北軍區第一副司令員兼第一兵團司令員和政治委員徐向前統一指揮，發起晉中戰役。

六月十一日，呂梁軍區三個旅進至汾陽、孝義間打擊搶糧的國民黨軍，十三日，閻錫山令閃擊兵團出動，企圖殲滅呂梁軍區部隊，雙方形成對峙。共軍為誘使閃擊兵團回竄，十八日以第八、第十三縱隊隱蔽北進，實施迂迴。二十日，閃擊兵團發覺退路受到威脅，立即星夜奪路回撤。二十一日，當「親訓師」、「親訓炮兵團」進至張蘭鎮以北地區時，第八縱隊和太岳軍區部隊當即發起攻擊，激戰三小時，殲其大部。

在此期間，呂梁軍區部隊和第十三縱隊分別殲滅閻錫山部第七十、第七十一和暫編第三十七師各一部，二十四日將其主力殲滅於北營村。閻錫山急令太原綏靖公署副主任兼野戰軍總司令趙承綬，率暫編第十總隊到太谷坐鎮指揮，調整兵力，企圖在祁縣、平遙間與解放軍決戰。

為了圍殲趙承綬集團，徐向前令太岳軍區和北岳、太行軍區部隊破擊榆次、太谷間鐵路，攻克北陽、東陽車站。趙承綬在後路被切斷的情況下，急令第七十一師、暫編第四十六師和暫編第十總隊在炮火和飛機的掩護下，輪番猛攻，企圖打通北撤道路。太岳軍區部隊堅守陣地四晝夜。與此同時，北岳、太行軍區部隊也擊退了由榆次南下增援的第六十八師，終於將趙承綬集團全部攔阻在太谷及其附近地區。

一九四八年六月八日，趙承綬集團為突出重圍，分路向榆次、徐溝方向展開猛烈攻擊，在解放軍各部的堅決打擊下，均未得逞。九日晚，第一兵團調整部署，採取緊縮包圍，穿插分割，逐村攻殲的戰術，於十日發起總攻。太岳軍區部隊激戰至十六日，殲滅趙承綬野戰軍總司令部和第三十三軍（欠暫編第三十八軍）全部，俘趙承綬。

趙承綬集團被殲，晉中地區其他各地國民黨軍紛紛向太原撤退。解放軍當即乘勝追擊，先後殲滅暫編第九總隊和第四十三軍軍部，第七十師和第六十一軍軍部，第六十九、暫編第三十七、第四十師各一部。二十一日，解放軍各部隊直逼太原城郊，達成了對太原的合圍，戰役結束。

晉中戰役，是解放戰爭中以少勝多的著名戰役，徐向前僅率領以地方部隊為主的六萬人，連續作戰一個月，一舉殲滅閻錫山主力十萬人之眾，深得毛澤東的讚賞。**晉中戰役歷時四十天**，解放軍連克縣城十四座，殲滅閻錫山野戰軍總司令部、五個軍部、九個師、二個總隊及保警團隊七．四萬人，民衛軍等二．六萬人，其中俘國軍八萬零七百七十人，斃傷一萬九千六百人，共計十萬零三百七十人，保衛了晉中麥收，為爾後奪取太原創造了有利條件。

晉中戰役的成功之處是：首先，共軍抓住國軍糧食極端困難，必然會搶收麥子的弱點，先國軍以一部進入汾陽、孝義、靈石產麥區，調動了介休、平遙、祁縣國軍主力向西，然後以解放軍之主力進擊介、平、祁，殲滅了一部分回援之國軍，一開始就取得勝利，獲得了戰役主動權。接著，共軍利用趙承綬懼怕後路被切斷，無法北返太原老巢的心理，以一部兵力切斷了太谷國軍北撤榆次通路，迫國軍主力北撤，並在國軍北撤途中迅速包圍和各個殲滅了趙部主力。

臨汾——晉中戰役意義重大

臨汾——晉中戰役的意義在中國軍史中長期被低估，因為它消滅的主要是閻錫山的地方派系部隊，而且徐向前的部隊不是中共的四大野戰軍。但臨汾——晉中戰役對後來國共主力決戰的結果，乃至整個歷史進程的影響非常深遠。如果沒有該戰役，解放軍最終可能還是勝利，但會勝得比較艱難，損失會多得多。

毛澤東與中央軍委對臨汾——晉中戰役給予了很高的評價。一九四八年六月一日，毛澤東在《關於遼瀋戰役的電報》的原文中寫到：「徐向前同志指揮之臨汾作戰……是一個很有意義的大勝利。」以下是晉中戰役結束後，一九四八年七月十九日，黨中央和毛澤東的電文。

聶榮臻、薄一波、徐向前、滕代遠、蕭克、賀龍、李井泉、周士第諸同志及華北和晉綏人民解放軍全體同志：

慶祝你們繼臨汾大捷後，在晉中地區殲滅敵一個總部、五個軍部、九個師、兩個總隊及解放十一座縣城的偉大勝利。晉中戰役在向前、士第兩位同志直接指揮之下，僅僅一個月，獲得如此輝煌的戰績，對於整個戰局幫助極大。現在我軍已臨太原城下，最後地結束閻錫山反動統治的時機業已到來。

中國共產黨中央委員會

為什麼毛澤東評價臨汾戰役是「很有意義的大勝利」；對晉中戰役評價是「對整個戰局幫助極大」？

當時毛澤東與中央軍委是相當有戰略眼光的。

該戰役不僅改變了華北戰場的形勢，更重要的是，**徹底震懾和牽制了傅作義集團**。傅作義集團不僅兵力雄厚，而且在對解放軍的作戰中，一直保持著常勝記錄。由綏遠起兵到大同——集寧戰役，到安定平津，再到奇襲西柏坡，如果以單一軍隊的層面來看，傅作義集團對解放軍的戰績是所有集團中最好的，優於徐州和武漢集團，更優於東北和西北集團。在一九四八年三月之前，由於傅作義集團的戰績，國軍在華北戰場占據優勢，傅作義集團也是所有國軍集團中唯一對解放軍作戰有心理優勢的部隊。雖然華北野在清風店戰役和攻克石家莊穩住了陣腳，但淶水一戰，華北野再次被擊敗，只得放棄對京津地區的爭奪。

如果沒有臨汾——晉中戰役，當解放軍發動濟南和遼西戰役時，傅作義集團將會積極增援。那麼這兩個戰役的過程就會複雜得多。讓我們設想一下，假如錦州戰役時，傅作義部拚命增援，國軍葫蘆島如果再增加五到六個傅作義部主力師，那麼塔山還能不能守住都是個問題，塔山一旦失守，錦州戰役就打不下去了。

再如濟南戰役時，如果傅作義部以主力增援，那麼徐州剿總一定士氣大震，黃百韜、邱清泉、胡璉等部如果拚命增援，濟南戰役還能不能打得如此順利，甚至吳化文部是否還起義都是未知數。

臨汾——晉中戰役之後，閻錫山面臨絕境，根本不可能對解放軍有何威脅，而華北形勢急劇惡化，傅作義集團自顧不暇，也就不可能再增援濟南和錦州了。

轉捩點之三：兗州戰役

許世友膠東絕處逢生變勁旅

一九四八年，全國戰局形勢發生了重大變化，國民黨被迫由「全面防禦」轉入「重點防禦」，由於兵力嚴重不足，國民黨被迫放棄對「面」的爭奪，收縮兵力確保對「點」（大中城市）和「線」（鐵路線）的控制。山東境內的國民黨軍隊竭力固守「一條臂膊」（津浦鐵路）和「三個要點」（濟南、兗州、青島），企圖以此拖住華野主力，並指揮各點的國民黨守軍，伺機反攻，扭轉局面。

作為三個要點之一的兗（讀「演」）州，以第十綏靖區中將司令李玉堂和整編第十二軍中將軍長兼十二師師長霍守義及其所屬的部隊和保安隊等十一個團共約二・八萬人的兵力駐守，守備區東至新泰，西到濟寧，南抵滕縣，北達南驛。

由於蔣介石在膠東戰場的戰略失誤，於是當許世友率領的華野內線兵團在一九四七年十月展開反攻時，國軍在膠東戰場的機動部隊被蔣抽調一空，使得許世友的反攻屢屢得手。在掖縣戰役後，中共中央（而不僅是以軍委的名義）於一九四七年十月八日發給內線兵團的電報，欣喜之情溢於言表。

華東局轉許譚及各縱：

各電均悉。慶祝你們收復掖縣及殲滅敵人數部的重大勝利。**自從你們轉入反攻後，我軍業已無例外地全面轉入反攻**。敵人已沒有任何一處再能進攻。我劉鄧、陳粟、陳謝三軍共四十八個旅約四十萬人，業已在長江、黃河間立住腳跟。西北我軍不久即將向敵區進攻。東北我軍攻勢有很大發展。整個形勢於我有利。希望你們在華東局正確領導之下，繼續爭取勝利。

中共中央的心情是完全可以理解的。一個多月前，在范漢傑兵團的圍攻下，許世友內線兵團差點被圍殲，膠東根據地也全部淪陷。現在許世友兵團居然反守為攻，重新掌握了膠東戰場的主動權，怎會不令中央軍委倍感欣慰。要知道，膠東可是整個關內解放軍的大動脈呀。

一九四七年十二月收復膠東解放區後，在東北源源不斷的軍火援助下，許世友內線兵團越打越強，從一支偏師變成了中央軍委手裡的絕對主力。一九四八年初成功取得周村戰役與濰縣戰役勝利後，膠濟路除濟南（濟）、青島（膠）的兩頭外，已經全面打通，山東內地已無戰事，成為解放軍的大後方。山東兵團主力休整待機。此情況下，軍委電報山東兵團，指示了下一步的任務。

一九四八年五月七日，中央軍委電報如下。

許譚，並華東局：

辰微電悉。王〔王耀武〕匪西撤必集結謹慎，暫難殲滅。我七、九、十三等縱應集結休整至本月十八日或二十日為止，準備於十九日或二十一日以後開始向津浦線行動。那時如新泰敵一個旅未退，則以圍新泰打援軍為第一目標，如該敵已退，則直向濟南、徐州間選擇某地攻擊並打援，以協助粟裕兵團作戰。粟兵團渡江目前尚有困難，決定在運河以西、淮河以北地區殲滅幾批敵人再行南進。你們有協助他們作戰並供給彈藥及新兵之任務。

這個電報之所以直接發給許世友與譚震林，是因為一九四七年九月二十二日，中央軍委取消了華東野戰軍建制，粟裕被剝奪了對山東內線兵團的指揮權。在這份電報中，除了指出山東兵團出擊津浦線的任務外，還明確了華野山東兵團與外線兵團的關係：其一，協助粟裕兵團作戰；其二，並有供給彈藥及新兵之任務。

由此可見，收復了膠東解放區後，山東內線兵團實力何等雄厚，除了能獨立承擔一個方向的作戰任務外，還能為外線兵團「供給彈藥及新兵」。

一九四八年五月二十九日晚，山東兵團各部隊對津浦鐵路中段各要點發起攻勢。泰安國民黨守軍整編第八十四師第一五五旅棄城北逃。至六月二十日，山東兵團各部乘勝向泰安南北擴張戰果，先後攻占泰安、大汶口、曲阜和鄒縣（今鄒城）等地。**第七縱隊、魯中軍區部隊包圍兗州**，至二十五日掃清週邊。兗州為津浦鐵路中段戰略要點，失去兗州則濟南不保。

但此時徐州剿總竟無兵可調，勉強令整編第二十五師由蘇北經徐州沿津浦鐵路北援，該師先頭部隊於二十八日進抵滕縣（今滕州）以北界河地區。

山東兵團當即調第九、第十三縱隊由濟南附近南移打援；令第七縱隊撤圍兗州，準備協同第

九、第十三縱隊打援。

黃百韜嗅覺敏銳，獲知兗州攻城突然停止，感覺情況不妙，怕被圍殲，於是迅速南撤。恰好華野外線兵團發起豫東戰役，將區壽年兵團圍困在豫東睢縣、杞縣地區，徐州劉總遂令整編第二十五師改援豫東戰場。

山東兵團鑑於兗州國民黨軍處境孤立，乃決心攻取兗州。是役山東兵團集中主力及地方武裝，共四十五個團約十四萬人的兵力，於七月十二日十七時發起總攻。山東兵團確實財大氣粗，一個炮火準備就打了三小時四十分鐘，然後第七、第十三縱隊向兗州西關攻擊，魯中南縱隊向東關助攻。經一晝夜激戰，至十三日十九時全殲國民黨守軍二．七萬餘人。拿下兗州後，九縱立刻北上追擊濟南增援部隊，殲滅八十四師主力一部，濟寧、汶上的守軍迅速棄城逃跑。

戰役共計殲滅國軍六．三萬人，收復和攻克了濟寧、汶上、泰安、曲阜、鄒縣等城鎮十二座，俘虜國軍十二軍軍長兼整編十二師師長霍守義等，打通魯中南、魯西南解放區，讓四處流浪的外線兵團終於有了一個穩定的可「喘息」的地方。山東內線兵團完全控制了徐（州）濟（南）之間的七百里鐵路線，徐州與濟南的聯繫被真正阻斷，山東省會濟南城，被徹底孤立。

兗州一下，濟南即成死地

兗州戰役意義很大。一九四八年，國民黨轉入「重點防禦」後，其基本策略是控制「點」和「線」，以「線」來分割壓制「面」的發展。其中，對「線」的控制是策略的關鍵。「線」一斷，別說壓制「面」，連「點」都成了死棋。

比如，在東北，四平一失，長春到瀋陽的「線」就被掐斷。不僅長春成了死棋，還拖累整個東北國軍無法撤退。現在兗州失守，津浦線就被掐斷，國民黨在山東就只剩下濟南、青島、威海等幾個孤點。青島、威海有港口，還可以通過海運撤退；濟南無路可退，已經陷入絕境。

一九四八年在解放軍戰略轉入進攻後，國民黨高層應對不僅遲鈍而且愚蠢，明明兵力不足，偏偏還要像撒胡椒粉一樣撒得到處都是。控制點線的前提，是要保持一隻強大的機動部隊，能夠對點線隨時增援。如果當點線遭遇攻擊時連基本的增援能力也沒有，那所謂的點線就是死線、死點。從戰略角度，這樣的點線就應該放棄，否則就是將部隊白白送入死地。

一九四八年三月，中野轉出大別山後，中原戰局已經出現重大變化，在根據地源源不斷的補充下，華野外線兵團、中野、陳謝兵團實力大漲，在中原運動作戰中不僅掌握了戰爭主動權，而且與國民黨機動兵力相比占據絕對優勢。這時候，國民黨應該調整策略，收縮防線，集中機動兵力，尋機與解放軍一部決戰。

但是，面對解放軍的戰略反攻，國民黨反應遲鈍，眼睜睜地看著自己「線」被掐斷，「點」被吞掉——洛陽、開封、臨汾、四平……東北剿總是不聞不問，任自己的部下自生自滅；徐州剿總乾脆把原先的三個靖綏區分成十三個，把戰區劃分成一塊塊「責任田」，處處設防，處處分兵，手中幾乎不留機動兵力。遇到解放軍攻擊，就由一兩個整編師臨時組成戰略機動單位，四處救火。結果遇到小股解放軍圍不住，遇到解放軍重兵集團又吃不消。顧此失彼，疲於應付，幾個月下來，不僅損兵折將數十萬，而且最能打的主力精銳（如十一師、五軍、二十五師）都成了疲軍。

國軍做得最好的是華北剿總。傅作義最初只是綏遠小勢力，能夠一步步坐上華北剿總總司令的位置，絕非僥倖。平津會戰前傅作義部絕對是國軍中的一個奇葩，對華北野幾乎百戰百勝，無一敗績。即使在解放軍戰略反攻的一九四八年，傅作義部以「集中對集中，以分散對分散」的策略，牢牢控制著平津地區，完全壓制住華北野戰軍。如果沒有東野入關，僅靠華北解放軍很難獨立解放華北。所以，**自古無能戰之軍，只有無能戰之將。國民黨的潰敗是整個組織系統的全面崩潰，一個傅作義也不可能挽救國民黨必將失敗的命運**。

兗州戰役時，打孤立無救援的據點，勝負基本上沒有懸念，而最激烈、最緊張、最充滿變化的戰役當數豫東戰役。

豫東戰役：國軍最後的迴光返照

豫東戰役第一階段是開封戰役。

豫東戰役的起因很簡單，就是軍委命令粟裕兵團（外線兵團）或者南下，或者在中原地區消滅五軍。一九四八年五月，朱德總司令來到河南省濮陽華野司令部，研究今後的戰略行動，與華野司令員陳毅和副司令員粟裕取得了共識，殲滅國軍的整五軍為今後的首要任務。

在五月二十一日和二十二日，軍委給陳粟覆電並致劉鄧的電報中，明確指出外線兵團作戰任務、參戰部隊和指揮關係。電報內文提到：「以殲滅五軍為夏季作戰之中心目標」；「陳毅不參加此次作戰」，「粟裕全權指揮一、三、四、六、八及十一縱之作戰」。

華野拿出一個非常有氣魄的計畫。

首先是調剛剛打完宛西戰役的陳唐兵團（即華野第三兵團）回來歸建。令第三兵團向北行進，吸引駐在魯西南的邱清泉兵團南下，然後華野外線兵團南渡黃河。渡河後，外線兵團與陳唐兵團進行南北對進，合圍邱清泉兵團於豫東至魯西南地區並將其殲滅。同時，令蘇北兵團對隴海鐵路東段進行破襲和反攻；讓山東兵團進攻津浦路中段地區，配合在魯西南的華野外線兵團尋殲整五軍；請中野劉鄧大軍在豫中阻擊胡璉、張軫等主力兵團北上。

五月下旬陳士榘率領的三、八縱隊共兩個縱隊，由河南省南部向東北前進。途經許昌市，八縱只花一天功夫，就全殲國軍獨立二十一旅。陳唐兵團繼續北進。

果然，駐魯西南的國軍邱清泉兵團聞訊後，即率所部南下阻擊。魯西南地區就剩下劉汝明的四綏靖區部隊獨自駐守。

六月一日，粟裕率華野第一兵團南渡黃河，進入魯西南的菏澤地區，劉汝明急令各部隊向中心據點收縮，同時急報國防部。蔣介石即令邱兵團率部回援，同時再急調山東、徐州等地的國軍增援魯西南，企圖圍殲華野外線兵團。

華野一兵團試圖包圍在菏澤的劉汝明部隊，奈何掌握主要交通線的國軍調動迅速，華野還沒開始攻擊，國軍在魯西南已經雲集十個整編師。而解放軍只有四個半縱隊，再加上剛從渤海區調來的兩廣縱隊（只有幾千人），總體實力只有國軍的一半，要想圍殲任何一支國軍都非常困難。

佯攻開封變真打

無奈之下，粟裕只得電令三兵團陳士榘，讓其率三兵團佯攻開封，吸引援軍。中央軍委接到粟裕的作戰方案後，立刻電令山東兵團的許譚，令其攻擊兗州，吸引國軍八十三師和二十五師北上，以減輕華野外線兵團的壓力。

一九四八年六月十六日晚，陳士榘兵團完成對開封以西以南的包圍，解放軍如此快就圍住了開封，大出國軍的意料。

開封，位於河南東部平原，北瀕黃河，南倚隴海鐵路，是一座著名的古都。五代後梁、後晉、後漢、後周，北宋和金都先後建都於此，歷來都是軍事戰略重地。

解放軍根據軍事偵察情況和開封地下黨員提供的情報（國軍火炮都集中在北關），決定首先攻擊南關、西關；開封城防由國民政府河南省主席劉茂恩指揮，但正規軍歸六十六師師長李仲辛指揮。守城兵力號稱三萬多，但建制混亂。

十七日晚，解放軍攻城戰鬥開始。劉茂恩、李仲辛一面倉促應戰，憑關抵抗，一面向徐州剿總司令部和南京國防部頻頻告急：「共軍絕非佯攻開封。宋關、曹關、南關、西關同時發起猛烈攻勢。十七時開始，至此攻勢仍在加強，意在速戰速決，請火速增援！」

蔣介石過於自信導致開封失守

參謀總長顧祝同接到電報後急向蔣介石請示，而蔣介石反倒對開封防守非常有信心，對顧祝同稱：開封沒有援軍也能堅守十天，共軍這樣不顧一切的強攻，傷亡必大，不要多，再有兩天，就難以支持下去了。

根據蔣介石的指示，國防部很快拿出了以開封為核心，圍殲華野外線兵團的計畫：在開封週邊國軍邱清泉兵團、孫元良兵團向民權對進，區壽年兵團進至商丘以東待命，劉汝明、胡璉進至朱仙鎮、陳留一線。邱清泉、孫元良兩兵團見共軍動即實行夾擊，盡可能消滅潰逃之共軍，其他兵團也配合捕殺。邱清泉、孫元良兵團完成夾擊任務時，要防止共軍北竄。粟裕既敗、陳士榘即不敢向東退，由劉汝明、胡璉部予以搜剿。計畫特別強調：「要注意多部開進不可過早，亦不可過遲，過早則敵遁，過遲則開封有失！」

▲邱清泉

蔣介石居然要求救援「不可過早」，這在解放戰爭期間是唯一的一次。

蔣介石隨後直接打通了開封的河南省主席劉茂恩和六十六師師長李仲辛的電話，安慰說：「援軍日內即可到達，依城固守，吸住共軍攻城部隊，當記首功……」蔣介石又手諭邱清泉、孫元良、胡璉兵團及第四綏靖區劉汝明以及整編第

二十五、八十三師等部：「豫東大戰即將展開，我已有嚴密布陣計畫，各部要絕對遵命行事，勿因小利而盲動。此戰由顧祝同協助指揮，劉峙嚴防散匪窺測徐州……」

戰至六月十八日黃昏，在蔣介石口中「沒有援軍也能堅守十天」的國軍僅僅打了一天，城關守軍已經損失過半，主力向城內收縮。國民黨空軍利用白天能見度高的機會，對國軍撤退後的道路和地區進行掃射並投擲燃燒彈，解放軍攻擊部隊受到猛烈空襲後，傷亡甚大，不得不退出既得城防陣地。

當夜二十三時，攻城部隊利用黑夜掩護開始了總攻擊。

開封國軍判斷解放軍主攻方向在北面，故在城北配置了大量火炮。當解放軍猛攻南門的時候，國軍的火炮只得隔著龍亭向南發射，但由於距離太遠，幾乎不能命中目標，威力大減。共軍利用機會進行連續爆破，炸開了新南門的東門洞，突進城內，登上了南門城樓。

劉茂恩、李仲辛發現新南門被突破，為整軍紀隨即槍斃了駐守新南門的營長，並急令保安七旅旅長親自率部配合六十六師工兵營、輜重營向新南門進攻，連續衝鋒幾次未能奏效。

解放軍一部向新南門方向突擊，一路向北發展，接應部隊由曹門入城。向新南門增援的部隊，先涉水搶渡惠濟河，後逐屋打通牆壁，與其他入城隊伍連接。

與此同時，城西華野二十二師也攻破了西門和大南門。這樣，華野三、八縱主力部隊全部突進城內，展開激烈的巷戰。

國軍見城防多面失守，堵不勝堵，令保安七旅旅長率部實施最後的衝擊，結果被擊潰。二十日晚，李仲辛下令六十六師撤至城西北角的龍亭、教養院、華北運動場及北門等地奮力死守。劉茂恩也將保安隊撤至省政府，收縮防線，固守待援。

此時，打援戰鬥也在激烈進行。開封一打響，蔣介石立即赴鄭州、西安、徐州等地開會督陣，一面電令開封國軍與古城共存亡，固守待援；一面抽調重兵，企圖對解放軍實施反包圍。就連原在蘇北、淮南的國軍第八十三、第七十二、第二十五、第六十三師都急速往開封方向推進。多路援軍在蔣介石的督促下，星夜馳援。但是在解放軍各部牽制下，援軍進展很不順利。

六月十六日下午二時，中野第一、第三縱隊及華野第十縱隊接到於平漢鐵路南段及其以東地區阻擊命令，行至半夜，得知胡璉兵團已占領上蔡縣城，部隊大部已北渡洪河，並向開封方向馳援。十七日上午九時，中野出現在上蔡城北近郊，胡璉擔心後路被斷，急令已北渡洪河、馳援開封的整編十一師回師救援。

與此同時，邱清泉兵團在蘭封以東遭遇華野外線兵團四個縱隊阻擊，解放軍還乘機攻占蘭封。鄭州孫元良兵團多次進攻，也沒能突破解放軍的阻援。

六月二十日，蔣介石見開封國軍實在力不能支，便乘專機親臨開封上空督戰，為挽頹勢，他命令空軍加強對開封城進行轟炸。僅六月二十日就投彈二十噸。

國軍為阻擋攻城部隊的發展，放火構成一道道火障。退守省政府的劉茂恩，為防解放軍夜間偷襲，下令放火燃燒省政府周圍的幾所房屋，用以照明。

二十日黃昏，省政府陷落，劉茂恩化裝突圍，開封戰役接近尾聲，守軍已退居西北一隅。該地龍亭、教養院、北門和華北運動場是國軍的最後防線，尤其是龍亭這個核心陣地，是全城守軍總指揮中樞，六十六師師部及十三旅大部就在於此。

龍亭是一座清代建築，屹立在大型青磚砌成的十三米高的台基上。相傳這個台基是宋太祖趙匡胤登基的金鑾寶殿。它雄踞全城最高點，殿寬閣高，土厚牆堅，上有工事密布的建築物，下有巨大的地下室，上下連通，有五層火力網。以龍亭為中心，四周是地堡和炮兵陣地，僅鋼筋水泥地堡就有十二個，大炮數門。國軍雖已突圍無望，但仍憑藉這一有利地形進行抵抗。二十日夜至二十一日晨，解放軍對國軍龍亭主陣地進行了兩次攻擊，都被擊退。

二十一日，經重新調整部署後，解放軍對龍亭發起了最後攻擊。解放軍從圍牆的缺口衝進去，龍亭失守。六十六師師長李仲辛突圍到城牆上，被流彈擊中陣亡。龍亭被克後，至二十二日晨，開封戰役基本結束。

豫東戰役第一階段開封戰役，華野全勝，接下來是第二階段睢杞戰役。

華野作戰方針出錯，但國軍自己送上門

開封戰役雖然勝利，但是對下一步計畫，華野外線兵團爭議很大。當時增援開封的國軍，除了南線的胡璉兵團打了退堂鼓外，主要是有三大塊：一是從鄭州由西向東來援的孫元良兵團整四十七軍；二是魯西南地區來援的邱清泉兵團，和劉汝明四綏靖區部隊；三是從民權經睢杞兩縣來增援的區壽年兵團。區壽年兵團與邱清泉兵團、劉汝明的綏靖區部隊，都是從東方來的，可把其視為同一股。

孫元良兵團從鄭州來，中野九縱一個縱隊阻擊它，它就停滯不前，這說明孫元良兵團實力不

強，是一支弱兵（後來在徐蚌會戰中，孫元良兵團在陳官莊突圍，被八縱及一些地方武裝聯合就消滅掉了。可見其戰鬥力之低）。如果華野瞄準孫元良兵團，這兵團是唯一由西邊過來的國軍，相對較孤立，也是一支戰鬥能力較弱的兵團，殲滅他一個整編師及至全兵團，都是比較容易的。所以，華野較多人支持去打孫元良兵團。這個方案可望獲得劉鄧中野的配合，把握較大。吃掉孫元良兵團，鄭州也唾手可得。

然而粟裕的方案卻相反，他的計畫是放棄開封南下，引誘邱、區、劉跟蹤南下，伺機殲國軍一部。這個方案有很大的不確定性。邱、區、劉三個兵團十幾萬人，實力很強，如果粘在一起，經歷連番惡戰的華野外線兵團根本啃不動，如果打成膠著，共軍自己也有很大危險，畢竟身處國統區，國民黨調兵方便快捷。

在粟裕堅持下，華野外線兵團最後按照南下方案執行。

但是解放軍運氣太好，或者說國民黨氣數已盡，戰機很快就出現了。

六月二十六日晨，第三、第八縱隊撤出開封，向通許縣方向轉移。國軍占領開封後，劉汝明兵團縮在開封不動，邱清泉兵團與區壽年兵團尾追第三、第八縱隊；而區壽年兵團在進抵睢杞地區後，卻躊躇不前，與向南急進的邱清泉兵團形成四十公里的間隙。**三部國軍自動分成互不相聯繫的三塊**，這個情報立刻被共軍內線人員送給華野。

華野外線兵團抓住這一戰機，於二十七日晚對區壽年兵團進行合圍，阻援集團則控制了杞縣王堌集一線，隔絕邱清泉、區壽年兵團。

區壽年被圍

區壽年兵團被圍，邱清泉、胡璉都急紅了眼——這裡有一個特殊原因，區壽年兵團官方名稱是「第七兵團」，豫東戰役爆發前，國民黨高層皆意識到，戰爭的決戰階段即將到來，以往的小兵團編制（二個整編師左右）已經不適應形勢的需要，所以，決定把雜牌性質的區壽年兵團撤銷，將區部合併到邱清泉或胡璉的兵團中，組成一個四個整編師的大兵團。但是把區部給邱清泉還是胡璉蔣介石還沒拿定主意。現在區壽年兵團被圍，邱清泉、胡璉立刻拚命增援，大有誰先救出區壽年兵團就歸誰的意思。

六月二十九日晚，突擊集團以一部兵力監視整編第七十二師，以主力發起總攻，激戰至二日凌晨，殲滅區壽年兵團，俘兵團司令官區壽年及整編第七十五師師長沈澄年。

接下來華野該打七十二師了。在中央軍委給粟裕電文中「七十二師彈盡糧絕，師長哭臉，部隊動搖」，應該不難殲滅。但黃百韜卻突然殺到，華野遇到麻煩了。

意外的變數，黃百韜加入戰場

本來對國軍可能的增援，華野早有預案。中野在淮陽拖住胡璉，以三縱、八縱、十縱全部，兩廣縱隊，四縱的十師，陳唐兵團的直屬部隊炮兵團，特縱部分炮兵——差不多粟裕手上一半的

▲黃百韜

部隊去阻擊邱清泉，以中野九縱阻擊孫元良兵團，由於孫兵團實力弱，九縱還分兵一部襲擾開封，讓劉汝明不敢去增援區壽年兵團。

什麼都算到了，偏偏漏算了一個黃百韜。當時黃百韜的二十五師在去援救兗州的路上，許世友兵團布下一個口袋準備圍殲黃百韜的二十五師。而黃百韜嗅覺很靈，得知解放軍突然停止進攻兗州，立刻停止前進。這時候，黃百韜的老長官顧祝同提出讓黃百韜競爭「七兵團司令長官」，蔣介石一高興就答應了。於是黃百韜星夜南下，在會合第二交警總隊與第三快速縱隊後，組成一個黃百韜兵團，迅速投入到睢杞戰場。

華野根本沒料到黃百韜兵團會參戰。正所謂「準備的一桌飯，來了兩桌客人」。一九四八年七月一日，黃百韜兵團兵不血刃就推進到帝丘店，而帝丘店距離區壽年兵團總部龍王店，七十二師駐守的鐵佛寺僅十五六里。這時候邱清泉兵團也已經推進到龍王店、鐵佛寺以西二十公里的過莊、張閣一帶。也就是說，包圍圈中區部的大炮如果向東打，可以直接掩護黃百韜進攻，如果向西打，又可以與邱清泉兵團的炮火連成一片。

形勢錯綜複雜，打還是撤全在粟裕一念之間。據粟裕將軍回憶，其一生曾經有三次最緊張的時候，一次是宿北戰役，一次是淮海戰役（徐蚌會戰），還有一次就是這場豫東戰役。粟裕之所以緊張，是因為這時的態勢對華野十分不利。內有區壽年兵團還未解決，外有黃百韜兵團、邱清泉兵團已經趕到，如果打成膠著，胡璉、孫元良、甚至劉汝明都可能趕到戰場對華野合圍，華野外線兵團有被全殲的危險。

打！性格堅毅的粟裕下定決心。華野發布命令，不僅要全殲區壽年兵團，還要痛擊邱清泉兵團，消滅黃百韜兵團，奪取豫東戰役的全面勝利。

客觀的評價，實際上經歷開封攻堅戰、圍殲區兵團等連番惡戰，華野部隊已經疲憊不堪，現在還要以一搏三，不但要殲滅區壽年兵團，連黃百韜兵團也想要一口吞下，已經遠遠超過了華野的能力。

強弩之末——華野，挑釁黃百韜

一九四八年七月二日，黃百韜兵團發動全面進攻。經過一天激戰，黃百韜兵團大獲全勝。到二日晚，前鋒距龍王店、鐵佛寺已近在咫尺（當時區壽年已被伏）。擔任阻擊的中野十一縱傷亡慘重，當夜被迫退出戰場，轉到後方休整，其三十三旅被取消番號。

夜幕降臨後，睢杞戰場風雲突變。

七月二日，區壽年兵團除鐵佛寺七十二師外全軍覆沒。區壽年被俘，雖然區壽年能力一般，但是資歷卻很老。說出來很多人都不敢相信，區壽年在南昌起義時就擔任二十四師七十團團長，那時粟裕還不過是一個普通小兵。所以，區壽年被俘後粟裕還請這個老長官吃了頓飯，老長官倚老賣老，開口就批評粟裕：「你的胃口太大了！吃掉我的兵團已經是極限，再打黃百韜違反了兵家之道，快撤吧，否則接下來肯定要失敗。」

連被俘的區壽年都看出華野的疲態，可惜粟裕不以為然。

七月二日夜，華野以一部監視七十二師，主力一、四、六、八以及兩廣縱隊開始向黃百韜兵團左右穿插，企圖圍殲黃百韜兵團。七月三日拂曉，四縱攻占田花園，切斷了黃百韜兵團的後路。

黃百韜「逆襲」，邱清泉迂迴攻擊，戰局逆轉

黃百韜兵團四面被圍，後路被切斷。七月三日，華野發動全面攻勢，一時黃百韜兵團形勢岌岌可危。換國民黨一般部隊可能也就崩潰了，但黃百韜確實是國軍一員悍將。七月四日晨，黃百韜將二十五師特務營和一〇八旅的二個營拼湊成一個團，在四輛坦克掩護下，親自帶隊向田花園攻擊，創造了國軍戰史上兵團司令帶隊衝鋒唯一戰例。面對絕對優勢的解放軍，他的部隊傷亡重大，團長李景春重傷倒地，黃百韜本人也受傷，仍死戰不退，站在坦克上高呼口號。部隊受其激勵，拼死猛衝猛打，一舉攻占田花園，並乘勝奪回四五個村莊，黃百韜兵團「逆襲」，遏制了華野進攻勢頭，給華野造成重大傷亡，穩定了陣線。

華野與黃百韜殺紅了眼，而外線的邱清泉兵團，卻悄悄的繞開了華野的阻擊部隊，迂迴到圍攻黃百韜兵團的解放軍後方。七月六日，邱清泉兵團突然發動猛烈進攻，此時華野腹背受敵，麻煩大了。

當時情況非常緊急，華野各部與黃百韜、邱清泉兵團攪成一團。一旦被國軍黏住，等外線各

路國軍趕到睢杞戰場，後果將不堪設想。

當日，中央軍委給中野急電。

劉陳鄧並告粟陳唐：

微未電悉。為保障粟軍勝利，你們行動有二方案：（一）全軍（一、二、三、四縱）尾國軍北進，直達睢杞地區。（二）以四縱尾十八軍北進直達睢杞，以一、二、三縱殲滅吳紹周。以上方案望擇一施行。如果不取第一案，則必須取第二案。務使十八軍於午後前不超過睢杞，爭取殲滅七十二師（是否續殲七十二師，由粟裕按當面情況臨機定），並使粟軍於戰役結束後有十天左右喘息時間，北移休整，立於主動地位（此點甚為重要），是為至盼。全軍進展情形望逐日電告。

軍委

在軍委的電文中可見當時華野形勢危急，要求中野或者以主力「直達睢杞地區」援救華野，或者以四縱「直達睢杞」，並以主力殲滅吳紹周（八十五軍），吸引國軍增援。不管如何，都要中野派一個以上縱隊到睢杞戰場。讓華野可以「北移休整」，「有十天左右喘息時間」，甚至特別強調「是為至盼。全軍進展情形望逐日電告」。

六日，華野抽調兵力對邱清泉兵團反擊，總算勉強擋住邱清泉兵團攻擊。邱清泉兵團停止攻擊後，華野立刻撤退，戰場都來不及打包，匆忙撤走，由於連戰疲憊，在邱清泉兵團追擊下，有三百多民工和傷患成為國軍俘虜。

豫東戰役——國軍最後的迴光返照

豫東戰役共軍傷亡慘重，據官方史料記載共軍傷亡約三．三萬人，實際傷亡可能遠超過這個數字。郭化若在其《四縱隊淮海戰役之經過與初步檢討》一文的開篇中說道：「縱隊自濮陽整訓後，渡河南下參加豫東戰役，部隊傷亡四千餘，非戰鬥減員亦四千餘，共減員九千餘。一個四縱傷亡已經近萬，那麼其他縱隊呢？」據《皮定均日記》透露，「此次戰役，我們就是殺傷敵軍一個整師（七十五師），但是我們三弟兄（指粟裕麾下外線兵團的主力的一、四、六縱）都殘廢了」。這樣看來，一、四、六縱傷亡差不多，都是打「殘廢了」。三個主力縱隊傷亡已經有三萬，當時華野共有七個縱隊參戰，其餘縱隊傷亡不會較少。

綜合上述因素，豫東戰役，共軍雖然取得殲滅國軍近八萬人的勝利（其中國軍正規部隊五萬人），但是自身傷亡亦不下五萬人，這還不包括外線配合作戰的中野的傷亡。

雖然代價很大，但是豫東戰役總體而言，也是共軍與國軍主力會戰的一次重大勝利。其戰果包括攻克河南省會城市開封（其政治影響力不可低估），給予區壽年兵團殲滅性打擊，重創黃百韜兵團，戰役目的大致都實現。

在豫東戰役最緊張的時候，國民黨徐州剿總已經開始裝運行李，如果戰役失敗，國民黨只有提前撤退到江南地區，也就沒有後來的徐蚌會戰，國共內戰的發展就是另一種光景。不過因為黃百韜拼死「逆襲」以及邱清泉迂迴攻擊，才讓國軍在豫東戰役最後階段反敗為勝。據此黃百韜還獲得青天白日勳章。

豫東戰役時，國軍雖然在最後關頭僥倖獲勝，但是代價過於慘重——區壽年兵團大部被殲，黃百韜兵團被重創，邱清泉兵團傷亡慘重，還搭上一個開封，獲得的戰果，只不過是重創華野外線兵團。

解放軍在根據地大力支援下，損失很容易彌補，而**國民黨因為窘迫的財政，一線部隊的損失很難得到及時的補充**。更重要的是，**豫東戰役的勝利**國民黨不僅沒能逆轉戰局，反而**讓其高層產生一種不切實際的希望**——只要集中主力與解放軍會戰，國軍完全可以取得勝利。這種心理對國民黨後期的戰略部署，產生了很大的影響，**導致國軍集中徐州剿總主力準備與解放軍會戰，而不是收縮主力退守淮河，爭取一個劃江而治的機會**。這就為共軍在徐蚌會戰中全殲國民黨徐州剿總主力，創造了一個絕佳的機會，也促進了解放軍的加速勝利。

小三大戰役的意義

解放軍經過四戰四平、臨汾——晉中戰役、豫東——兗州戰役後，戰爭形勢其實已經明朗。**毛澤東在一九四八年七月就說，「解放戰爭就像爬山，最困難的階段已經過去了」**；粟裕在一九四八年八月給中央軍委的彙報中則說，「團以下幹部保命思想嚴重，因為眼看革命就要勝利了，卻不知道自己何時報銷，很想盡快回到大後方享福。」

這就證明，**解放軍團以下最基層的幹部，在一九四八年八月已經強烈預感到最後的勝利即將到來**；相反的，國民黨方面在同年八月的南京軍事會議上則是哀鴻遍地，怨聲載道。也就是說，任何一個合格的職業軍人，不管他屬於哪一方，這個時候都應該估計到戰爭的結局了。

國軍作戰意志被摧毀殆盡

如果說，在小三大戰役前，國軍還多少保留著一定的戰鬥意志，還能主動尋找解放軍作主力會戰，小三大戰役後，國軍僅存的戰鬥意志也被摧毀。

黃百韜，國軍中的絕對悍將，其領導的整編二十五師本屬雜牌部隊拼湊而成，戰鬥力很弱，但在他調教下，居然成為國軍一隻勁旅，在對中野、華野屢次作戰中均有不俗表現。豫東戰役如果沒有黃百韜拚命救援，區壽年兵團早就全軍覆沒，後來面對華野絕對優勢兵力的圍攻，甚至親自率軍衝鋒，是國軍最後能反敗為勝的關鍵。但就連這樣的將領，在豫東戰役後也意志消沉。

濟南戰役時，黃百韜奉命前去援救濟南，按理說，才獲得青天白日勳章並被提拔為七兵團司令長官的黃百韜，應該更加賣力。但是，黃百韜在無線電中聽到王耀武細細叮囑家事，就對部下說「王沒有死戰的決心」，「此行必是白忙一場」，意即不必當真去救了，應付一下即可。這與黃百韜此前的表現可謂大相徑庭。結果華野準備了整整七十個團的打援部隊沒放一槍，濟南就已經解放。這在幾個月前是無法想像的。

廖耀湘，東北國軍的主力戰將，其一九四六年才進入東北時何等驕狂，一個威遠堡戰鬥的勝利，就讓他志得意滿的宣稱：「一個二十二師就

▲ 在北平城內訓練的國軍新兵

可以擊破任何共軍！」一九四八年以前，廖耀湘率領的新六軍還銳氣十足，幾乎就是東北戰場國軍的救火隊。陳明仁能夠在堅守四平最後時刻獲得勝利，根本原因還是新六軍突破了東野阻擊，讓林彪無奈撤軍。但是四戰四平後，廖耀湘卻絕足不出瀋陽，即使在錦州戰役最激烈、最緊張的時候，他率領的國軍最強大的機械化兵團，只敢在彰武一帶徘徊不前，眼睜睜看著錦州失守。

邱清泉，蔣介石心腹愛將，其率領的五軍一直是華野的頭號勁敵。華野幾度集中優勢兵力想吃掉這個王牌軍都沒有成功。豫東戰役後，他也意志消沉，在徐蚌會戰中幾乎平庸無為，後被包圍在陳官莊後整天酗酒作樂，不問戰事，直到被擊斃。

高級將領意志消沉，一線官兵士氣更是一落千丈。

整編十一師，國軍全美械裝備的五大主力之一。在一九四八年八月之前與華野幾乎所有部隊、中野大部分部隊交戰紀錄保持全勝。這樣一支王牌部隊編入了黃維十二兵團，該兵團還包括八十五軍這支很能打的部隊（就是在民權戰役中擊潰中野的部隊）。

整個黃維兵團十餘萬人，結果在雙堆集被中野包圍。當時中野不過十七萬人，加上地方部隊約有三十萬人。兵力雖然較多，但是裝備差距很大，中野自身經過大別山戰鬥，部隊損失很大，還沒恢復元氣。地方部隊數量雖多，但戰鬥力非常有限。

黃維兵團被中野圍住竟然動彈不得。要知道僅一個整編十一師，過去就多次遇到解放軍優勢兵力圍攻，仍表現出色。如一九四七年黃麻戰役，華野五個縱隊圍攻不但沒有殲滅十一師，反而自己受到重大的傷亡。土山集戰役，華野集中一、三、四、六、八等五個主力縱隊準備圍殲十一師，結果打了整整二天，反倒被十一師逆襲擊敗。現在被弱小的中野圍住，黃維兵團附近固鎮還有六、八兩個兵團十萬人接應。但無論十八軍（即整編十一師），還是八十五軍均暮氣沉沉、無所作為，實在是士氣低落，官兵作戰意志已喪失殆盡。

為什麼小三大戰役對國軍上下打擊如此之大？如果僅看國軍死亡人數，這幾場戰役並不多，四戰四平國軍損失二萬人，豫東戰役連上開封不過七萬到八萬人（其中國軍正規部隊僅五萬人左右），兗州戰役也不到二萬人，臨汾—晉中戰役雖然死亡達十萬人之眾，但大都是閻錫山的地方部隊。這樣的殲敵數量，在一九四八年解放軍節節勝利中其實並不太耀眼。**小三大戰役對國軍的震撼其實另有原因。**

國民黨防禦策略的全面潰敗

戰爭的博弈，從某種角度上看，其實也可以認為是**對點、線、面的爭奪**。一九四六至一九四七年國軍對解放區的進攻，其基本策略可以總結為：占據點（大城市），打通線，恢復面。進攻失敗後，從一九四七年下半年開始，國軍轉入防禦態勢，其基本策略調整為：占據點，確保線，壓制面。如果能有效執行這個策略，國軍就能穩定軍事形勢，甚至還有獲勝的希望。

執行這個策略最成功的例子當屬日軍。日本中國派遣軍兵力最高峰時期也不過百萬，卻占領了大半個中國。雖然兵力嚴重不足，但是在「占據點，確保線，壓制面」的策略下，不管是正面數百萬國軍，還是國軍後八路軍都被壓制得無法動彈。其核心就是「確保線」。戰爭中誰能掌握主要交通線，誰就能更迅捷的調動兵力，在關鍵戰場形成局部優勢，擊敗對手。

但是，國軍這個策略執行還不到半年，就被解放軍攻勢瓦解。

小三大戰役讓國軍看到，面對解放軍的攻擊，不僅「線」無法確保（如四平、兗州），連「點」也無法堅守（臨汾、洛陽、襄陽、開封），豫東戰役實際上是國軍拼死一搏——以放棄救援「線」（兗州）甚至預期未來還要放棄重要的「點」（濟南）為代價，盡可能集中兵力企圖吃掉華野外線兵團。

結果卻是，再次丟掉一個「點」（開封）、丟掉一個兵團（區壽年兵團）、被重創一個兵團（黃百韜兵團），而只是讓華野受傷而已，距離殲滅華野還差得很遠。

線保不住，點守不住，**在解放軍外線兵團最虛弱的時候也吃不住**——戰爭還有什麼希望？

這樣的結果如何不讓國軍上下意志消沉，戰意全無？

所以，小三大戰役之後，共軍勝利基本已成定局，國民黨已經註定了失敗的命運。

▲共軍在坦克掩護下攻進天津市區

第二十六章 三大戰役是結果，不是原因

三大戰役是解放軍在國民黨政治、經濟、軍事上都即將崩潰時的一次總攤牌。戰爭的結果並不會不同，唯一的差異只是解放軍以多大的代價獲得多少的戰果。也許是國民黨確實氣數已盡，在三大戰役過程中，國軍指揮層對策略選擇，最後竟然都是最差的選項。

遼西會戰——廖耀湘在想什麼？

戰役概述

一九四八年九月十二日，遼西會戰開始。東北野戰軍在遼寧省義縣至河北省灤縣三百餘公里戰線上，向國民黨軍發起進攻。至十月一日，東野切斷了北寧路，孤立了錦州。

蔣介石為解錦州之危，組成東進和西進兵團，從錦西、葫蘆島和瀋陽地區東西對進，增援錦州。東北野戰軍以二個縱隊另二個獨立師在塔山地區阻擊東進兵團；以六個縱隊共十六個師計二十五萬人攻擊錦州；以一個縱隊主力為戰役總預備隊；以四個縱隊共十四個師在彰武、新立屯地區阻擊西進兵團；以十一個獨立師、一個騎兵師圍困長春。

一九四八年十月十四日，解放軍發起總攻。經**三十一小時激戰**，解放軍於十五日攻克錦州，全殲守軍十萬餘人，俘范漢傑（一九六〇年特赦）及第六兵團司令官盧浚泉等，完全封閉了東北國民黨軍從陸上撤向關內的大門。

在錦州攻堅戰的同時，南北兩線阻援部隊分別採取堅守防禦和運動防禦，粉碎了國民黨軍東進兵團和西進兵團增援錦州的圖謀。錦州被克後，困守長春的國民黨軍第六十軍軍長曾澤生，於一九四八年十月十七日率所部二．六萬餘人投降。二十一日，長春宣告和平解放。

一九四八年十月十八日，蔣介石飛赴瀋陽部署「總退卻」，嚴令西進兵團繼續前進，在東進兵團配合下重占錦州。

十九日東北野戰軍十個縱隊在黑山、大虎山以東，饒陽河以西，無梁殿以南，魏家窩棚以北約一百二十平方公里的地區內，對西進兵團展開大規模圍殲戰，各部大膽穿插，分割圍殲。至二十八日拂曉，遼西圍殲戰結束，全殲西進兵團五個軍十二個師（旅）共十萬餘人，生俘中將司令官廖耀湘。

從十月二十九日起，東北野戰軍乘勝東進，先後占領新民、撫順、遼陽、鞍山、海城等瀋陽週邊據點。一九四八年十一月二日，東北最大的重工業城市瀋陽「宣告解放」，守軍十三萬餘人全部被殲。同日，占領營口，遼西會戰以解放軍勝利結束。九日，錦西、葫蘆島地區之國軍從海上撤至關內。至此，東北全境被解放軍占據，距離錦州失守，前後不到兩個月。

戰役評述

一九四八年，國民黨在東北基本已經縮到長春、瀋陽、錦州等幾個孤立點上，態勢、兵力都處於劣勢。這時，國民黨唯一的策略只有撤退。雖然長春國軍已經無法救出來，但是丟掉長春一部國軍，總比東北國軍全被一鍋端好。

如果在四平陷落後，瀋陽國軍能夠果斷後撤，加上營口等一些城市的駐軍，東北國軍大致能撤出來三十五萬人，加上錦州十萬國軍，總共四十五萬人左右的國軍背靠華北剿總支援，在錦州一帶以內線防禦的態勢與東野周旋，如此則對國軍態勢有利，補給、後撤都很方便。**東野再強大，打進關內也要頗費一番力氣**。然而蔣介石與國民黨國防部都主張撤退，結果因為東北剿總以及一線將領集體反對，這個撤退方案成為泡影。

歷史就是如此弔詭——衛立煌別有用心，反對撤退倒也能理解，廖耀湘等不可能不知道留在瀋陽只能是等死，為什麼會反對撤退，實在令人百思不得其解。

錦州戰役時，國軍有個南北對進夾擊東野的方案。南面是葫蘆島的侯鏡如兵團，打塔山確實是用力了。北面廖耀湘兵團是當時國軍最強大的機械化兵團。可是這時的廖耀湘已經不是兩年前那個意氣風發的新六軍軍長了，雖然他麾下實力比兩年前更為強大，但是其對手與兩年前比，更是發生了天翻地覆的變化。因為**畏懼東野實力，廖耀湘打下彰武後，就徘徊不前**，眼睜睜看著錦州這個要點被東野攻克。

如果廖耀湘不顧一切向錦州攻擊，南線侯鏡如兵團必定士氣大振，甚至華北傅作義也有可能增加籌碼——向葫蘆島增兵。那時東野將壓力大增，能否順利拿下錦州也就是個未知數。

錦州被解放軍攻克，國民黨在東北失敗已經是定局。這時總該考慮撤退的問題吧！偏偏這時候蔣介石又昏了頭，下令廖耀湘繼續南下與侯鏡如南北對進收復錦州！沒有錦州這個內線支撐點，讓廖、侯兩部不到三十萬人兵力去撞東野一百萬人大軍——這要什麼腦袋才會想出這麼瘋狂的主意？

這麼一折騰，東野迅速北上，廖耀湘被圍，關鍵時刻指揮部又被小股解放軍偷襲，失去大腦，部隊建制又被沖亂——稀裡嘩啦，一個機械化兵團就完蛋了。接著長春、瀋陽不戰而降，東北幾十萬國民黨部隊幾乎沒打一場像樣的仗，就莫名其妙全軍覆沒了（編按：廖耀湘被俘入獄，文革時遭紅衛兵羞辱，一九六八年逝世）。

平津會戰——傅作義的糾結

戰役概述

一九四八年十二月上旬至一九四九年一月，東北野戰軍和華北軍區第二、第三兵團共一百萬人，聯合發動了平津會戰。當時，華北國民黨傅作義集團除有五萬餘人分駐歸綏和大同外，有兵力餘萬人，位於東起北寧路的山海關、西迄平綏路的張家口，約五百多公里的狹長地帶上，並以塘沽為海上通道口。

一九四九年一月，中共中央決定以林彪、羅榮桓、聶榮臻三人組成平津會戰總前國軍委員會。

一九四八年十一月二十三日起，**提前結束休整的東野取捷徑隱蔽地揮師入關**。入關的東北野戰軍**和華北軍區第二、第三兵團一道**，以神速動作，先用「圍而不打」或「隔而不圍」的辦法，**完成對北平、天津、張家口之國軍的戰略包圍和戰役分割**，截斷了他們南逃西竄的通路，並調動原駐天津、塘沽的國民黨軍隊第九二、第九十四、第十五軍到北平地區。

東野隨後按「先打兩頭、後取中間」的順序發起攻擊，在十二月下旬連克西頭的新保安、張家口。在新保安殲滅傅作義嫡系主力第三十五軍一千六百餘人，在張家口殲國軍第十一兵團部和第十五軍五．四萬餘人。

一九四九年一月十日，中共中央決定成立由林彪、羅榮桓、聶榮臻三人組成的「平津前線總前委」。當東頭的天津國軍守軍拒絕接受和平改編後，一九四九年一月十四日，解放軍以強大兵力發起對天津的總攻，東北野戰軍集中五個縱隊二十二個師三十四萬人在劉亞樓指揮下，經過二十九個小時激戰，攻克了這座堅固設防和重兵守備的大城市，天津國民黨守軍十個師十三萬人全部被殲，天津警備司令陳長捷被俘。天津被占領後，塘沽國軍乘船南逃。

在解放軍強大壓力下，傅作義接受和平條件。一九四九年一月二十二日，北平守軍開始撤出城外，被改編為人民解放軍。一九四九年一月三十一日，古都北平宣告解放，華北跟整個東北一樣，又是撐不過兩個月。

▲聶榮臻（左）、林彪（中）、羅榮桓（右）在研究作戰方案

戰役評述

平津會戰前，華北剿總總司令傅作義又是怎麼想的呢？

平津會戰前，華北剿總面臨這樣的形勢：東北已經全部丟掉，東野隨時可能入關。在中原，**徐蚌會戰已經進入第二階段，黃百韜兵團全軍覆沒**，黃維兵團被圍，徐州剿總雖然還有三個兵團，但是已經處於進退兩難的境地。總而言之，華北剿總南北兩個方向的軍事形勢都非常不利。

所以，華北國軍最好的策略也是撤退。

但是，傅作義很不甘心，自己從綏遠起家，靠著戰功一步步坐上華北剿總司令長官的位置，對陣華北野戰軍幾乎是百戰百勝，甚至把華北野戰軍驅逐出平津地區，讓其只能在山西、察南、綏東等偏遠地帶活動。雖說形勢逼人，但是一槍不放就放棄富庶的平津地區，讓傅作義實在是難以甘心。

而且撤退也有個方向問題。向南撤是蔣介石的願望——不管是加入徐蚌戰場或是直接海運到江南，國民黨都將增加一支可靠的精銳力量。但是丟棄地盤到江南去仰人鼻息，與待在華北相比簡直是天壤之別。**傅作義甚至懷疑自己的部隊到了南方，很可能會被蔣介石一口吞掉**。這條路不到萬不得已，傅作義是不會走的。

向西退回自己的老根據地綏遠，倒是一個選擇。可是現在傅作義部隊已經發展到十七個旅（師）二十萬人，綏遠地瘠民窮，無論如何也不可能養活這麼龐大的軍隊。

所以撤退也是兩難，**傳作義決定乾脆留在華北觀望形勢**。做出這樣的決定，不能不說傅作義多少有點投機心理。東野即使入關，據傅作義判斷大致在五十萬到六十萬人左右，華北解放軍大約有二十萬人，這樣解放軍實力就超過八十萬人，華北剿總正規軍加地方部隊大約有六十萬人，雖然兵力略少，但是依託北平、天津、塘沽等幾個重要大城市，以及內線作戰的便利，只要華野不北上，傅作義頗有信心在平津地區與解放軍打一場攻防戰。

但是傅作義也清楚，即使平津的戰役打成膠著，只要華野取得徐蚌會戰的勝利，華野北上參戰是肯定的。所以，準備打一打的同時，傅作義又不得不做好撤退的準備。

大軍作戰最忌統帥首鼠兩端，這樣簡單的道理傅作義不會不明白。但是，由於南北兩方的軍事壓力，以及國民黨內部的複雜因素，傅作義不得不擺下一個軍事上最不利的陣形。

如果要打，國軍就應該圍繞平津地區構築環形防禦圈，部隊梯次布防，外線以少數部隊堅守若干要點，主力集結於內線，以內線防禦態勢抗擊解放軍的攻擊並伺機反擊。如果要撤，就應該明確撤退方向——比如，向南撤，就應該以天津港為核心，構造環形防禦圈，掩護部隊、機關、物資從天津逐步撤走。如果向西撤，就應該放棄平津，部隊向西收縮，部隊逐次抵抗，以空間換時間，拉長解放軍的補給線，伺機反擊。

不管打還是撤，大軍統帥至少要有個基本目標方向，部隊才能按照這個方向設計防禦或者作戰計畫。

傅作義既想打又想撤，撤還要分成兩個方向——傅系向西撤（綏遠方向），蔣系向東撤（天津港方向）。**為了照顧這三個——你沒看錯，是三個目標！華北剿總擺出一個長蛇陣：**以蔣系的三個兵團八個軍共二十五個師，防守北平及其以東廊坊、天津、塘沽、唐山一線；以傅系的一個兵團四個軍共十七個師（旅），防守北平及其以西懷來、宣化、張家口、柴溝堡、張北一線。**整個戰線長達五百公里，而且沒有任何縱深！**

這樣一個長蛇陣除了被動挨打，簡直沒有其他作用。國軍最善戰、最有頭腦的將領，擺出最不利於作戰、最容易崩潰的陣形，也只能說國民黨確實氣數已盡。

這樣的陣形擺出來，平津會戰也就定了局。東野從容的「先打兩頭，再打中間」，長蛇陣被一段段吃掉，由於沒有縱深防禦，東野穿插也很順利，北平、天津、塘沽被分割包圍，天津被解放後，北平傅作義只能接受和平改編。

整個平津會戰，國民黨被殲俘五十二萬人，解放軍自身傷亡不到四萬人，是三大戰役贏得最輕鬆的一仗。

如果國民黨沒有劣跡斑斑的派系傾軋歷史，以傅作義的軍事素養，必定會毫不猶豫的南撤。這麼一支力量如果投入徐蚌戰場，共軍很難取得徐蚌會戰這麼巨大的勝利。即使東野入關，席捲整個華北，但是國軍在江淮還是可以集中一百多萬人重兵防禦，劃江而治的可能性將大大增加。

徐蚌會戰——國軍不可思議的集體失誤

戰役概述

一九四八年十一月六日，華東野戰軍分路南下。八日，國民黨軍何基灃、張克俠率部二萬餘人戰場起義。十日，共軍把黃百韜兵團分割包圍於徐州以東的碾莊地區。經過十天逐村惡戰，至二十二日全殲國軍八萬餘人，國軍兵團司令黃百韜自殺。同時，中原野戰軍為配合作戰，出擊徐（州）蚌（埠）線。一九四八年十一月十六日，解放軍攻克宿縣，完成對徐州的戰略包圍。這時，中共中央軍委決定由劉伯承、陳毅、鄧小平、粟裕、譚震林組成總前委，鄧小平為書記，統一指揮淮海戰役（編按：國軍稱為徐蚌會戰，本書亦多用徐蚌會戰）。

十一月二十三日，中原野戰軍在宿縣西南的雙堆集地區，包圍了從華中趕來增援的黃維兵團十二個師。二十八日，蔣介石被迫決定徐州守軍作戰略退卻。徐州剿總總司令劉峙撤至蚌埠，副總司令杜聿明留在徐州指揮。十二月一日，國軍棄徐州向西南逃竄。四日，華東野戰軍追擊部隊將徐州逃國軍包圍。六日，國軍孫元良兵團妄圖突圍，即被殲滅，孫元良隻身潛逃。同日中原野戰軍和華東野戰軍集中九個縱隊的優勢兵力，對黃維兵團發起總攻。經過激戰，至十五日全殲國軍十萬餘人，生俘黃維。

此後，為配合平津會戰，按照中共中央軍委的統一部署，解放軍對杜聿明集團圍而不殲，部隊進行了二十天休整。

一九四九年一月六～十日，華東野戰軍對被包圍的杜聿明集團發起總攻，經過四天戰鬥，全殲邱清泉、李彌兩個兵團，俘獲杜聿明，邱清泉自殺，李彌逃脫。

徐蚌會戰歷時六十五天，解放軍占領了長江以北的華東和中原廣大地區，使國民黨統治中心南京，處於人民解放軍的直接威脅之下。

戰役評述

一提到徐蚌會戰，過去的史料一般都是這樣介紹：徐蚌會戰中，共軍六十萬人對陣國軍八十萬人，在兵力與裝備都不占優勢的情況下以少勝多……

關於雙方的力量投入，現在看來頗值得商榷，這裡用簡單數學算給你看：

一、解放軍一百一十萬，不含民兵十餘萬

徐蚌會戰共軍參戰力量，是華野與中野兩大野戰軍以及華東、中原軍區地方部隊。我們首先來看華野與華東軍區力量。

華野成立於一九四七年一月，成立之初其編制為十一個縱隊與一個特種兵縱隊，總兵力超過三十萬人，另外當時華東軍區總兵力約三十萬人。也就是說，在一九四七年一月，僅華野與華東軍區總兵力已經超過六十萬人。

雖然華野作戰頻繁，戰爭消耗大，但是在山東解放區的大力支持下，華野與華東軍區力量一直在增長。

一九四八年一～三月，華東軍區和華東野戰軍先後開展新式整軍運動。隨後，根據戰爭形勢發展，華東野戰軍以第一、第四、第六縱隊組成第一兵團（亦稱粟裕兵團），以第七、第九、第十三縱隊及渤海縱隊（一九四八年二月組建，袁也烈任司令員）組成第二兵團（亦稱山東兵團和許譚兵團），以第三、第八、第十縱隊組成第三兵團（亦稱陳唐兵團），抽調原內線兵團之第二縱隊南下華中，會同原在華中的第十一、第十二縱隊組成第四兵團（亦稱

▲徐蚌會戰前，中共領導合影，左起：粟裕、鄧小平、劉伯承、陳毅、譚震林

蘇北兵團和韋吉兵團）。這時，華東野戰軍有三十六萬餘人，華東軍區部隊有三十八萬餘人，總兵力七十四萬餘人。

徐蚌會戰，從一九四八年十一月打到一九四九年一月。華野在這場戰役中已經達到十六個縱隊，一個特種兵縱隊，總兵力四十二萬人左右。而此時華東軍區部隊即使仍保持三十八萬人的規模，華野加華東軍區兵力也已經超過八十萬人。

一九四九年二月，徐蚌會戰剛剛結束，遵照中央軍委的統一命令，華東野戰軍正式改編為中國人民解放軍第三野戰軍，陳毅為司令員兼政治委員，粟裕為副司令員兼第二副政治委員，譚震林為第一副政治委員，張震為參謀長，唐亮為政治部主任。三野轄四個兵團和一個特種兵縱隊。以膠東軍區武裝編為第三十二軍（轄第九十四、第九十五師），譚希林任軍長，彭林任政治委員，暫歸山東軍區指揮。兩廣縱隊撥歸第四野戰軍建制，曾生任司令員，雷經天任政治委員。雖然有兩個軍劃到其他部隊，但徐蚌會戰剛剛結束時華東軍區已經達到四十二萬人，第三野戰軍達到五十八萬餘人，總兵力一百萬人。

中野在徐蚌會戰參戰時有七個縱隊，總兵力約十七萬人，但是，一九四八年五月重建的中原軍區下轄鄂豫、皖西、豫皖蘇、豫西、桐柏、江漢、陝南等七個軍區，其軍區部隊在十五萬人左右。

所以，在徐蚌會戰期間，華野與華東軍區總兵力八十萬人，中野與中原軍區總兵力三十二萬人。兩者相加總兵力一百一十二萬人。而傳統史料提到的共軍六十萬人兵力，不過只是華野與中野兩支野戰軍兵力。徐蚌會戰是國共雙方的決定性會戰，雙方都全力以赴。為了支援前線作戰，共軍僅動員民工就達五百四十三萬人。很難相信，這樣的決定性會戰中，共軍還有大量的軍區部隊沒有參戰。

事實上除了正規軍和地方部隊，解放區還出動了規模很大的民兵參戰。華東野戰軍唐亮回憶中就提到，有一百三十個民兵團負責掩護後勤民工，這就是十幾萬人的規模，另外戰爭中從後方還補充新兵十萬人。

所以，在徐蚌會戰中，共軍投入的力量如下：

野戰部隊：一百一十萬人。

民兵：人數不詳，但應不低於十幾萬人的規模。

後勤民工：五百三十四萬人。

總力量：六百六十萬人以上。

三、國軍充其量，五十一萬人

與解放軍的士飽馬騰、兵強馬壯相比，一九四八年的所謂徐州剿總的國軍精銳，根本是一堆破銅爛鐵。

一九四八年十一月六日至一九四九年一月十日，國軍先後有七個兵團二個綏靖區，三十四個軍八十六個師參戰。

這三十四個軍八十六個師，除了才成立的架子師外，如果都處於滿編狀態，倒能湊出八十萬人的兵力。實際上由於連續作戰的消耗以及後方財政的惡化，導致國軍幾乎沒有編制完整的部隊，反而缺額很大。

首先是起義的第三綏靖區，這是西北軍將領張自忠的老部隊，包括五十九軍和第七十七軍等二個軍下轄的四個步兵師。張克俠等人帶領五十九軍和七十七軍的軍部和三個半師戰前起義，人數是二．三萬人。起義帶走了二個軍四個師的大部分部隊。後來中野的四縱在三堡殲滅了第三綏靖區司令部和三十七師殘部等四千人。可以看出第三綏靖區最多三萬人。

第一個被殲滅的是第七兵團。先是廣東部隊第六十三軍一萬多人，在窯灣被華野殲滅。隨後負責在運河鐵橋掩護的第四十四師幾千人也被殲滅。最後二十五軍的二個師、六十四軍的二個師、一百軍的一個師和四十四軍的二個師等，四個軍七個師被包圍在碾莊。

其中四十四軍是一．五萬人，四十四軍二個師中只有四十二師有實力，十九師在濟南就被殲滅，是剛剛重建的部隊，一百軍僅一個師，只有幾千人，第二十五軍有二個旅（師），在豫東戰役中損失嚴重，到徐蚌會戰還沒有來得及補充實力，也是嚴重缺編，而廣東部隊第六十四軍也就一萬多人的力量。所以被圍在碾莊的第七兵團也就六萬人的兵力。整個第七兵團的五個軍（包括六十三軍）戰前實際總兵力約為八萬人。

第二個是被中野圍住的第十二兵團。聽起來挺威武的——四個軍外加一個快速縱隊，但實際就是三十三個團，約十萬人。

十二兵團四個軍共有十一個師，分別是十八軍的十一、一一八、四十九師，和十軍的

十八、七十五、一一四師，十四師的十、二十五師和八十五軍的二十三、一一〇、二一六師。先看看第十八軍，該軍只有十一師和一一八師被包圍在雙堆集，四十九師主力跑到了蚌埠，而快速縱隊就是十八軍的一一八師改編的，所以雙堆集的第十八軍是一個軍部領導著一個師。

再看看第十四師。它的第八十三師去了太原，因此另給了一個三〇三師的空番號，指定的編練地點在湖南。而當時的十四師駐紮在河南省駐馬店，所以就派遣十師三十團、八十五師二五三團和軍直補充團到湖南去整訓新兵。到淮海的只有四個團，卻頂了一個軍二個師的番號。

八十五軍的主力是湖南地方部隊改編的第二十三師和西北軍第二師（察哈爾同盟軍）的老底子第一一〇師。另外還有個二一六師，只是個架子師，只來了個第六四八團，也沒什麼實力。一一〇師五千五百人陣前起義，二十三師也帶著包括二一六師部隊在內的五個團和軍直部分一萬人投誠了。第八五軍總共才三個師八個步兵團，這樣就沒了六個步兵團和軍部大部，只剩下幾千人被圍在雙堆集。

所以十二兵團就是十一個師，一個快速縱隊（就是十八軍的一一八師加戰車一團第二營）的規模，還跑了一個師，被包圍的就是十個師外加一個快速縱隊，還起義投誠了六個團。

最後就是徐州的二、十三、十六兵團的七十二個團，總兵力約二十萬人。

李彌的第十三兵團，包括第八、第九、第六十四、第一一五軍等四個軍的番號，實際總兵力只有六萬人，在解救第七兵團的時候，損失了一萬人，到包圍圈裡的時候是五萬人。其實後面的第六十四和一一五軍都是第十三兵團在包圍圈裡組建的。全是只有軍長和師長的空番號部隊，部隊就是師長領著幾個警衛員，就敢頂著一個師的番號，沒有任何實力。這四個軍只有二個軍是有實在部隊的。

邱清泉的第二兵團約十萬人，主力就是第五軍的三個師，但是其中的暫編二十四師是過去汪偽改編的，不僅實力很差，而且缺額更大。《粟裕文選》就提到：「一九四八年七月豫東戰役的第五軍嚴重缺編，各個團普遍只有一個營的實力，最多二個營。每天都有逃亡，很多魯西南的壯丁和共軍被俘人員從第五軍攜帶武器逃跑。」可以說第五軍其實最多只有編制的二分之一左右。

第七十四軍是整編七十四師被殲滅後新組建的部隊，八〇％是新兵，只訓練了四個月，射擊教育只完成了初級階段，而且其中的第五十七師，是戰前一個多月前剛開始組建的，只完成了骨架的師。

七十軍的三十二師和一百三十九師，都是一九四八年剛剛建立的新部隊。只有五軍撥過來的第九十六師編制比較滿。七十二師則是個花架子，兵員嚴重缺額，其第一二二師是收容十六兵團敗兵組建的。第二三三師是臨時剛組建的。三十四師是在泰蒙戰役被殲滅的川軍第三十四旅的第二次重建。

第十二軍則是收容在了兗州戰役被殲滅的東北軍整編第十二師逃回來的人員，加上地方民團臨時組建的。而第一一六軍是國防部在杜聿明集團被包圍在陳官莊以後給的一個空番號，全軍只有一個軍長，指揮幾個勤務兵、炊事兵。

第三個被堵在陳官莊的是孫元良的第十六兵團，包括四十一軍約一．三萬人，四十七軍約一．六萬人，兵團直屬部隊三千五百人，合計約三．三萬人。

在週邊參加解救任務的還有第六、八兵團。

第八兵團是西北軍五十五師、六十八軍六個師，一九四六～一九四八年在豫東、魯西連續作戰，損失很大，沒有被補充過，實力很弱，總兵力不超過四萬。後來一路跑到福建的時候只剩一萬幾千人。

第六兵團頂著四個軍的番號，但主力只有一個第五十四軍，就算是主力的五十四軍，實力也不強。其第八師在東北傷亡五千人，只殘存少量部隊。暫編五十七師在東北被擊潰，只剩一點殘兵。一九八師缺額也很大。三十九軍是第八軍的第十、三師剛擴編的。九十六軍也是剛組建的新部隊，兵員還沒有補充到位。九十九軍是一九四六年十二月在宿遷被殲滅過的，這個九十九軍也是在廣州剛成立的新部隊。整個六兵團總兵力不到六萬人。

整個徐蚌會戰，國軍主要參戰部隊就是上述部隊總和，約五十一萬人。另外，未投入戰場的有一些特種部隊，如蔣緯國的二個裝甲營，空軍以及徐州剿總的直屬部隊，總兵力不超過五十五萬人。而被殲滅的是上述部隊除六、八兵團外的全部，約四十一萬人，最後剩下六、八兵團一部和徐州剿總的直屬部隊共約五十萬人。

從以上國軍部隊的整理中可以看出，國民黨徐州剿總的部隊或者連戰疲憊，編制嚴重缺額；或被殲後重建，還未形成戰鬥力；或乾脆就只是架子部隊，兵員裝備都沒到位。部隊綜合戰鬥力不要說與一九四六年相比，就是與一九四七年相比都有很大的差距。國軍部隊的構成實際上反映出國民黨政權日薄西山、奄奄一息的狀態。

了解了國共在徐蚌會戰的真實力量對比，才能合理的解釋戰役的過程。比如，**如果中野沒有規模很大的地方部隊配合，怎麼可能做出包圍黃維兵團的決定**？中野七個縱隊不過十七萬人，黃維兵團十萬人，十七萬人四個方向分兵包圍，每個方向僅四萬人，這樣分兵很容易被國軍集中兵力各個擊破。

另外，杜聿明集團從徐州突圍，華野將其包圍在陳官莊。華野實力不過四十餘萬人，消滅黃百韜損失五萬人，就算後方新兵能補充這個損失，**華野在圍困杜聿明時還有四十萬人，但是後來**為了殲滅黃維，又抽調了五個縱隊以及特縱到雙堆集參戰。也就是說，**華野抽調了四〇％左右的兵力，剩餘二十五萬人，怎麼可能圍困徐州剿總三個兵團以及剿總直屬部隊合計兵力二十幾萬人的部隊？**唯一的解釋，就是還有大量軍區部隊參戰，才能協助野戰軍主力繼續圍困杜聿明集團。

徐蚌會戰，雙方力量投入方面，共軍具有壓倒性優勢。僅直接軍事力量，共軍一百一十多萬人對國軍五十一萬人，就已具有二倍以上優勢，加上規模巨大的民兵與五百四十三萬後勤民工，在人力投入方面，共軍相較國軍有十倍以上的優勢。

戰役過程：國民黨一連串不可思議的失誤

戰爭當然有輸有贏，勝敗乃兵家常事。但徐蚌會戰中，**國民黨軍隊輸得這樣不可理喻——國民黨幾乎所有的舉動，都朝著對解放軍最有利、最希望的方向發展，這樣的戰役在戰爭史上實屬罕見**。

徐蚌會戰的起因是濟南戰役。濟南戰役華野以五十個團約十四萬人攻擊濟南，以七十個團約十八萬人準備打援。結果**國民黨竟無一支部隊增援濟南**，直到濟南解放，十八萬人打援部隊居然一槍未放。國軍如此戰意消沉，自然促使華野打更大的戰役。

國民黨可笑的長蛇陣

濟南戰役結束後，華野幾十萬雄師虎視中原，國民黨高層已經預見徐州方向將有大戰。徐州孤懸在外，乃四戰之地，無險可守，國民黨最初曾定下了「全面退守淮河」的戰略。這是一個頗具戰略眼光的策略，也是國軍最可行的策略。當時，國民黨政治、經濟、軍事等各方形勢都在惡化，這種情況下貿然與解放軍決戰，失敗的可能性很大，唯一的辦法只能穩定防禦態勢，先確保軍事形勢不惡化，保住江南國統區，再慢慢尋找機會。而「守江必守淮」，集中主力在淮河作為長江防線的屏障，**爭取一個劃江而治的局面**，對於一九四八年下半年的國民黨而言是唯一的出路。

可是，這個淮河防禦計畫**被國民黨國防部的高參們否決**（這群高參的領袖就是中共地下黨員，國民黨國防部作戰廳第三廳廳長郭汝瑰），他們拿出一個沿徐蚌線的長蛇陣來取代淮河防禦方案。就這麼一個不倫不類的長蛇陣，居然被一幫高參們得意洋洋的吹噓為「常山之蛇」，什麼「擊其頭則尾至，擊其尾則頭至」。

我們先不論古今中外擺長蛇陣還沒有獲勝的先例，就算這個「常山之蛇」能做到「擊其頭則尾至，擊其尾則頭至」，那麼，什麼地方是讓「頭」與「尾」發力的關鍵？毫無疑問是「腰」！那麼，國軍沿徐蚌線擺出的長蛇陣的「腰」在哪裡？

只要一看地圖就很清楚，這個「腰」就是宿縣。當時，宿縣不僅是徐州重兵集團最大後勤補給基地，而且是「頭」和「尾」，即徐蚌、黃維兩大集團連接的紐帶，更是徐州集團南撤的最佳路線。從地圖就可以看到，對國民黨而言，在淮海一帶，連雲港已失，江蘇的中北部河網密集，不利於機械化大兵團的行進，河南東部地處解放區的核心地帶，距離國民黨統治區域較遠，從此處突圍希望渺茫。

只有宿縣最適合徐州集團撤退！這裡不僅僅有津浦鐵路可以快速輸送兵力，而且，宿縣到徐州，宿縣到蚌埠一帶，地處華北平原的南部，是一望無際的開闊地形，極其有利於國軍機械化部隊的運動。

如此關鍵的戰略要地，國軍在兵力配備上竟然只布置張績武一個師，總兵力尚不足一．五萬人——整整五十萬人的國軍重兵集團，在關鍵的「腰」竟然只有一支弱旅，典型的「銅頭鐵尾紙糊的腰」，簡直是白送給解放軍。後來黃維兵團與杜聿明集團被殲，最重要的原因就是宿縣丟失，「腰」被打斷。「腰」一斷，「頭」「尾」還能存活嗎？

如能確保宿縣不失，國民黨即使打不贏徐蚌會戰也不至於輸，即使輸也不至於輸得精光。

國軍在防禦部署上的失誤，只是徐蚌會戰中國軍眾多失誤中的一個。在這個決定國運的重大戰役中，國軍犯下了一系列不可思議的重大失誤。

黃百韜連番失誤

徐蚌會戰**一開始就是黃百韜兵團被圍**。前面已經提到，黃百韜兵團被圍是中共情報人員在國共內戰中最精彩的布局。大致是以四十四軍為餌，在三綏靖區埋下伏兵，一舉將國民黨一個主力兵團圍住。當時在徐州負責軍事的顧祝同就像個提線木偶，一舉一動都被郭汝瑰操縱。後世電影說：「國民黨調兵布陣都是跟著共產黨指揮棒轉。」這句話還真是事實。

黃百韜臨死前對身邊的二十五軍副軍長楊廷宴說：「我有三不解。一、為什麼這麼傻，要在新安鎮等待四十四軍兩天？二、既然在新安鎮等待兩天，為什麼沒想到在運河上架設浮橋？三、李彌既然日後要拚命向東進攻來救援我，為什麼當初不在曹八集晚點撤，掩護我西撤？」

黃百韜的三不解後來被廣為流傳。李彌提前撤退的問題暫且不論，其餘兩不解其實都還不是導致黃百韜兵團覆滅的關鍵。首先，四十四軍已經屬於黃百韜兵團建制，本來就該等自己兵團的部隊，如果不留下來接應，以後七兵團其他部隊誰會聽黃百韜命令？這是一個基本的原則問題，所以這個不解沒有道理。其次，不在運河上架設浮橋是大意疏忽。真正致命的問題在於，既然黃百韜要留在新安鎮接應四十四軍，那為什麼不做針對性的部署？

整個黃百韜兵團七萬人聚集在新安鎮等待四十四軍——這不是接應，是在等死！圍棋中子力如果湊在一起是愚形，氣緊、易受攻擊還難以抵抗。軍事部署也一樣。

即使要等待接應四十四軍，在新安鎮留一個師足矣，其餘主力先渡運河，沿碾莊、曹八集等靠近徐州沿線梯次配備。李彌不守曹八集這個要點，黃百韜兵團為什麼不可以提前派部隊接防？這樣四十四軍即使被解放軍粘住，沿途要點都有部隊接應，後撤也不至於慌亂。最重要的是，這樣梯次配備部隊，即使形勢危急，也不至於將整個兵團主力搭進去。

這樣簡單的部署，以黃百韜的軍事素養，要在一年前，甚至幾個月前都不會想不到，而且**不可能犯下忘記在運河上架設浮橋這樣的低級錯誤**。

根本原因還是小三大戰役後，國軍高級將領普遍對前途悲觀絕望，領兵作戰時都只是在**「盡人事，聽天命」。在這樣的精神狀態下**，對接應四十四軍不作部署，對自己的後路運河不架浮橋，就很容易理解了。

濟南戰役，後華野立刻南下，劉峙慌了手腳，以為華野要進攻徐州，毫不猶豫的命令駐守碾莊、曹八集一帶的李彌兵團退回徐州。任憑黃百韜苦苦哀求，李彌就是不為所動。結果李彌急匆匆趕回徐州，屁股還沒坐熱，又不得不打轉和邱清泉一起救援黃百韜，來了個武裝馬拉松（兩地相距六十公里）。這個馬拉松代價還不小——為了打回自己原來駐地曹八集，六萬人的李彌十三兵團整整折損一萬人，最後還只能眼睜睜看著黃百韜兵團覆滅——真正的損人不利己。

如果李彌兵團不提前後撤，或者黃百韜兵團提前派部隊占據曹八集這個要點，黃百韜兵團很可能可以安全回到徐州。徐蚌會戰就是另一種局面。

黃百韜兵團千辛萬苦的渡過運河後，趕到碾莊，本來應該繼續按照預定方案向徐州靠攏。當時前方雖有解放軍阻擊，但是力量並不強大，黃百韜兵團全力攻擊還有可能衝出去。這時候只要靠近徐州，多走一里算一里，因為，以後每里路程可能都要上千條人命來填。

這時候六十四軍劉鎮湘軍長出馬了，非要留下來和共軍幹上一仗，理由很奇特──「陣地已經修好，不幹一仗實在可惜」。其實，真實原因是黃百韜在徐州附近分配給六十四軍的陣地是土山，相傳三國時期關羽就在這裡被曹操圍困而不得不投降，老劉迷信，嫌這個地名不吉利，所以不想去。另外他的六十四軍很有戰鬥力，還想與解放軍較量一下。爭論不下的關鍵時刻，徐州剿總又下達命令：「該兵團就地抵抗。」就這樣，在徐州剿總與劉鎮湘軍長的努力下，黃百韜兵團最後一線生機也被斷送。

杜聿明的兩套方案

黃百韜兵團被困碾莊之後，徐州剿總副司令官杜聿明回到徐州，便迅速拿出兩個解救七兵團方案。

▲一九四八年，杜聿明被俘

第一個方案是：以黃百韜兵團堅守碾莊圩七至十天，以第十三兵團守備徐州，以第七十二軍為總預備隊，以第二兵團、第十六兵團會合第十二兵團，先擊破中原野戰軍六個縱隊，然後回師東向，擊破華東野戰軍以解黃百韜之圍。

第二個方案是：以第十六兵團守徐州，以第二兵團、第十三兵團之全力解黃百韜兵團之圍，同時令第十二兵團向徐州急進，以第七十二軍為總預備隊。

據杜聿明後來回憶，他內心認為第一方案是爭奪戰役主動權的上策，而第二方案不過是被解放軍牽著鼻子走的下策。但是把這兩個方案在總部提出商討時，總司令劉峙、參謀長李樹正對第一方案搖首反對。劉峙說：「黃百韜絕不能久守。坐視黃百韜被吃，太冒險。何況中原解放軍的情況尚未完全明白，萬一它的主力不在渦、蒙附近，西路撲空，東路黃兵團又被吃，責任重大，誰來負呢？」於是第一方案被否決，執行第二方案。

現在，讓我們假設，如果當時國軍執行第一方案，會出現什麼結果？

按照這個方案，國軍以第二兵團、第十六兵團會合第十二兵團在渦、蒙附近尋求中野主力決戰。三個兵團總兵力二十六萬人，加上附近固鎮的六、八兵團十萬人，總計三十六萬人。而中野七個縱隊不過十七萬人，即使加上戰鬥力很弱的軍區部隊也不過三十餘萬人。

三十六萬人對三十萬人，國軍不僅兵力、裝備有優勢，在態勢上也占優，能不能擊破中野不好說，因為中野可以選擇轉移避戰，但是在國軍重兵集團壓迫下，戰略要點宿縣一定不會丟失。掌握了宿縣，津浦路保持暢通，國軍可進可退，先就立於不敗之地。

接著國軍二、十六、十二與六、八兵團回師東向，救援黃百韜兵團以及與華野決戰。即使黃百韜兵團救不出來（黃百韜兵團在碾莊守了十二天，如果二、十六兵團壓向渦、蒙附近，中野選擇轉移，接應十二兵團以及六、八兵團後回師，大致要五～七天，距離黃百韜兵團被殲還有五天左右時間），但是國軍已經集中四十餘萬人兵力，雖然中野也可能加入華野集團參戰，雙方打成膠著的可能性最大。即使黃百韜兵團覆滅，徐州集團退守淮河，劃江而治的可能性大大增加。

另外，徐蚌的局勢對華北也有巨大的影響，華野與中野在淮河無法突破，抽調部分主力北上華北的可能性很大，加上東野即將入關，華北傅作義只能放棄幻想，全力撤退。只要華北國軍有個三十萬人左右撤到江南，與徐州集團蝟集一團，國民黨就能在江淮集中百萬人軍隊，即使後面東野南下，東野、華野、中野雖然能集中二百萬人的兵力，但是江淮戰場有限，兵力過多也擺不開，解放軍要取得突破將非常困難。那麼，雙方就只能選擇劃江而治。

所以，如果當時徐州劉總選擇第一方案，共軍的難度與複雜性將大大增加，徐蚌會戰要取得歷史上如此輝煌戰果的可能性將大大減小。

宿縣雖小，干係重大

一九四八年十一月十日，黃百韜兵團被圍，十六日，中野攻占宿縣。這是一個具有戰略意義的事件。**宿縣丟失，徐州與蚌埠之間的聯繫被切斷**，徐州與黃維十二兵團的聯繫也被切斷，解放軍已經完成對徐州集團戰略上的包圍。解放軍不僅態勢十分有利，而且掌握了徐蚌戰場的全部主動權，中野還布下口袋等著黃維來鑽。國民黨大勢去也！

說起來，一九四八年最不可思議的，是國民黨高層對關係戰局成敗的戰略要點集體忽視。解放軍攻擊四平，不聞不問；結果四平丟失，長春十萬國軍就成甕中之鱉。解放軍攻擊兗州，不聞不問；結果兗州丟失，濟南十萬國軍就成甕中之鱉。錦州，何等重要的戰略要點，居然一直防禦薄弱，直到東野包圍錦州才匆匆從瀋陽空運二個團加強防禦。如果能從瀋陽空運二到三個師，可能錦州戰役就是另一種局面。錦州丟失，東北五十萬國軍就成甕中之鱉。

宿縣，徐蚌會戰的關鍵要點，卻任憑中野輕易攻占。杜聿明號稱「知兵善戰」，難道不知道兵法云：「善戰者先為不可勝，待敵之可勝！」宿縣就是確保國軍「先為不可勝」的戰略要點！宿縣丟失，整個徐州集團後路被切斷，杜聿明居然無動於衷！明明態勢已經極端不利，還要繼續執行解救黃百韜方案——二兵團、十六兵團繼續攻擊優勢解放軍阻擊陣地，黃維十二兵團孤軍急進，向中野的口袋一頭撞進去！

關於杜聿明的能力這裡補充幾句。國民黨接收東北之初，蔣介石先是任命關麟徵為東北保安司令部司令長官，後來因為關麟徵的死對頭陳誠搗鬼，才由杜聿明接替關麟徵的職務。但關麟徵對杜聿明的能力並不看好，曾對部下言：「中央派杜聿明去東北是失策的，因為杜隨我工作多年，我對他知之甚深。每當作戰，不是派他去受訓，就是留守後方，戰場歷練較少，作戰經驗更無。突然要他指揮幾十萬大軍作戰，無異於將一副千斤重擔加在只能挑一百斤的人肩上，他被打敗是意料中事。」

後來杜聿明竟出人意料的獲得四平戰役的勝利，時人均認為關麟徵對杜聿明看走了眼（實際上四平戰役勝利，關鍵還是當時新六軍戰力強大）。但是，國民黨東北大好的形勢，卻在一九四七年後在杜聿明手中迅速逆轉。在各個戰區中，東北是共軍率先掌握戰爭主動權的地區，如果不是陳明仁拼死守住四平，也許國民黨在一九四七年就已經丟掉東北。

東北形勢逆轉，蔣介石戰略方向選擇失誤固然是主要原因，但是作為東北國軍最高軍事長官，杜聿明絕對難辭其咎。從杜聿明個人經歷來看，做戰役指揮官還算稱職，但擔任長官時，就暴露出其不論能力還是魄力，皆明顯不足的缺陷。

國民黨丟掉大陸後，胡璉從台灣到香港探望關麟徵，再一次談起東北戰事，胡璉問：「雨公，如果你當年去東北，將採取什麼樣策略？」關麟徵自負的說：「我的辦法很簡單：第一，選一位善戰的將軍，任他為兵團司令官，給三個精銳軍，明確指定任務就是活捉林彪。城有所不攻，地有所不守，一切以壯大自己、消滅敵人力量為著眼點。第二，對於滿洲國留下的二十萬人軍隊，我不管中央的政策如何，一律給他們以地方保安部隊的番號，讓其為我們所用。以東北之富饒，他們會自給自足的，待打完仗後再作善後安排。」胡璉聽罷很是欽服，嗟嘆不已，認為蔣介石當初沒有派關麟徵去東北，實在是用人上的一大失誤。

與關麟徵的策略相比，杜聿明在東北的作為，程度相差了十萬八千里。

宿縣丟掉時國軍還有扭轉戰局的機會——利用黃百韜兵團牽制華野主力，徐州集團集中兵力南下，協同黃維兵團打通津浦路徐蚌段，奪回宿縣。如果這樣打，倒給中野出了個難題，宿縣要不要守？

如果堅決要保住宿縣這個要點，中野就要做好與國軍四到五個兵團的兵力，在宿縣作主力會戰的準備，宿縣周圍一馬平川，無險可守，如果與優勢國軍會戰，中野有相當大的危險。如果放棄宿縣，國軍就打通了津浦路徐蚌段，徐州蚌埠連成一線，國軍重新恢復可進可退的有利態勢，即使黃百韜兵團被殲，徐蚌會戰勝負還是五五之數。

黃維乖乖鑽口袋，蔣介石斷送杜聿明

黃維兵團進至南坪集，發現中野已經布好口袋陣等著他鑽進去。十八軍軍長楊伯濤建議放棄攻擊宿縣計畫，撤向固鎮與李延年、劉汝明兵團會合。黃維怕蔣介石怪罪，遲遲不敢下決心。等到決定撤退時，又因為一個作戰處長失蹤推遲行動，白白給了中野一天時間。要知道南坪集離固鎮也就八十里路，黃維的機械化兵團半天就可以趕到。黃維的猶豫不決讓中野可以從容部署，將黃維兵團圍得水泄不通。

等到黃百韜兵團被殲，宿縣丟失，黃維被圍，杜聿明眼見大勢已去，不得不帶徐州集團向西南逃命。杜聿明頭腦還算清醒，為這次逃跑定下的原則——「要撤就不打，要打就不撤」也算明智，三個兵團加上直屬部隊二十幾萬人馬一旦被拖住了，後果不堪設想。好不容易逃到孟集，蔣介石再出昏招，強令杜聿明折回救援黃維兵團。在校長「亡國滅種」的申斥下，杜聿明不得不停止逃命。華野喜從天降，終於在陳官莊將杜聿明團團包圍。

由於國軍一系列重大失誤，把長江以北最後的軍事力量乾淨的斷送掉了。

三大戰役之後，國民黨輸光了自己的軍事本錢，也就失去了大陸。

綜述
國民黨為什麼會失去大陸？

前文從政治、經濟、外交、軍事等各個層面，分析了國民黨失敗的原因。但是，這些僅僅還是「術」層面的原因。

從「道」的層面來看，國民黨的失敗，實質上是組織系統的全面潰敗。

國民黨自起家開始就是一個鬆散的聯盟。在推翻清政府這個大目標下，尚能團結一致。一旦清政府倒臺，因為缺乏共同目標與信仰，國民黨的前身同盟會立刻變成一盤散沙。雖然孫中山後來提出三民主義，但是這個理論缺乏可行的實施路徑，無法讓組織煥發活力。組織缺乏凝聚力，所以，在辛亥革命之後，不管是二次革命或者護法運動，國民黨基本無所作為。

孫中山對國民黨最成功的改造是在一九二二年。這一年，孫中山提出「聯俄、聯共、扶助農工」的三大政策，立刻讓國民黨煥然一新。聯俄、聯共，讓國民黨納入新鮮血液；扶助農工，擴大了國民黨的執政基礎。加上三民主義基礎理論，讓國民黨脫胎換骨成為一個有理論指導（三民主義），有外部支持（聯俄），有新生力量加入（聯共），執政基礎廣闊而全面（農民與工人）的生機勃勃的政黨組織。**正是組織的活力才讓國民黨從廣東起家，迅速席捲天下**。

四一二蔣介石反共，接著寧漢合流。**國民黨與蘇俄以及中共撕破臉後，江浙財團大力投資，讓國民黨的執政基礎從農工，變成地主與資產階級的代言人**。中山先生的三大政策，被以蔣介石為首的國民黨高層徹底拋棄。

所以，雖然國民黨打下了天下，但**缺乏基本統一的價值觀來凝聚共識**，執政基礎的變化，讓不同派系的軍頭成為地方勢力的代言人。三〇年代的**國民黨已經徹底變成一個世俗利益集團**。在這樣的背景下，國民黨的黨內鬥爭變成用步槍數目說話——誰的拳頭大，誰的軍力強，誰就是老大。

所以，國民黨統一中國後，內戰反而連綿不斷——蔣桂戰爭、中原大戰、福建事變、兩廣事變……在同一面青天白日旗幟下，自稱是中山先生忠實信徒的人們，將中國打成一片屍山血海！黨內鬥爭達到這個程度，不要說在中國，放眼世界也是史無前例。這時國民黨的組織潰敗已見端倪。只是當時中共實力尚小，還不足以挑戰國民黨的統治地位。

日寇入侵中國，中華民族面臨空前危機，**危機壓迫不但將國民黨各個派系捏合在一起，也將全國人民團結在國民黨周圍**——外國軍入侵反而擴大了國民黨的統治基礎。

抗戰勝利，外國軍一去，國民黨組織立刻面臨潰敗的危機。其主要特徵表現有：

一、腐敗蔓延不可抑制，執政者不但不控制反而縱容。抗戰勝利後，國民黨各方大員湧進淪陷區，以接收名義大肆掠奪資財，「接收」變「劫收」，淪陷區民怨沸騰，而國民黨高層居然不管不問，縱容包庇。

二、派系爭鬥加劇甚至相互拆臺。徐蚌會戰最緊急關頭，時任華中剿總司令的白崇禧，強令扣下增援前線的部隊，坐觀徐州剿總主力被殲滅；一九四九年蔣介石下臺，李宗仁在南京接任總統，而時任行政院長的孫科，竟將行政院搬遷到廣州。府院分離，各行其是。至於戰場上因為派系矛盾而互相拆臺，導致戰役失利的例子，可謂俯拾皆是。

三、劣幣淘汰良幣——平庸無能者身居高位，有德有才者反而邊緣化。劉峙，平庸無能，內戰一起便丟掉三個整編師；顧祝同指揮山東的重點進攻，連續遭遇萊蕪戰役、孟良崮戰役慘敗。這些**庸才竟然官運亨通、春風得意**。劉峙綏署主任被撤職，後來竟然擔任最重要的徐州剿總總司令；而顧祝同在參謀總長的位置上雖然連遭敗績，但是總長寶座穩如泰山；宋子文擔任行政院長期間，將國府家底虧空大半，經濟搞得一塌糊塗。在國民黨六中全會中被彈劾下臺，居然又擔任廣東省省主席。

那麼，「良幣」呢？關麟徵，國軍系統第一流戰將，只因陳誠弄鬼，內戰期間原任東北保安司令部司令長官，莫名其妙被杜聿明取代，最後只得到一個中央陸軍軍官學校教育長的閒職。宋希濂，國民系統另一員悍將，在抗日戰爭中有頗多佳績，因為派系鬥爭，內戰爆發後竟被打發到新疆做警備司令。國民黨體系內用人如此失措，足見組織系統潰敗已經到了何等程度。

組織潰敗不是沒有解決辦法，以史為鑑，辦法至少有兩個：其一，引進新鮮力量，提高組織活力；其二，對組織進行改造。

引進新鮮力量來提高組織的活力，最成功的例子是清朝。

一八五一年洪秀全、楊秀清金田起義。當時清政權腐朽不堪，組織系統已經完全潰敗。所以，洪秀全、楊秀清領著一群沒有任何軍事經驗的農民，就可以摧枯拉朽般打到南京。在清朝面臨嚴重統治危機之際，清政府大膽啟用一批漢族儒家精英——以曾國藩、李鴻章、左宗棠等為代表，給予體制內重權，不但平息洪、楊之亂，還陸續剿滅捻亂、回亂，到一八七〇年滿清國內竟然河清海晏，有了中興氣象。

做到這些的當然不是靠清朝原有的腐朽組織系統，而是新鮮力量。清政府以少數民族統治中國，漢人勢力大漲對其統治是有嚴重威脅的。但是，清政府能夠在危機時以開放的心胸吸納、包容漢族精英，並能驅使其效力。

可惜清政府只引進新鮮力量，對組織與體制不進行改造。所以，同治中興也只是曇花一現。一八九五年甲午一戰，清朝大敗，從此國運江河日下，直至滅亡。

對組織進行改造最成功的案例，就是一九二二年孫中山對國民黨做的大手術。

從上述兩個案例可以看出，不管是引進新鮮力量或者對組織進行改造，都有一個基本前提——統治者要讓出部分權力以擴大統治基礎。做到這一點，沒有一定的心胸與魄力是不行的。

國民黨在組織潰敗之際，不僅沒有引進新鮮力量提高組織活力，更談不上對組織進行改造。**面對組織的潰敗，國民黨高層的選擇是另一個極端**——不僅抱殘守缺，壟斷權力，反而利令智昏，自絕根基，**把幾乎所有的力量都推到自己的對立面！**

諸如：黃金捐獻案、法幣對偽幣的匯率政策、金圓券洗劫民眾金銀，把中產階級與升鬥小民推到對立面——這是普通民眾。

戡亂動員令——打壓中間勢力，強迫民盟解散。幾乎把所有中間力量推到對立面——這是政治勢力。

裁軍中大肆兼併異己，對軍人復員後安置不管不問，放任復員軍人生活窘迫，流落街頭。昆明事變發動突然襲擊，未經任何組織程式就以武力抓捕一個省主席。種種舉措將大量旁系部隊推到對立面——這是軍事力量。

抗戰勝利後，美、英、蘇發表聯合聲明，要求國民黨吸納各個民主黨派，廣泛參與政府，擴大其統治基礎，建設統一、民主的中國。這個建議對國民黨不可謂不是一劑良藥。可是，國民黨為了維護其獨裁統治，根本不願意與其他黨派分享權力。雖然在國際壓力下勉強簽訂政協協定，但很快就撕毀協議，發動內戰。

既不願改造組織，又不願吸納新鮮力量，在組織潰敗的危急時刻還要自絕根基。這樣一個倒行逆施，連清政府也不如的政權，怎能不敗？

與國民黨的倒行逆施相比，中共的對策頗具針對性。

早在一九三九年十月，毛澤東撰寫《〈共產黨人〉發刊詞》時就指出：統一戰線、武裝鬥爭、黨的建設，是中國共產黨在中國革命中，戰勝國軍的三個法寶。這個總結道出了中共成功的關鍵。

統一戰線——團結一切可以團結的對象，工人、農民、城市中產階級、學界與知識界、中間勢力、雜牌軍事力量等。當國民黨把社會各個階層推到自己對立面時，中共用「統一戰線」這個法寶把他們團結在一起。一個推，一個拉，統治基礎急劇變小，社會基礎急劇擴大。雙方的基礎在短時間內出現顛覆性逆轉。

武裝鬥爭——中共以自己嚴密、高效的組織體系，最大限度動員資源，支持武裝鬥爭，軍費開支最高曾達到解放區政府財政支出的九〇%。這種空前力度的支持，不僅使武裝力量能彌補戰場的消耗，還能快速增長。而國民黨由於組織效率的低下以及日益惡化的財政，導致軍事力量日益衰竭。一增一減，解放戰爭僅僅兩年，雙方的力量對比就發生了顛覆性逆轉。

黨的建設——中共非常重視組織的建設。早在抗戰時期，中共以其廉潔、活力而成為中國最有希望的政黨，不僅吸引大批青年學生紛紛趕赴延安，而且也吸引了美國人的關注。但是，中共並沒有故步自封，對組織的建設一刻也沒放鬆。一九四二年，延安開展整風運動，在這場運動中，中共第一次系統提出黨的三大作風：理論聯繫實際、密切聯繫群眾、批評與自我批評。

整風運動後，組織表現出生機勃勃的活力。中共對組織的建設甚至深入到軍隊。一九四七年冬季，西北野戰軍創造了以「訴苦」和「三查」（查階級、查工作、查鬥志）相結合的新式整軍運動，這場整軍運動很快擴展到全軍系統。整軍運動之後，解放軍面貌一新，戰鬥力大為提升。

中國五千年歷史大多是成王敗寇。多少歷史名人與其團體其興也勃焉，其亡也忽焉。看它樓起，看它樓塌。一人，一家，一團體，一國家，想要跳出歷史興亡週期率確實很難。但是，如同國民黨政府這樣在短短四年時間，將自己二十年執政積累的政治、經濟、外交、軍事資源揮霍一空的，實屬罕見。

殷鑑不遠，在夏後之世。國民黨在其威望最高、綜合實力最強時迅速墜落，充分證明了鮮花著錦、烈火烹油之世，往往也是危機四伏、隱患滋生之時。唯有居安思危，催生戰戰兢兢、如履薄冰的憂患意識，才能破解組織潰敗的困境，才能挽狂瀾於既倒，扶大廈於將傾。

讀史如觀鏡，後人哀之而不鑑之，亦使後人而復哀後人也。

國共內戰期間大事年表

1921年	中國共產黨建黨
1927年	國民黨北伐期間，國共衝突激烈，蔣介石宣布清黨
1937年	全面對日抗戰開始，國共衝突趨於緩和
1945年	對日抗戰勝利
1945年6月	宋子文正式就職行政院長
1946年4月	四平戰役
1946年6月	經馬歇爾調停，國共暫時停戰
1946年6月26日	國共內戰全面爆發 大同集寧戰役
1946年9月	張家口戰役
1947年7月	孟良崮戰役
1947年7月	國民黨全面施行動員戡亂
1947年7月	中共七月分兵、膠東解放區淪陷
1948年	金圓券改制，蔣經國上海打虎
1948年	小三大戰役
1948年～1949年1月	三大戰役
1949年12月	國民黨政府退守台灣

國家圖書館出版品預行編目（CIP）資料

台灣不教的中國現代史：蔣介石打贏了日本，怎麼一年不到就輸給毛澤東？／袁浩著
--初版, -- 臺北市：大是文化，2015.12
面；　　公分．--（Biz；175）

ISBN 978-986-5612-16-0（平裝）

1. 民國史　2. 現代史

628　　104020922

Biz 175

台灣不教的中國現代史：

蔣介石打贏了日本，怎麼一年不到就輸給毛澤東？

作　　　者／袁　浩
美 術 編 輯／張皓婷
副 總 編 輯／顏惠君
總　編　輯／吳依瑋
發　行　人／徐仲秋
會　　　計／許鳳雪、陳嬅娟
版 權 經 理／郝麗珍
行 銷 企 劃／徐千晴、周以婷
業 務 助 理／王德渝
業 務 專 員／馬絮盈、留婉茹
業 務 經 理／林裕安
總　經　理／陳絜吾

出　　　版／大是文化有限公司
台北市衡陽路7號8樓
編輯部電話：（02）2375-7911
讀 者 服 務／購書相關資訊請洽：（02）2375-7911　分機122
24小時讀者服務傳真：（02）2375-6999
讀者服務E-mail： haom@ms.hinet.net
郵政劃撥帳號／19983366　　戶名：大是文化有限公司

法 律 顧 問／永然聯合法律事務所
香 港 發 行／豐達出版發行有限公司 Rich Publishing & Distribut Ltd
地址：香港柴灣永泰道 70 號柴灣工業城第 2 期 1805 室
Unit 1805, Ph. 2, Chai Wan Ind City, 70 Wing Tai Rd, Chai Wan, Hong Kong
電話：21726513　傳真：21724355
E-mail：cary@subseasy.com.hk

封 面 設 計／林雯瑛
內 頁 排 版／Winni
印　　　刷／緯峰印刷股份有限公司

■ 2015年12月初版

Printed in Taiwan
定價／新台幣430元
（缺頁或裝訂錯誤的書，請寄回更換）

ISBN 978-986-5612-16-0

作者：袁浩 著